中國學術思想 研究輯刊

二七編

林慶彰 主編

第17冊

曾國藩與梁啓超
——以儒家文化傳承爲主線的考察

秦美珊 著

花木蘭文化事業有限公司

國家圖書館出版品預行編目資料

曾國藩與梁啓超——以儒家文化傳承為主線的考察／秦美珊
著 — 初版 — 新北市：花木蘭文化事業有限公司，2018〔民
107〕
目 2+202 面：19×26 公分
（中國學術思想研究輯刊 二七編：第 17 冊）
ISBN 978-986-485-387-8（精裝）
1.（清）曾國藩 2.梁啓超 3.學術思想 4.儒學
030.8   107001881

ISBN-978-986-485-387-8

9 789864 853878

中國學術思想研究輯刊
二七編　第十七冊　　　　　　　ISBN：978-986-485-387-8

曾國藩與梁啓超
——以儒家文化傳承爲主線的考察

作　　者　秦美珊
主　　編　林慶彰
總 編 輯　杜潔祥
副總編輯　楊嘉樂
編　　輯　許郁翎、王　筑　美術編輯　陳逸婷
出　　版　花木蘭文化事業有限公司
發 行 人　高小娟
聯絡地址　235 新北市中和區中安街七二號十三樓
　　　　　電話：02-2923-1455／傳眞：02-2923-1452
網　　址　http://www.huamulan.tw 信箱 hml810518@gmail.com
印　　刷　普羅文化出版廣告事業
封面設計　劉開工作室
初　　版　2018 年 3 月
全書字數　180067 字
定　　價　二七編 25 冊（精裝）新台幣 48,000 元　　版權所有·請勿翻印

曾國藩與梁啓超
——以儒家文化傳承爲主線的考察

秦美珊　著

作者簡介

秦美珊，馬來西亞博特拉大學（UPM）現代語言與傳播學院高級講師。先後於馬來亞大學中文系、臺灣南華大學文學系及北京大學中文系攻讀本科、碩士及博士學位。主要關注中國近代文學研究。

提　要

　　曾國藩與梁啟超是中國近代史上兩位重量級的人物，基於他們生活的空間並不曾交疊，而且二人留於後世的形象又大相徑庭，因此他們之間的微妙聯繫常常被忽略。梁啟超對曾國藩的敬仰之情，在他編撰《曾文正公嘉言鈔》、《節本明儒學案》以及《德育鑒》等書中展露無遺。曾氏和梁氏的家書，更是兩人重要的交匯點。曾國藩雖是梁啟超人生道路上的一位精神導師，但在把曾氏標舉為取法楷模之際，梁氏依然保有自身的評價和取捨標準，並非盲目追隨。

　　儒家文化是曾國藩和梁啟超身上重要的養分，影響著他們的人生道路和立身處世的原則。在曾、梁那裡，儒家文化既是傳統的延續，也因應時代需求有所調整和拓新。身為儒家文化的忠誠信奉者，曾國藩的人生道路可說是一步步循著修身、齊家和治國的步驟在努力。同樣在儒家文化滋養下成長的梁啟超，卻因過早來臨的政治聲望，促使他先行在救國救民的事業上投注心力，爾後再回歸到儒家學說中「內聖外王」的追求。「立德、立功、立言，三並不朽」是梁啟超在《曾文正公嘉言鈔·序》中給予曾國藩的高度評價。多年以後，同樣的評價也在梁啟超身上獲得展現。曾國藩和梁啟超身上豐厚的儒家文化底蘊，是他們一生成就的基石。

目

次

導　論

　　十九、二十世紀之交，中國和西方文化的交匯，掀開了歷史的新篇章。當西方列強用堅船利炮迫使清政府打開原本緊閉的大門之後，西方文化隨之傳入中國，並在排拒和接納之間，逐漸撼動中國的文化傳統。跨入二十世紀，梁啓超於 1901 年 6 月 26 日在《清議報》上發表了《過渡時代論》一文，開宗明義地說：「今日之中國，過渡時代之中國也」〔註 1〕，因爲「中國自數千年以來，皆停頓時代也，而今則過渡時代也」〔註 2〕。當時的梁啓超以其敏感的政治和新聞觸覺意識到，中國已經不能再固步自封，而是必須隨著時代需求，跨入一個新的紀元。在梁啓超看來，處身過渡時代雖有其危險性，卻又充滿著各種可能和希望。站在這樣一個特殊的時間點上，回首過往和瞻望未來，成了既艱難卻又充滿挑戰性的工作。在新舊交替的過渡時代，各種新思想、新事物紛至沓來，然而傳統的力量亦同時與之相互拉扯。此際，無論是欲停留在傳統道路或是瞬間改換至一條全新的跑道，勢必皆有其難度和局限性。於是，一條從傳統過渡到新世界的橋樑應運而生。

　　「時勢造英雄，英雄造時勢」是時代與人物之間的相互關係，過渡時代也不例外。梁啓超即表示：

　　　　時勢造英雄耶，英雄造時勢耶？時勢、英雄，遞相爲因，遞相爲果耶？吾輩雖非英雄，而日日思英雄，夢英雄，禱祀求英雄。英雄之種類不一，而惟以適於時代之用爲貴。故吾不欲論舊世界之英

〔註 1〕　梁啓超：《過渡時代論》，《清議報》第 83 冊，1901 年 6 月 26 日（光緒二十七年五月十一日），第 1 頁。

〔註 2〕　梁啓超：《過渡時代論》，《清議報》第 83 冊，第 1 頁。

雄，亦未敢語新世界之英雄，而惟望有崛起於新舊兩界線之中心的
過渡時代之英雄。〔註3〕

梁啓超在寫《過渡時代論》時，自認並非英雄人物，故而期待過渡時代之英
雄的出現。時過境遷，回首歷史的發展，梁啓超何嘗不是當時那一個過渡時
代的英雄人物？畢竟，當時的梁啓超，總是站在時代浪潮之巔，以他手中那
一支「別有一種魔力」的筆，影響著當時的社會思潮和輿論界。或者可以說，
也間接影響著歷史的發展和走向。

在梁啓超〔註4〕誕生之前的約莫一個甲子，出生於湖南長沙的曾國藩〔註
5〕同樣也是一個因爲時局動盪而崛起的人物。存在於咸豐及同治年間的太平
天國，動搖了清朝政局，導致曾國藩這一介翰林也踏入沙場，領兵作戰。剿
滅太平天國的功績無疑是曾國藩與曾國荃兄弟迅速崛起的契機，然而事情總
是一體兩面，在讚譽聲中也夾雜著批評的聲浪。只是，在褒與貶之間，不能
否定的是，清政權的壽命的確因爲曾國藩在沙場以及朝堂上的貢獻而得以延
長，並帶來了「同治中興」時代。雖說曾國藩與梁啓超同樣因爲動盪的時局
而成了各自時代的英雄式人物，然而兩人面對的時局又不盡相同。曾國藩面
對的主要是中國內部的太平軍起義，但基本上太平天國並未撼動清政權的根
基。到了梁啓超處身的光緒年間，甲午戰爭之敗讓康有爲和梁啓超意識到，
清政府已經不能再死守這一個「老大帝國」，而必須從政治體系上作出改變，
以圖自強。

細觀曾國藩與梁啓超這兩位時勢所造就之英雄，若以曾國藩生活的時代
以及他對清朝的貢獻來劃分，將他歸入「舊世界之英雄」想必更爲貼切。因
此，曾國藩這位「舊世界之英雄」與梁啓超這位「過渡時代之英雄」自然也
會呈現出不同的兩種風貌。前者循規蹈矩，走的是傳統的事功之途；後者則
具備過渡時代所須之冒險精神，開拓出新的政治途徑。俗話說「識英雄重英
雄」，即使兩人無緣生活在同一時空中，梁啓超卻對這位在自己誕生的前一年
長眠於黃土之下的前輩英雄心存景仰。梁啓超自然明白，足足一代人的時間
差距，讓他在追慕曾國藩這位前輩先賢之際必須有所擇取。從咸豐、同治年
間跨入光緒時代，治國方案當然也必須隨著時局的變化而做出調整。然而，

〔註3〕 梁啓超：《過渡時代論》，《清議報》第83冊，第3頁。
〔註4〕 梁啓超（1873～1929），歷經同治、光緒、宣統和民國時代。
〔註5〕 曾國藩（1811～1872），歷經道光、咸豐及同治時代。

跨越時代和政治局限的人格修爲、治家方略、學問素養等面向，卻是曾國藩
留給後生晚輩的人生智慧。

　　梁啓超對於曾國藩這位「舊世界之英雄」的崇敬之意，自然是連接著他
們之間的重要線索。然而，另一個不可忽略的元素是，貫穿在他們身上的儒
家思想和修爲，亦讓他們在人生的價值取向上展現「一脈相承」之態。即便
曾國藩和梁啓超生活的時間和空間在流動，但儒家思想和修爲在他們身上卻
同樣閃現著耀眼的光芒，且無法從他們一生的功績中抽離出來。作爲儒家文
化忠誠的信徒，曾國藩時時刻刻身體力行，展現出「儒者」的風範，並在國
家危難之際，以儒家思想作爲救國、治國的重要資源，延續了清朝的命脈。
黃遵憲對曾國藩一生的功勞，即有客觀的讚譽，認爲曾國藩乃「結從古至今
名儒、名臣之局」〔註6〕的人物。然而，黃遵憲此一評價也同樣意味著，以儒
家基石開展出來的「名儒」、「名臣」之局，已至終了的時代，不得不尋找新
的轉向。故此，在隨之而來的過渡時代中，梁啓超不管是在自覺或不自覺的
狀態下，儒家文化在他身上的的確確被賦予新的生命，並在「淬厲」和「採
補」的雙重原則下，把不合時宜的成分加以篩選，同時配合時代需求，融入
一些新的元素，綻放出新的生命力。

　　1925年12月，梁啓超在撰述《政治家之修養》一文時，依然不忘把曾國
藩標舉爲值得學習的座標式人物。文中指出：

> 在中國歷史上之政治人物，可資吾人之模倣者，遠之如諸葛亮、
> 王安石、張居正、近之如曾國藩，胡林翼等等，惟在學者任擇；但
> 近者則較遠者易於模倣，曾與胡皆出自書生，處危難之勢，肩重大
> 之任，而勇往直前，義無反顧，互相策勉，互相扶助，其精神誠有
> 足多者。〔註7〕

由此觀之，梁啓超極爲欣賞曾國藩、胡林翼等即使身爲一介書生，但在面對
國家危難之際，亦勇於挺身而出，征戰沙場以保衛國家的氣概。當然，梁啓
超於此也碰觸到一個實實在在的問題，即生活年代較爲靠近自己的前輩先
賢，時代隔閡較少，且貼近自己面臨的時代問題，師法起來自然較爲得心應

〔註6〕黃遵憲撰、吳振清等編校：《致梁啓超書（九通）》，《黃遵憲集（下卷）》，第
　　　497頁，天津：天津人民出版社，2003年10月。
〔註7〕梁啓超著、夏曉虹輯：《政治家之修養》，《〈飲冰室合集〉集外文（中冊）》，
　　　第990～991頁，北京：北京大學出版社，2005年1月。

手。梁啓超此說，顯然可視爲他極力標舉曾國藩爲學習楷模的注腳。

「物格而後知至，知至而後意誠，意誠而後心正，心正而後身修，身修而後家齊，家齊而後國治，國治而後天下平。」〔註8〕這是中華民族在儒家文化薰陶下，根深蒂固的人生哲理。曾國藩和梁啓超在儒家文化滋養下的人生理想，自然也以此爲依歸。曾國藩一生的成就，是此一理想追求的典型；反觀梁啓超，即便他的政治道路並不順遂，然而他卻可以適時地調適自己，選擇以不同方式追求他的政治理想，固守儒家文化價值觀。錢穆在其《中國學術通義》一書中寫道：

> 晚清末，國事日非，一時學者，競思學以致用，乃頗好言諸葛亮、王陽明、曾國藩三人。從政、治軍，不忘於學，而更要乃在其皆不背於孔門德行之科，乃更爲清末人所愛言。然慕其人，當知慕其學。無其學，又何從得其人。〔註9〕

此一說法，雖是從學術角度探討晚清社會思潮，其實卻是鞭闢近裏，總攬全域之言。諸葛亮、王陽明、曾國藩三人，皆是梁啓超非常敬仰的前輩先賢，特別是王陽明和曾國藩，更是梁啓超在編撰《德育鑒》時，重點推崇的儒林先進。錢穆一針見血地指出：「無其學，又何從得其人。」這其實也表明，正因爲「不背於孔門德行之科」，才成就了他們一生偉大的人格和成就，並成爲後代追摹的典範。

第一節　研究旨趣

基於曾國藩和梁啓超生活的時空並未曾交疊，兩人留於後世的形象又大相逕庭，因此二人之間微妙的聯繫常常被忽略。在梁啓超筆下尋找曾國藩，或可從在湖南籌辦時務學堂時期的梁啓超開始追溯。湖南時務學堂創辦於1897年10月，當時的梁啓超已因1895年的公車上書而在政治上嶄露頭角。特別是1896年8月《時務報》在上海創刊，梁啓超以主筆的身份發表《變法通議》等諸多關切時局的論說文章，風行一時，迅速成爲輿論界之驕子。所以，當維新派人士在湖南推動新政並創辦時務學堂時，梁啓超自然被陳寶箴、

〔註8〕 李學勤主編：《十三經注疏·禮記正義（上、中、下）》，第1592頁，北京：北京大學出版社，1999年12月。

〔註9〕 錢穆：《中國學術通義》，收錄於《錢賓四先生全集》第25冊，第219頁，臺北：聯經出版社，1993年。

黃遵憲、譚嗣同等人所看重，推舉爲時務學堂的中文總教習。此時的梁啓超顯然已捲入清朝末年的政治漩渦中，其政治關懷與敏感度也讓他對過往的歷史事件和朝廷重臣有所關注。1898 年 4 月，梁啓超在《湘報》上發表的《論湖南應辦之事》即提到：

> 聞曾文正每日必有一小時與幕府縱譚，若有事應商，則集幕府僚屬，使之各出意見，互相辯論。文正則不發一言，歸而採之，既可於此事集思廣益，復可見其人之議論見地。〔註10〕

可見，此時的梁啓超已經開始關注曾國藩與其幕僚們的關係，並強調了曾國藩集思廣益、匯納百川的處事手法。而且，聽取幕僚意見這一過程，也同時是曾國藩知人識人的一個管道。此時的梁啓超雖沒有凸顯曾國藩的示範意義，但有意無意間，仍將他視爲值得學習的榜樣。與此同時，一個有趣的巧合是，此時因任職湖南時務學堂而居於長沙的梁啓超，恰恰是踩在曾國藩故鄉的土地上。

從擔任湖南時務學堂的中文總教習，到 1898 年 6 月 11 日維新變法的展開，梁啓超的政治參與度逐步邁向政權中心。然而，僅僅持續了 103 天的維新變法，卻讓梁啓超的政治道路發生了急轉直下的巨變。戊戌政變的發生，導致梁啓超淪爲政治犯並流亡日本。即便如此，梁啓超熾熱的愛國之情卻未因此而熄滅。1900 年，在前往檀香山籌辦保皇會事宜的路途中，梁啓超偶然閱讀到曾國藩家書，並給他帶來很大的啓發與震撼。這一點，梁啓超在同年寫給康有爲、葉湘南、麥孟華等師友的信中皆一再提及。或許，正是梁啓超此時流亡異鄉的不同心境，讓他在閱讀曾國藩家書時產生新的體悟和共鳴。換成此前在政治上意氣風發之際的梁啓超，可能更爲吸引他的是曾國藩在政治上的謀略和貢獻。

戊戌政變的發生，對梁啓超而言，也許不僅僅是一次政治運動的被扼殺，流亡日本期間，其實也可以說是他重新審視自己過往年少得志的冷靜期。這樣一個機緣，讓梁啓超在閱及曾國藩對孩子以及弟弟們的循循教誨時，明顯有所觸動，特別是在修身自勉、處事待人、持家報國等方面。這樣一個反躬自省的沉澱過程，讓梁啓超不僅僅在自身修爲上有所進益，而且在政治理想的追求中也作出了相應的調整。

基於對曾國藩的崇敬，梁啓超曾在 1902 年興起爲曾國藩寫傳記的念頭。

〔註10〕梁啓超：《論湖南應辦之事》，《湘報》第 28 號，1898 年 4 月，第 109 頁。

此事當可追溯至 1901 年 11 月李鴻章去世，梁啓超即在一個月之後，以李鴻章爲敘述主軸，寫成《李鴻章》一書，此著別題爲《中國四十年來大事記》。然而，既然所寫爲「中國四十年來大事記」，又以李鴻章爲脈絡，自然無法排除曾國藩的存在。透過此文也可看出，梁啓超對曾、李二人的評價顯然有高下之分。他在評述中如此寫道：

> 李鴻章之於曾國藩，猶管仲之鮑叔，韓信之蕭何也。不寧惟是，其一生之學行、見識、事業，無一不由國藩提撕之而玉成之。故鴻章實曾文正肘下之一人物也。曾非李所及，世人既有定評。〔註11〕

就這一段話來分析，既然作爲學生的李鴻章都與中國四十年來發生的大事緊密相關，更何況是身爲老師的曾國藩。因此，在當時的梁啓超看來，爲曾國藩立傳顯然有其必要性和價值。於是，在《中國四十年來大事記》脫稿之後，梁啓超在寫給黃遵憲的信中，即提到有意爲曾國藩作傳，並徵求他對曾國藩的評價。梁啓超欲爲曾國藩寫傳記的想法最終並未落實，顯然與黃遵憲對曾國藩的評價有直接關係。在梁啓超的著述中，也可發現他曾動筆撰寫《曾文正年譜初稿》，可惜並未完成，僅存五頁殘稿。〔註12〕這五頁《曾文正年譜初稿》，或許正是梁啓超準備爲曾國藩寫傳記的前期工作。雖說梁啓超最終放棄爲曾國藩立傳的念頭，然而，他對曾氏的敬仰之情還是可以從其他文章中窺見。特別是梁啓超積累多年輯錄而成的《曾文正公嘉言鈔》在 1916 年的正式出版，當可視爲是他對曾國藩另一種形式的致敬。

梁啓超在 1902 年寫給黃遵憲的信中對曾國藩有怎樣的評論已無從知曉，但既有爲曾國藩作傳的意願，想必對他基本持肯定態度。然而，黃遵憲在給梁啓超的回信中有關曾國藩的評論，一舉打消了梁啓超想爲曾氏立傳的滿腔熱情。黃遵憲在信中說：

> 公欲作《曾文正傳》，索僕評其爲人。僕以爲國朝二百餘年，應推爲第一流。即求之古人，若諸葛武侯，若陸敬輿，若司馬溫公，若王陽明，置之伯仲之間，亦無愧色，可謂名儒矣，可謂名臣矣！雖然，僕以爲天生此人，實使之結從古迄今名儒、名臣之局者也。其學問能兼綜考據、詞章、義理三種之長。（舊學界中卓然獨立，古

〔註11〕梁啓超：《中國四十年來大事記（一名李鴻章）》，《飲冰室合集》第 6 冊第 3 卷，第 81 頁，北京：中華書局，1989 年 3 月第一版（2008 年 11 月第 5 刷）。
〔註12〕參見梁啓超：《殘稿存目》，《飲冰室合集》第 6 冊，第 2 頁。

文爲本朝第一）然此皆破碎陳腐、迂疏無用之學，於今日泰西之科
學、之哲學未夢見也。〔註13〕

在這一段論述中，黃遵憲首先肯定了曾國藩的才幹和學識，不過，在他的評
價中，曾國藩終歸只是一介名儒、名臣。根據黃遵憲的觀察，時局已經發生
了變化，名儒、名臣的時代已經在曾國藩身上畫上了句號。自此以後，中國
需要的是通曉中國與西方文化，並瞭解國際時局的新一代人才。換言之，在
曾國藩這一位「舊世界之英雄」的時代終結之後，繼之而起的將會是「過渡
時代之英雄」引領社會的新世代，而此一「過渡時代之英雄」，非梁啓超莫屬。

　　黃遵憲在回覆梁啓超的信中，還有一段對於曾國藩的評述，見解精闢獨
到。黃遵憲結合歷史因素，指出曾國藩可以在咸豐、同治時期力挽狂瀾，並
不表示梁氏也可以在光緒年間建立同樣的功業，其關鍵緣於清朝的整個局勢
已不復以往。黃遵憲表示：

　　　　曾文正者，論其兩廡之先賢牌位中〔註14〕，應增其木主，其他
　　亦事事足敬，然事事皆不可師。而今而後，苟學其人，非特誤國，
　　且不得成名。文正之卒在同治末年，爾時三藩未亡，要地未割，無
　　償款，無國債，軌道、礦山、沿海線之權未授之他人。上有勵精圖
　　治之名相，（文祥。）下多奉公守法之疆臣，固儼然一大帝國也。文
　　正逝而大變矣。吾故曰：「天之生文正，所以結前此名臣、名儒之局
　　者也。」佛言「謗我者死，學我者死」。若文正者，不可謗又不可學
　　者也，不亦奇乎！〔註15〕

透過此一觀察，黃遵憲給予曾國藩的評價是「不可謗又不可學者也」。黃遵憲
對曾國藩的這一解讀，焦點鎖定在曾國藩的政治與治國方略上，這與梁啓超
所看重的曾國藩「可學」之處並不屬於同一層面。梁氏在閱讀曾國藩家書的
過程中所受到的啓發，更多是在自身的人格修養、待人處事、持家之道以及
治學等方面，皆是超越政治與時代局限的層面。當然，一個不能否定的事實
是，梁啓超在看到黃遵憲的回信後，動搖了爲曾國藩立傳的初衷，顯然還是
對黃遵憲的看法持認同態度。然而，梁啓超對曾國藩的敬仰之情以及將他視

〔註13〕黃遵憲撰、吳振清等編校：《致梁啓超書（九通）》，《黃遵憲集（下卷）》，第
　　　　497頁。
〔註14〕原注：「論其」二字下原稿有「品立」二字，字右旁有墨點，表示抹去。
〔註15〕黃遵憲撰、吳振清等編校：《致梁啓超書（九通）》，《黃遵憲集（下卷）》，第
　　　　498頁。

爲學習典範的想法，卻並未因此而消泯。

　　經過一段時間的思考和沉澱之後，梁啓超似乎從曾國藩身上見證了從人格修養連接至救國理想的橋樑。簡言之，即爲儒家的內聖外王之典範。細加探索，即可窺見梁啓超從曾國藩身上擇取的是一種不被時代所局限的治國理念和實踐能力。這一點，足以讓曾國藩在不同的時代展現其政治家風範。當然，在邁向外王的途徑中，內聖的修爲也必須一步一個腳印地落實。因此，儒家的修身之學自然成了必要的功課，而曾國藩在此一環節上，恰恰爲他的後生晚輩們提供了不少門徑。從胡林翼、李鴻章到梁啓超等人，皆從曾國藩身上學習到修身工夫的下手處。然而，不能忽略的是，即便梁啓超把曾國藩當成值得學習的前輩，卻也並非一味模仿和複製。稍加留意即可發現，曾國藩較爲重視儒家先哲的修身之學，而更爲牽動梁啓超的則是「致良知」似的體悟。於此觀之，體現在曾國藩和梁啓超身上的修身、齊家、救國、治學這幾個相互連接的環節中，儒家思想是貫穿其中的主線。而且，在曾國藩和梁啓超的手中，這一文化資源顯現爲一種「活」的狀態，在展現出不同風貌之際，也具有源遠流長的生命力。

　　曾國藩和梁啓超這兩位在各自的時代極爲耀眼的「英雄式」人物，產生的影響絕不僅止於他們生活著的那個年代。曾國藩剿滅太平天國的事功，雖曾讓他被斥爲「漢奸」或「劊子手」，然而排除掉政治立場的牽絆，並不影響曾國藩在不同的時代發光、發熱。曾國藩留下的文字遺產，從私人性較強的家書、書信、日記到公開的奏稿或批牘，皆是可以探察其一生思想和行事的記錄。以曾國藩的學生李鴻章爲起點，曾國藩一直都是政治領袖追慕和學習的對象。這當中，「過渡時代之英雄——梁啓超」自然也扮演著過渡橋樑的角色。同樣地，梁啓超發表在《時務報》、《清議報》以及《新民叢報》的報刊文字所興起的啓蒙風潮，也是一股不可小覷的力量。從胡適、錢玄同、周作人以至鄭振鐸等在新文化運動中崛起的新一代學人，皆曾指出梁啓超的文字給予他們思想上的震撼和啓發。故此，從「舊世界之英雄」的曾國藩到「過渡時代之英雄」的梁啓超，這兩個隔代知音的關係，實是一個值得深入探討的議題。曾國藩和梁啓超皆是在儒家文化滋養的土地上成長起來的「英雄人物」，若抽離這一立足地，他們二人也將顯得蒼白和空洞。故此，儒家文化是連接二人不可或缺的紐帶。

第二節　研究綜述：回顧與前瞻

　　有關曾國藩和梁啓超的學術研究，若以兩個獨立的方塊觀之，只能用汗牛充棟一詞來形容。不管是曾國藩或梁啓超，歷來的學者們皆已從各個不同的角度和面向進行探討。於是，將曾國藩或梁啓超與另一位有交集點的人物進行對讀，成了開始被挖掘的新方向。在以往的研究成果中，曾國藩與李鴻章、左宗棠、胡林翼、張之洞等人的關係皆一再被關注。梁啓超則較常與康有爲、胡適、嚴復、孫中山、魯迅、王國維等人被鋪展在同一平臺上相提並論。然而，將曾國藩和梁啓超擺放在一起進行研讀和分析，迄今還是一直被忽略的面向。

　　從清朝末年至今，曾國藩可說是中華民族圈子裏耳熟能詳的名字，而且各類從曾國藩的家書、日記、奏稿、讀書錄等文字中輯錄而成的人生哲理書籍也充斥市場。這一現象，是基於曾國藩的修身之學深爲後生晚輩所推崇；與此同時，亦得以繞開政治立場之牽絆，立足於客觀立場上進行評述。在學術圈子中，客觀視野更是一種必須。縱觀以曾國藩爲研究焦點的學術專著，曾氏與其幕府中的人物關係網歷來皆備受關注，且與此一研究論題的密合度也較高。概而言之，曾國藩幕府中的佼佼者計有李鴻章、左宗棠、郭嵩燾、羅澤南、彭玉麟、丁日昌、劉蓉與李元度等人。早在 1947 年，李鼎芳即以曾國藩的人格特質爲主軸，進而感召其幕賓的凝聚力，並推及其幕府之活動，完成《曾國藩及其幕府人物》一書。〔註16〕朱東安亦一再探究曾國藩的幕府，從《曾國藩幕府研究》〔註17〕至《曾國藩集團與晚晴政局》〔註18〕，顯示著朱東安的研究既以曾氏幕府爲基，同時也肯定曾氏幕府在晚清政局的重要性。根據朱東安的考察，曾國藩幕府無疑具有「承前啓後，繼往開來」之特殊性。無獨有偶，成曉軍的《曾國藩的幕府們》〔註19〕以及《風雨晚清：曾國藩與他的精英們》〔註20〕二書，亦傳達出同樣的關懷。此外，成曉軍亦聚焦於曾國藩身上，探究其政治與洋務，並及人生、治學、文學、教育等理念在近代中國產生的影響，該書定名爲《曾國藩與中國近代文化》。〔註21〕在曾

〔註16〕　參見李鼎芳：《曾國藩及其幕府人物》，上海：文通書局，1947 年。

〔註17〕　朱東安：《曾國藩幕府研究》，成都：四川人民出版社，1994 年。

〔註18〕　朱東安：《曾國藩集團與晚晴政局》，北京：華文出版社，2003 年。

〔註19〕　成曉軍：《曾國藩的幕府們》，上海：東方出版中心，2000 年。

〔註20〕　成曉軍：《風雨晚清：曾國藩與他的精英們》，北京：團結出版社，2009 年。

〔註21〕　參見成曉軍：《曾國藩與中國近代文化》，湖南：湖南出版社，1991 年。

國藩幕府的光圈下，史林《曾國藩和他的幕僚》〔註 22〕、劉建強《曾國藩幕府》〔註 23〕以及姜穆編纂的《曾國藩的幕僚群》〔註 24〕、梁勤主編的《曾國藩及其幕府》〔註25〕等書的問世，皆再再顯示曾國藩幕府歷久不衰的吸引力。身爲幕主的曾國藩，無疑是其幕賓們在修身、齊家、從政、治學上的引領者。

　　作爲一名儒者與朝廷重臣，曾國藩這兩個身份牽動著清末時期的文化與政治風貌。李育民即以《曾國藩傳統文化思想研究》一書，細緻地梳理曾國藩從傳統文化中汲取的養分，並從修身、齊家、爲政與治學的角度深入開展論述。〔註 26〕曾琦雲則具體從「內聖外王」的角度探究曾國藩的儒家文化淵源，並從思想源流、人才觀、文學素養與修心養生等層面進行解讀，集結於《內聖外王——解讀一代儒宗曾國藩》。〔註 27〕楊國強的《義理與事功之間的徊徨——曾國藩、李鴻章及其時代》，結合儒家義理之學以及實際的政治問題，探討曾國藩與李鴻章在中、西文化的拉鋸中所持有的對應之道，並探索從儒家的經世之學至洋務運動的內在理路與具體展現。〔註 28〕身處傳統與現代的交匯點，文化衝擊的花火，亦是曾國藩身上不容忽略的亮點。

　　若就曾國藩爲題的博士論文觀之，研究焦點顯然集中於曾國藩淵源於儒家思想開展而來的議題。吳國榮與楊濤即結合儒家思想的薰陶與曾國藩的人格特質進行探討，吳、楊二人的博士論文分別題爲《曾國藩的人格、學問與治術——關於儒者理想人生與精神結構的個案研究》〔註 29〕以及《曾國藩儒學士大夫人格探析》〔註 30〕。與儒家文化關係密切的倫理思想，則讓周俊武與石峰崗分別從家庭以及人才的角度深入挖掘曾國藩的倫理思想。周俊武的

〔註 22〕史林：《曾國藩和他的幕僚》，北京：言實出版社，1997 年。

〔註 23〕劉建強：《曾國藩幕府》，北京：中國廣播電視出版社，2005 年。

〔註 24〕姜穆：《曾國藩的幕僚群》，臺灣：黎明文化事業，1987 年。

〔註 25〕梁勤主編：《曾國藩及其幕府》，呼和浩特：遠方出版社，2002 年。

〔註 26〕參見李育民：《曾國藩傳統文化思想研究》，湖南：湖南師範大學出版社，2006年。

〔註 27〕參見曾琦雲：《內聖外王——解讀一代儒宗曾國藩》，北京：中國電影出版社，2009 年。

〔註 28〕參見楊國強：《義理與事功之間的徊徨——曾國藩、李鴻章及其時代》，北京：三聯書店，2008 年。

〔註 29〕吳國榮：《曾國藩的人格、學問與治術——關於儒者理想人生與精神結構的個案研究》（博士論文），湖南：湖南大學，2008 年。

〔註 30〕楊濤：《曾國藩儒學士大夫人格探析》（博士論文），天津：南開大學，2012年。

博士論文題爲《激揚家聲──曾國藩家庭倫理思想研究》〔註31〕；石峰崗則以《曾國藩人才倫理思想研究》〔註32〕爲題完成其博士論文。「德」──是儒家思想的核心元素，從德育到官德，皆在曾國藩身上得以體現。劉鐵銘與江海洋即從這兩個層面進行探討，二人的論文分別題爲《曾國藩德育思想及其當代價值研究》〔註33〕及《曾國藩官德修養思想研究》〔註34〕。由此觀之，儒家文化在曾國藩身上展現的光芒，一直皆爲學者所關注。

　　儒家思想根基在曾國藩身上的具體展現，無疑是理論與實踐相結合的絕佳範例。然而，曾國藩在治學與詞章上的成就亦不容忽視。同樣在 2010 年，徐雷鎖定《曾國藩理學思想研究》〔註35〕爲題，而彭昊則著重梳理《曾國藩與道家思想》〔註36〕之脈絡，二人在同一年獲取博士學位。此外，曾國藩的詞章之學亦未被學界忽視。邰紅紅關注的是《曾國藩與桐城中興》〔註37〕；代亮則以《曾國藩詩文思想研究》〔註38〕爲題；郭平興撰述的《曾國藩文獻閱讀實踐與理論研究》〔註39〕，從文獻學的角度開展論述。

　　在海峽的另一端，亦不乏關注曾國藩的詞章成就的研究者。陳如雄以《曾國藩古文研究》〔註40〕爲題，從宏觀角度剖析曾國藩的詞章成就。10 年之後，謝嘉文同樣對曾國藩的詞章之學加以關注，並結合姚鼐之文鋪展在同一平臺上加以解讀，其論文題爲《「穿戴腳鐐」與「掙脫腳鐐」的舞者之舞──姚鼐〈古文辭類纂〉與曾國藩〈經史百家雜鈔〉選文研究》〔註41〕。此外，曾國

〔註31〕　參見周俊武：《激揚家聲──曾國藩家庭倫理思想研究》（博士論文），湖南：湖南師範大學，2004 年。
〔註32〕　石峰崗：《曾國藩人才倫理思想研究》（博士論文），湖南：湖南師範大學，2012 年。
〔註33〕　劉鐵銘：《曾國藩德育思想及其當代價值研究》（博士論文），湖南：中南大學，2012 年。
〔註34〕　江海洋：《曾國藩官德修養思想研究》（博士論文），南京：南京理工大學，2015 年。
〔註35〕　徐雷：《曾國藩理學思想研究》（博士論文），湖南：湖南大學，2010 年。
〔註36〕　彭昊：《曾國藩與道家思想》（博士論文），湖南：湖南大學，2010 年。
〔註37〕　邰紅紅：《曾國藩與桐城中興》（博士論文），上海：上海大學，2008 年。
〔註38〕　代亮：《曾國藩詩文思想研究》（博士論文），天津：南開大學，2010 年。
〔註39〕　郭平興：《曾國藩文獻閱讀實踐與理論研究》（博士論文），湖北：華中師範大學，2011 年。
〔註40〕　陳如雄：《曾國藩古文研究》（博士論文），臺灣：輔仁大學，1999 年。
〔註41〕　謝嘉文：《「穿戴腳鐐」與「掙脫腳鐐」的舞者之舞──姚鼐〈古文辭類纂〉與曾國藩〈經史百家雜鈔〉選文研究》（博士論文），臺灣：國立清華大學，2009 年。

藩的政治事業在博士研究生當中亦屬備受青睞之議題。從林藤輝的《曾國藩軍事思想之研究》〔註 42〕到凌林煌的《曾國藩幕府之研究》〔註 43〕，再至李嬌瑩《曾國藩的經世思想與近代中國：論道統與洋務交織下的實踐》〔註 44〕，皆圍繞在曾氏的事功進行探究。

結合曾國藩與梁啓超爲關注重心，葉瑞昕顯然已留意到儒家文化在曾國藩和梁啓超身上所發生的變化。他在 2007 年出版的《危機中的文化抉擇——辛亥革命時期國人的中西文化觀》一書中，特以一章探討此議題，題爲《從曾國藩新理學到梁啓超崇心學——清末儒家倫理思想演變的內在理路》。葉瑞昕在此章中重點關注儒家倫理在不同階段的轉變，而曾國藩和梁啓超即爲此一體系在不同階段的載體。因此，在葉瑞昕筆下，並未點出曾國藩和梁啓超之間的影響關係，而把焦點集中在儒家文化的演變上。〔註 45〕故此，即便葉瑞昕把曾國藩和梁啓超二人並列，卻並未凸顯他們彼此的交匯點，而顯得有斷裂的跡象。

吳銘能和譚徐峰雖已留意到曾國藩給梁啓超帶來的種種影響，但吳、譚二人卻各自僅有一篇短論對此議題加以探討，卻未向深處挖掘。吳銘能的《困勉志大人之學——曾文正對梁任公的影響》一文寫於 1997 年，此文的題目畫龍點睛地概括了論述重心，即從曾國藩給予梁啓超的影響展開論說。可惜的是，吳文雖提供了梁啓超從曾國藩這位前輩身上獲得的啓發，卻未深入開拓此議題。〔註 46〕譚徐峰的《曾文正公「復活」記——一段近代中國的閱讀記憶》，其實是他的《曾國藩形象的歷史演變——一項社會文化史的考察》研究計劃中的一篇文章。所以譚徐峰考察的重點是曾國藩在不同時期的形象轉變，並沒有將焦點鎖定在曾、梁關係上。只是，譚徐峰還是敏銳地察覺到曾國藩對於梁啓超的影響不容忽視。〔註 47〕

〔註 42〕 林藤輝：《曾國藩軍事思想之研究》（博士論文），臺灣：政治作戰學校，1993 年。

〔註 43〕 凌林煌：《曾國藩幕府之研究》（博士論文），臺灣：中國文化大學，1994 年。

〔註 44〕 李嬌瑩：《曾國藩的經世思想與近代中國：論道統與洋務交織下的實踐》（博士論文），臺灣：中國文化大學，2008 年。

〔註 45〕 葉瑞昕：《從曾國藩新理學到梁啓超崇心學——清末儒家倫理思想演變的內在理路》，《危機中的文化抉擇——辛亥革命時期國人的中西文化觀》，北京：商務印書館，2007 年 9 月。

〔註 46〕 參見吳銘能：《困勉志大人之學——曾文正對梁任公的影響》，邱黃海主編：臺灣：《鵝湖月刊》，第 22 卷第 11 期，1997 年 5 月。

〔註 47〕 參見譚徐峰：《曾文正公「復活」記——一段近代中國的閱讀記憶》，楊平主編：《中國圖書評論》2011 年第 9 期。

　　在研究梁啓超多年的學術成果中，夏曉虹曾分別撰文探討梁啓超與胡適、伍莊、吳趼人以及吳其昌的關係。當中，梁啓超與胡適的學術和文學因緣，一直都是夏曉虹關注的議題。早在 2006 年，夏曉虹即以《胡適與梁啓超的白話文學因緣》爲題，探討二人在推動白話文學的努力以及觀念上的差異。隨後，借助 2009 年由「嘉德國際拍賣公司徵集到由胡適後人收藏的友朋書翰，其中包括了梁啓超寫給胡適的十封信（拍賣時以十一封計算）。」〔註48〕夏曉虹繼而發表《1920 年代梁啓超與胡適的學術因緣——以新發現的梁啓超書翰爲中心》以及《1920 年代梁啓超與胡適的詩學因緣——以新發現的梁啓超書翰爲中心》兩篇學術論文。夏曉虹這三篇探討梁啓超與胡適二人學術與文學因緣的論文，皆收錄於 2013 年 12 月出版的《梁啓超：在政治與學術之間》一書中。

　　同書也收錄了夏曉虹發表於 2012 年的《書生從政：梁啓超與伍莊》一文。文中，夏曉虹探究梁啓超與伍莊這兩位「書生」掙扎於學術與政治之間的心路歷程。梁啓超與伍莊的關係，並不特別引人關注，然而在夏曉虹筆下，他們二人的關係不容忽略。此外，夏曉虹也留意到梁啓超與吳趼人的關係，並在 2002 年發表《吳趼人與梁啓超關係鉤沉》一文。此文以梁啓超和吳趼人見面的蛛絲馬蹟，以及二人對「小說界革命」的倡導與支持，再加上吳氏《胡寶玉》一文有意模仿梁氏《李鴻章》寫作格局的線索，清楚地將梁、吳二人的交集具體展現出來。梁啓超與吳其昌的師生關係，讓他們的名字經常關聯在一起。吳其昌把自己生命中最後的日子奉獻於爲自己的恩師立傳，令人感佩。在《梁啓超與吳其昌》一文中，夏曉虹清晰地勾勒出梁啓超與吳其昌的交匯點，爲師生二人的交誼留下一段佳話。可以發現，夏曉虹這幾篇探討梁啓超與胡適、伍莊、吳趼人以及吳其昌的學術論文，即有爲人所熟知的人物關係，也有被忽略的人物，視野遼闊。

　　從事中國近代史研究的張朋園，也甚爲關注梁啓超與他身邊的人物之間的互動。在他 2002 年出版的《知識分子與近代中國的現代化》一書中的第一輯「知識分子」中，即分別討論梁啓超與黃遵憲、胡適以及嚴復的關係。張朋園對於梁啓超與這三人之間的交匯點皆有不同的解讀角度，分別爲《黃遵憲的政治思想及其對梁啓超的影響》、《兩代知識分子的親和與排拒——以胡

<hr>

〔註48〕夏曉虹：《梁啓超：在政治與學術之間·小引》，第 1 頁，北京：東方出版社，2013 年 12 月。

適與梁啓超爲例》、《社會達爾文主義與現代化——嚴復、梁啓超的進化觀》。從張朋園的研究脈絡，透露出來的是思想史和社會學的觀照角度。〔註49〕

　　黃克武也對梁啓超的人事網絡加以留意，曾以《嚴復與梁啓超》以及《蔣介石與梁啓超》爲題撰文探討。此外，黃克武同樣留意到儒家文化在梁啓超身上所發揮的作用，《梁啓超與儒家傳統延續與斷裂：以清末王學爲中心之考察》以及《魂歸何處？梁啓超與儒教中國及其現代命運的再思考》兩篇短論，即是黃克武一窺儒家文化養分在梁啓超身上所發揮的效應，以及梁啓超立基在時代洪流中對儒家文化所葆有的姿態。而且，黃克武在論述梁啓超與儒家傳統的延續或斷裂的現象時，也曾舉曾國藩作爲參照對象。可見，儒家文化在曾國藩和梁啓超身上，既有延續，也有差異。〔註50〕

　　以梁啓超和同時代相關人物作爲研究議題的學位論文，主要集中在梁啓超和胡適這倆人的「知識分子」角色上。董德福在他的博士論文基礎上，於2004年出版《梁啓超與胡適——兩代知識分子學思歷程的比較研究》一書，專論梁啓超和胡適的學思之路。〔註51〕此前，臺灣師範大學博士生張錫輝也以梁啓超和胡適爲研究焦點，完成以《文化危機與詮釋傳統——論梁啓超、胡適對清代學術思想的詮釋與意義》爲題的博士論文。相較而言，這篇博士論文較爲偏重學術上的闡釋問題。〔註52〕臺灣國立中山大學碩士生張冠茹也關注梁啓超的學術研究，由於她把研究重心鎖定在《中國近三百年學術史》一書，所以選擇錢穆與梁啓超的同名著作進行對讀也在所必然。張冠茹的論文題爲《梁啓超、錢穆對清代學術史的研究比較——以〈中國近三百年學術史〉爲核心探討》。〔註53〕山東大學博士生許俊瑩關注的則是梁啓超與王國維的文學思想，其博士論文定題爲《現代性維度下的梁啓超、王國維文學思想比較研究》。〔註54〕

〔註49〕　參見張朋園：《知識分子與近代中國的現代化》，南昌：百花洲文藝出版社，2002年。
〔註50〕　參見黃克武：《近代中國的思潮與人物》，北京：九州出版社，2012年12月。
〔註51〕　參見董德福：《梁啓超與胡適——兩代知識分子學思歷程的比較研究》，吉林：吉林人民出版社，2004年。
〔註52〕　參見張錫輝：《文化危機與詮釋傳統——論梁啓超、胡適對清代學術思想的詮釋與意義》（博士論文），臺灣：國立臺灣師範大學，2000年。
〔註53〕　張冠茹：《梁啓超、錢穆對清代學術史的研究比較——以〈中國近三百年學術史〉爲核心探討》（碩士論文），臺灣：臺灣國立中山大學，2012年。
〔註54〕　許俊瑩：《現代性維度下的梁啓超、王國維文學思想比較研究》（博士論文），山東：山東大學，2010年。

　　梁啓超和孫中山的民族主義思想則引起臺灣政治大學博士生樊中原以及
臺灣師範大學博士生陳沛郎的關注。二人各自完成選題極爲相似的博士論
文，樊中原的論文題爲《孫中山與梁啓超民族主義之比較研究》，而陳沛郎的
論文題目則是《孫中山與梁啓超民族思想之比較研究》。樊、陳二人皆從孫中
山以及梁啓超的民族思想源頭開始挖掘，進而探討清末時期中國民族之間內
部的民族立場，再擴及對外的民族心態。在論文之末，二人都同樣以孫中山
和梁啓超倡導民族主義的最終理想和期待作結。兩篇論文的差別僅在於：陳
沛郎更多凸顯孫中山和梁啓超的民族思想之差異，而樊中原則未將這一視角
放大加以考察。〔註55〕

　　另一方面，張朋園亦曾指導臺灣師範大學博士生劉紀曜完成以《梁啓超
與儒家傳統》爲題的論文，深入探究儒家思想在梁啓超的人生中所佔有的份
量。該文嘗試結合梁啓超的人生歷程以及儒家思想在他身上顯現的特質切入
討論。「維新變法」（1890～1898）、「國家主義」（1899～1918）以及「儒家傳
統的現代意義」（1919～1929）這三個階段以及蘊含其中的儒家元素，即是劉
紀曜從梁啓超身上提取出來的論點。在論文中，劉紀曜也把梁啓超看成一座
橋樑，認爲儒家傳統在梁啓超身上完成了從傳統過渡到現代的歷程。〔註56〕
臺灣高雄師範大學碩士生黃雅琦則以《救亡與啓蒙：梁啓超之儒學研究》爲
題，探討梁啓超的儒學研究。黃文偏重從學術角度進行剖析，較少涉及儒家
文化對梁啓超自身產生的效應。黃雅琦與劉紀曜的論文切入點明顯不同，不
過，黃雅琦卻也同樣認爲，從學術角度做觀察，梁啓超的儒學研究也是「承
先啓後」的橋樑。〔註57〕黃雅琦在 2005 年完成的碩士論文，已於 2009 年正
式出版成書。〔註58〕

　　單獨以曾國藩或梁啓超爲題的碩士論文數量並不少，然探討角度顯然較

〔註55〕　參見樊中原：《孫中山與梁啓超民族主義之比較研究》（博士論文），臺灣：國
　　　　　立臺灣政治大學，1993 年；
　　　　　陳沛郎：《孫中山與梁啓超民族思想之比較研究》（博士論文），臺灣：國立臺
　　　　　灣師範大學，2003 年。
〔註56〕　參見劉紀曜：《梁啓超與儒家傳統》（博士論文），臺灣：國立臺灣師範大學，
　　　　　1985 年。
〔註57〕　參見黃雅琦：《救亡與啓蒙：梁啓超之儒學研究》（碩士論文），臺灣：國立高
　　　　　雄師範大學，2005 年。
〔註58〕　參見黃雅琦：《救亡與啓蒙：梁啓超之儒學研究》，臺北：花木蘭文化出版社，
　　　　　2009 年。

爲單一。碩士研究生對於曾國藩的關注，備受垂青的是其家書、道德思想、治家思想、政治思想、文學思想等較爲具體的議題。與此同時，碩士研究生在選擇以梁啓超爲論文議題時，基本圍繞在梁啓超的教育思想、政治思想、新民思想、學術觀點、報業貢獻、家庭教育等面向展開。綜合關於曾國藩和梁啓超的研究現狀，他們二人之間的比較和影響研究顯然是一片有待開墾的荒蕪之地，故而，此研究議題正可在這一片荒原中埋下一顆綠色的種子。

第三節　研究思路與各章安排

　　本文立基於曾國藩和梁啓超兩人之間的交匯點，並以儒家思想爲貫穿脈絡。論述重心著眼於曾國藩和梁啓超在修身、齊家、救國和治學這幾個層面的異同，同時也關注梁啓超受曾國藩啓發和影響之處。在論文的《導論》中，將以勾勒曾國藩和梁啓超之間的關聯爲基，以作爲進入正題的鋪墊。梁啓超萌生爲曾國藩寫傳記的念頭以及後來編輯出版的《曾文正公嘉言鈔》，印證了梁氏對曾氏的高度推崇。梁啓超在其著作中不時談及曾國藩的言論，也是本文在開展論述時強而有力的支撐點。在清末民初的時代大潮中，曾國藩和梁啓超被推到儒家文化發展軸線上承先啓後的特殊地位。這一現象，也讓曾氏和梁氏在儒家文化議題上形成承接關係，值得細加分說。

　　論文的第一章以曾國藩和梁啓超的修身之學開展論述。人格修養乃立身之本，這是曾國藩和梁啓超共有的認知和人生態度。在修身之學上，梁啓超視曾國藩爲精神導師，並在具體的修身法門上取益於曾氏。曾國藩和梁啓超的修身工夫，讓他們在人格修養上不斷自我完善，不僅做到「以德潤身」，也達到「以德薰人」的效果。探討曾國藩和梁啓超的修身之學，亦須上溯至朱熹理學和陽明心學，因曾、梁二人分別服膺於理學和心學，而且這兩大儒學源流也是他們修身之學的理論資源。從曾國藩和梁啓超的修身理論與實踐，本章將進一步探究修身之學在曾、梁二人身上的「大」、「小」之用。修身之學與救國理想在曾國藩身上的完美結合，讓梁啓超看到「內聖外王」的具體展現，也讓他所倡導的「私德」與「公德」在儒家的文化脈絡中找到契合點。

　　論文的第二章把焦點集中在曾國藩和梁啓超的治家之道。孝道是儒家倫理道德的重要價值，也是曾國藩和梁啓超藉以維繫家庭和諧關係的重要原則。曾氏和梁氏家族的先祖輩，皆以孝友傳家，在祖輩以身作則的影響下，

曾國藩和梁啓超在潛移默化中，亦延續了家族傳統，並加以發揚。在以孝友
爲立家之本的同時，曾國藩與梁啓超也非常重視持家之道。出身耕讀之家的
曾氏與梁氏，即便在光耀門楣之後，也一再提醒子孫後代莫忘自己爲寒門子
弟，並希望他們能體悟安貧樂道的人生智慧。在曾國藩和梁啓超的家庭教育
中，子弟們的品德修養是首要關注點。與此同時，曾氏和梁氏也用心指導子
弟們讀書做學問。在曾國藩和梁啓超「因材施教」的教育策略下，家中子弟
在各自的領域皆學有所成，成就斐然。曾氏和梁氏家族中孝子賢孫輩出，代
代有英才的佳話，是他們德育和智育兼顧的家庭教育收穫的成效。

　　論文的第三章把關注點鎖定在曾國藩和梁啓超救國的努力上。本著儒家
學說「以民爲本」的思想，曾國藩和梁啓超皆極爲重視國民在一國之中所產
生的作用。民本思想可追溯至孟子的學說，曾國藩所依循的正是孟子學說中
「以民爲本」的概念。然而，在梁啓超的詮釋下，源於西方的民權意識也被
加注在孟子的民本思想中。此一現象，是從孟子的民本思想到西方民權意識
的一種過渡。「賢人政治」是儒家政治理想的美好期待，重視人格修養的曾國
藩和梁啓超，皆曾嘗試再現這一願景。曾氏和梁氏皆希望，才德兼備的國家
領導人可以爲國家和人民帶來繁榮和安定。在曾國藩和梁啓超的政治追求
中，人民和國家領導人皆是他們關注的群體。此外，曾氏和梁氏也依據現實
需要推動治國和救國方案。當曾國藩意識到西方的堅船利炮已經威脅到清朝
政府以及國民的安全時，他毅然推動洋務運動，以圖自強並解決國家危機。
到了梁啓超的時代，洋務運動已經無法解決當時的中國所面臨的問題。因此，
維新變法在康有爲和梁啓超的領導下如火如荼地展開，希冀通過政治體系的
改革達到國家自強的願望。從洋務運動到維新變法，曾國藩和梁啓超對西方
文化的接納程度顯然是一個逐步推進的過程，不變的是他們兩人皆期望看到
中國自強和屹立不倒的未來前景。

　　論文的第四章主要探討曾國藩和梁啓超的儒學研究。作爲儒家文化的忠
誠信徒，儒家學說是曾國藩身上豐富的學養源泉。梁啓超的學問根基，同樣
源於儒家，只是，在他處身的時代，西學已源源不斷地流入中國，成了他不
得不正視的現象。在時代因素的需求下，梁啓超積極主動地接觸西學，並打
破國學與西學的門戶之見，希冀匯通這兩大學術源流後，尋找取長補短的發
展方向。曾國藩同樣具備摒棄門戶之見的學術眼光，只是他所面對的是儒家
內部的宋學與漢學之爭。曾國藩和梁啓超的學術旨趣雖相去甚遠，然而他們

卻同樣看重做學問的方法。基於時代差異，曾氏和梁氏的治學方法也存在一定的差異。在曾國藩置身的學術環境中，學案或考證等傳統治學方法依然佔據學界主流。多年以後，因時代變遷而有機會接觸西學的梁啓超，開始借助西學的系統方法來整理和研究國學，成功賦予國學新的生命力。在投注心力讀書做學問之際，曾國藩和梁啓超的文章也具有標誌性特色。私淑姚鼐的曾國藩，在承繼桐城派文風的同時，亦開展出具有個人色彩的「湘鄉派」。與之對照，自認「夙不喜桐城派古文」〔註 59〕的梁啓超，則以平易暢達、情感洋溢的「新文體」／「新民體」，贏得了「輿論界之驕子」的讚譽。

　　曾國藩和梁啓超的儒學素養，是他們在修身、齊家與救國道路上的穩健基石。在中、西文化相互碰撞及交匯的清末民初時期，曾國藩以他堅韌不移的精神延續著儒家文化的傳統命脈，梁啓超則以高瞻遠矚的眼界學貫中西。梁氏一方面以去蕪存菁的方式讓儒家文化免於被時代洪流所淘汰；另一方面則把西學的系統方法融匯到國學研究中，掀開儒學研究的新篇章。在傳承與拓展儒家文化新風貌的努力中，曾國藩與梁啓超成了儒家文化發展脈絡中承先啓後的功臣。

〔註 59〕梁啓超：《清代學術概論》，《飲冰室合集》第 8 冊第 34 卷，第 62 頁。

第一章 「以修身爲本」

　　自《禮記·大學》提出「修身、齊家、治國、平天下」的理念以來，這一指標儼然已爲中華民族所宗尚，並指引著炎黃子孫的人生道路和追求。其精神力量，深埋於生長在神州大地，備受儒家文化滋養的華夏子民心中。到了清朝末年，雖說儒家文化開始面對西方文化的衝擊，然而仍不足以撼動根深蒂固的儒家文化基石。曾國藩和梁啓超皆是在中國傳統教育下培養出來的有識之士，從一介書生躍身成爲叱吒政壇的風雲人物，雖不能說必然，但也不能排除是這一人生追求在心裏發酵的效應。

　　縱觀曾國藩的人生道路，可說是循著修身、齊家、治國、平天下的步驟在努力。曾氏早年師從倭仁和唐鑒研習性理之學，因此在品德修養上極爲用心。爾後，曾國藩在朝堂上又從翰林一職高升至兩江總督，成就了他從內聖到外王的一生事業。相較之下，梁啓超則在年僅 22 歲之際，即以公車上書邁出其政治生涯的第一步。如此一來，過早來臨的政治聲望先行促使梁啓超在救國救民的事業下工夫。隨後，因戊戌政變而流亡日本之際，梁啓超在冷靜和沉澱的狀態中偶讀曾國藩家書，深獲啓發，感慨地向師友們表示：「自顧數年以來，外學頗進，而去道日遠，隨處與曾文正比較，覺不如遠甚。」〔註1〕並因此立定志向在品德修爲上加以用心，以填補自己在修爲上的缺失。如此一來，曾國藩的修身工夫，正巧成了引領梁啓超進門的「師父」。

　　同樣的一句「修身、齊家、治國、平天下」，在曾國藩和梁啓超的解讀下卻展現出不同的風貌。重視道德修爲的曾國藩，處處強調「禮」的重要性，

〔註1〕 梁啓超：《致葉湘南、麥孺博、麥曼宣、羅孝高（1900 年 4 月 21 日）》，張品興主編：《梁啓超全集》第 20 卷，第 5933 頁，北京：北京出版社，1999 年。

認爲不管是個人道德或擴大至政事,「禮」皆是立根之本。故而說:

> 古之君子之所以盡其心、養其性者,不可得而見,其修身、齊家、治國、平天下,則一秉乎禮。自內焉者言之,捨禮無所謂道德;自外焉者言之,捨禮無所謂政事。故六官經制大備,而以《周禮》名書。〔註2〕

曾國藩此一觀點,結合《大學》和《周禮》的意蘊,把儒家經籍糅合在一個圓融的體系當中,顯見體會之深。反觀受西方文化衝擊較深的梁啓超,更爲關注的則是「平等」的概念。在引述《大學》中的說法時,指出:

> 故《大學》言脩身齊家治國平天下之事,而云:「自天子以至於庶人,壹是皆以修身爲本。」〔註3〕

梁氏此言,強調「修身」一事,須天子與子民齊心共修,才可以把國家引領至一個美好的未來。在梁啓超看來,一個理想的國家,除了必須具備「新民」作爲基本力量,「賢王／聖主」的領導也同樣不可或缺。

擔任《時務報》、《清議報》和《新民叢報》主筆時期的梁啓超,在言論界捲起一股颶風。當時的梁啓超,從政治立場發言,強力抨擊君主專制政體,這在清末時期的文化語境中,乃是「大逆不道」之舉。而且,在君爲臣綱、父爲子綱的儒家倫理規範下,這樣的言論基本可被劃定爲「亂臣賊子」。然而,一個有趣的現象是,梁啓超在爲他所創辦的報刊命名時,總會追溯回儒家文化源泉。1902年創辦《新民叢報》時,梁啓超即在《本報告白》中表示:

> 本報取《大學》新民之義,以爲欲維新吾國,當先維新吾民。中國所以不振,由於國民公德缺乏,智慧不開,故本報專對此病而藥治之,務採合中西道德以爲德育之方針,廣羅政學理論以爲智育之本原。〔註4〕

於此開宗明義地指出「新民」源出於《大學》,而他期待中的「新民」,是「採合中西道德以爲德育之方針」的新民,更不是固步自封並停留在上古社會的活化石。

〔註2〕 曾國藩:《筆記二十七則》,《曾國藩全集·詩文》,第358頁,長沙:嶽麓書社,1986年12月。

〔註3〕 梁啓超:《先秦政治思想史》,《飲冰室合集》第9冊第50卷,第82頁,北京:中華書局,1989年3月第一版(2008年11月第5刷)。

〔註4〕 《本報告白》,《新民叢報》第1號,第1頁,1902年2月8日(光緒二十八年元月一日)。

這正表示，即便梁啓超配合時代需求對儒家傳統的修身規範作出調整，但對「修身」的必要性仍持肯定態度。與此有異曲同工之效的是，曾國藩也嘗謂：「《大學》之綱領有三：明德、新民、止至善，皆我分內事也」。〔註5〕表示「明德」乃「新民」的前提，同時也彰顯出「新民」其實是儒家文化追求之一種。歸根結底，即使「修身」的內涵會因時代而改變，然其重要性古往今來皆同樣被重視。爾後，梁啓超在1910年創辦《國風報》之際，則以《論語》「君子之德風，小人之德草。草上之風，必偃」〔註6〕的寓意，期盼《國風報》可以吹起一股君子之風，使民眾受引感化。

第一節 「以德潤身」與「以德薰人」

> 曾文正者，豈惟近代，蓋有史以來不一二睹之大人也已；豈惟我國，抑全世界不一二睹之大人也已。然而文正固非有超群絕倫之天才，在並時諸賢傑中稱最鈍拙，其所遭值事會，亦終身在拂逆之中。然乃立德立功立言，三並不朽，所成就震古鑠今，而莫與京者。其一生得力在立志，自拔於流俗，而困而知，而勉而行，歷百千艱阻而不挫屈，不求近效，銖積寸累，受之以虛，將之以勤，植之以剛，貞之以恒，帥之以誠，勇猛精進，堅苦卓絕。如斯而已！如斯而已！〔註7〕

1916年，當梁啓超在爲他所輯錄的《曾文正公嘉言鈔》寫序時，字裏行間流露的是他對曾國藩的崇敬之情。在這篇序文中，梁啓超言簡意賅地指出，曾國藩並不是天生有過人的才智，甚至可以說在同輩群中甚爲「鈍拙」，然而卻是這樣一個才華並不出眾的樸拙人物，「銖積寸累」地成就了立德、立功、立言三不朽的偉大功績。梁啓超在引用《左傳》中「三不朽」的說法來褒獎曾國藩的同時，顯現他亦認可曾國藩一生的成就，首先是「立德」，然後依次爲「立功」和「立言」。這其實也昭示了梁啓超把曾國藩的品德修爲標舉爲值得

〔註5〕 曾國藩：《致澄弟溫弟沅弟季弟 十月二十六日》，《曾國藩全集・家書（一）》，第39頁，長沙：嶽麓書社，1985年10月。

〔註6〕 李學勤主編：《十三經注疏・論語注疏》，第166頁，北京：北京大學出版社，1999年12月。／滄江：《說國風》，《國風報》第1年第1期，1910年2月20日（宣統二年正月十一日），第11頁。

〔註7〕 梁啓超：《曾文正公嘉言鈔・序》，第1～2頁，上海：商務印書館，1925年3月第十版。

學習的模範。然而，在立德、立功、立言的同時，不能忽略的是曾國藩「立志」「自拔於流俗」的志氣。在梁啓超看來，曾國藩「一生得力在立志」，並因此成就了他人生中三不朽的功績。

正因爲成就「三不朽」的曾國藩並非「超群絕倫之天才」，而是一個「鈍拙」的平常人，印證了「人皆可以爲堯舜」〔註8〕的古訓。在這樣一個前提下，「苟有富必能潤屋，苟有德必能潤身，不必如孔子之溫良恭儉、孟子之睟面盎背，而後爲符驗也」〔註9〕，當無疑義。加之曾國藩「生當學絕道喪人欲橫流之會，廢敗之習俗，以雷霆萬鈞之力，相罩相壓」〔註10〕之境，而能「自拔於流俗」，免於隨波逐流，顯現出人格高潔的偉大力量。這讓梁啓超深受啓發，故一再標舉曾國藩爲一個成功的典範和學習對象。從 1902 年開始撰寫《新民說》，到輯錄《節本明儒學案》（1905 年 10 月）、《德育鑒》（1905 年 11 月）以及萌念於 1902 年但遲至 1916 年才出版的《曾文正公嘉言鈔》，修身問題顯然是梁啓超的關懷點，而且在這些關注修身議題的論說中，曾國藩成了他筆下的絕佳例子。

儒家文化倡導德育，小至個人修養，大至建構禮儀之邦，德行修爲皆不可或缺。梁啓超深明此義，爲了讓自己甚而是民眾找到依循的方向，他不時倡導曾國藩的修身之學，因爲這是「一般學者最適之下手法門也」〔註11〕，且又足以導向「威德巍巍照耀環宇」〔註12〕的境界。梁啓超此舉，也正契合曾國藩期許「以言誨人」、「以德薰人」〔註13〕的理念。平靖太平天國之亂的曾國藩，雖是勳業顯赫，然而卻不因此仗勢欺人，反而更爲警惕自己以及家人必須時時刻刻謹言愼行。他在勸導曾國荃時明白指出，「吾輩在自修處求強則可，在勝人處求強則不可」。〔註14〕這印證了在曾國藩的價值觀中，品德修

〔註8〕 李學勤主編：《十三經注疏・孟子注疏》，第 321 頁，北京：北京大學出版社，1999 年 12 月。

〔註9〕 曾國藩：《筆記十二篇》，《曾國藩全集・詩文》，第 395 頁。

〔註10〕 梁啓超：《曾文正公嘉言鈔・序》，第 2 頁。

〔註11〕 梁啓超：《德育鑒》，第 151 頁，橫濱：新民社，1905 年 12 月 11 日初版（光緒三十一年十一月十五日）。

〔註12〕 中國之新民：《新民說十七・第十五節 論毅力》，《新民叢報》第 24 號，1903 年 1 月 13 日（光緒二十八年十二月十五日），第 6 頁。

〔註13〕 曾國藩：《曾國藩全集・日記（二）》，第 851 頁，長沙：嶽麓書社，1995 年 2 月。

〔註14〕 梁啓超：《曾文正公嘉言鈔》，第 52 頁。／曾國藩：《致沅弟 九月十二日》，《曾國藩全集・家書（二）》，第 1285 頁。

爲遠比功名利祿更重要，卻更爲不易企及。所以即便是被身邊或後輩推崇爲達至「三不朽」境界的曾國藩，也還是禁不住感慨：「古人稱立德、立功、立言爲三不朽。立德最難，而亦最空，故自周、漢以後，罕見以德傳者……不若就現有之功，而加之以讀書養氣，小心大度，以求德亦日進，言亦日醇。」〔註15〕或許曾國藩這種在道德修養上毫不鬆懈的姿態，才是他的成功之道。

曾國藩熟讀儒家經籍，也是儒家文化的忠誠追隨者。他在同治十年（1871年）二月的日記中，從儒家先賢身上歸納出修身的四個大方向，其文曰：

> 因思古來聖哲，胸懷極廣，而可達天德者約有數端，如篤恭修己而生睿智，程子之說也；至誠感神而致前知，子思之訓也；安貧樂道而潤身晬面，孔、顏、曾、孟之旨也；觀物閒吟而意適神恬，陶、白、蘇、陸之趣也。〔註16〕

曾國藩從儒家學說中提煉出來的「篤恭修己」、「至誠感神」、「安貧樂道」與「觀物閒吟」四條修身門徑，讓抽象的修身學說落到實處，而且各以儒家先賢爲代表，將其形象化。曾國藩日記中的這一段記載，可說源自他的人生體悟，縱觀其一生，這四個指標一直是他在爲人處世上的原則。梁啓超一再推崇曾國藩，正是看重曾國藩這種不說虛話，而且堅持以身作則的特質。

曾國藩的修身之路，一直是腳踏實地的從生活出發。對他來說：「治心治身，理不必太多，知不可太雜，切身日日用得著的，不過一兩句，所謂守約也。」〔註17〕曾國藩顯然意識到，談德行說修養，更切要的是在現實生活中可以用於實踐；過多的理論學說只會讓人望而生畏，反倒弄巧成拙。故此，曾國藩不時在他的日記或家書、家訓等，用簡單的警句，提點自己或家人。在同治九年（1870 年）六月初四前往天津辦理教案之前，曾國藩在給兒子曾紀澤和曾紀鴻的信中意味深長地表示：「余生平略涉儒先之書，見聖賢教人修身，千言萬語，而要以不忮不求爲重。」〔註18〕殷殷切切地訓示兒子不妒忌、不奢求才是立身之本，期許兩個兒子懂得安貧樂道。曾國藩勸誡兒子「不忮

〔註15〕曾國藩：《致沅弟　八月初五日》，《曾國藩全集・家書（二）》，第 1159～1160頁。

〔註16〕曾國藩：《曾國藩全集・日記（三）》，第 1842 頁。

〔註17〕梁啓超：《曾文正公嘉言鈔》，第 13～14 頁。／曾國藩：《覆李榕 十月二十八日未刻》，《曾國藩全集・書信（二）》，第 1109 頁，長沙：嶽麓書社，1990 年 6月。

〔註18〕梁啓超：《曾文正公嘉言鈔》，第 60 頁。／曾國藩：《諭紀澤紀鴻 六月初四日》，《曾國藩全集・家書（二）》，第 1370 頁。

不求」的這封家書，深深觸動了梁啓超，並在《新民說》中加以引申。梁啓超寫道：「吾昔讀曾文正戒子書中恹求詩，而悚然焉。其言曰：『善莫大於恕，德莫凶於妒。』」〔註19〕雖說「不恹不求」的道德規範並非曾國藩首倡，然而當曾國藩從儒家先賢的教義中提取出此一精華，並將之濃縮成「不恹不求」四個字時，顯然更易觸動人心，梁啓超即爲其中一例。

曾國藩對兒子的家庭教育，時時刻刻把品行修養放在第一位，灌輸給孩子「只有進德、修業兩事靠得住」〔註20〕的觀念。於此推展開來，梁啓超則嘗試把同樣的一套價值觀擴及社會群體，他在《歲晚讀書錄·好修》中表示：「好修之道有二：一曰修德，二曰修學」〔註21〕。梁啓超此舉，貼近他一直以來作爲一個啓蒙者的行事。梁氏在《德育鑒》中也抄錄了曾國藩的一段警句，強調「進德」與「修業」是必須時時刻刻銘記在心，不容懈怠的努力。因爲「凡事之須逐日檢點者，一日姑待，後來補救則難矣。況進德修業之事乎？」〔註22〕可見「進德」與「修業」二事，須由日積月累而成，無捷徑可走。

在儒家思想文化中，道德倫理是儒家學說的軸心。所以「進德」和「修業」也相輔相成。在曾國藩的解讀中：

> 思孟子所謂「善言德行」者，當爲後世理學諸家之源；「善爲辭令」者，當爲後世詞章諸家之源。孔子謙不能辭令，而以善言德行自許。蓋在己者實有盛德至行而後能自道其所得也。《論語》一書，乃善言德行之尤著者，因默誦《學而》、《爲政》、《八佾》三篇。〔註23〕

他極力推重孔子提倡德行修養的功績，並認爲孔子學說中的德行論皆是他所累積的經驗之談。孔子「善言德行」的專長，由後來的理學家所承繼。程頤、程顥以及朱熹都是理學家的傑出代表，重視修身之學的曾國藩對他們自是極爲推崇，並從他們身上擇取修身門徑。然梁啓超卻持不同意見，提出「朱子

〔註19〕 中國之新民：《新民說十四·第十三節 論合群》，《新民叢報》第 16 號，1902 年 9 月 16 日（光緒二十八年八月十五日），第 5 頁。

〔註20〕 曾國藩：《致澄弟溫弟沅弟季弟 八月二十九日》，《曾國藩全集·家書（一）》，第 92 頁。

〔註21〕 滄江：《歲晚讀書錄·好修》，《國風報》第 1 年第 10 期，1910 年 5 月 19 日（宣統二年四月十一日），第 110 頁。

〔註22〕 梁啓超：《德育鑒》，第 130 頁。／曾國藩：《曾國藩全集·日記（一）》，第 117 頁。

〔註23〕 曾國藩：《曾國藩全集·日記（二）》，第 1131 頁。

之大失，則誤以智育之方法，爲德育之方法，而不知兩者之界説，適成反比例，而絲毫不容混也。」〔註24〕根據梁啓超的觀察，朱熹雖重視品性修爲，卻有落入將德育推向偏重學説理論的危險性，認爲這其實在道德的實踐上並不是一個理想狀態。簡言之，曾國藩從理學家身上擇取的是片段式的修身之學，而梁啓超則是從整體的理論體系來做考量。

　　曾國藩與梁啓超評價理學家的標準雖不一致，但梁啓超並不因此抹殺曾國藩從理學家身上所提取的精華。在《德育鑒》中，梁啓超即指出：「曾文正發明主敬則身強之理，視宋明儒主敬説更加切實。」〔註25〕由此可見，曾國藩在汲取理學家的修身學説時，並非盲目追隨，而是有所選擇和推進。對此，葉瑞昕即有評價，認爲曾國藩：「學出程朱學，注意汲取其營養的同時，又謹防自己陷入程朱末流『居敬而偏於靜，格物而病於瑣』的弊端」。〔註26〕「敬」在儒家修身之學中，純屬一種心理狀態，所以「主敬」其實在儒家學説中靈活地被使用。在曾國藩手中，除了提倡「主敬則身強」，也認爲「敬」與「恕」是一組不能拆分的組合。他表示「『敬』『恕』二字，細加體認，實覺刻不可離。『敬』則心存而不放，『恕』則不蔽於私。」〔註27〕很顯然，立基在「敬」與「恕」的心理狀態之上，儒家思想中一再強調的「禮」，才可以更完美地以一種外在形式呈現出來。

　　「心」作爲個體的良知或行爲的主導，自然是儒家先哲關注的一個重心。曾國藩表示：「自修之道，莫難於養心。心既知有善知有惡，而不能實用其力，以爲善去惡，則謂之自欺。」〔註28〕梁啓超在其《讀孟子界説》中也寫道：「不動心者，經世傳教之總根源也。」〔註29〕曾國藩與梁啓超兩人皆關注「心」在個人修爲甚而是經世傳教上的作用和影響。曾國藩更詳細地指出，「心」乃是分辨善惡的「判官」。一個人若缺乏分辨善惡的能力，修身之路也就找不到

〔註24〕梁啓超：《德育鑒》，第 38 頁。

〔註25〕梁啓超：《德育鑒》，第 94 頁。

〔註26〕葉瑞昕：《從曾國藩新理學到梁啓超崇心學——清末儒家倫理思想演變的內在理路》，《危機中的文化抉擇——辛亥革命時期國人的中西文化觀》，第 226 頁，北京：商務印書館，2007 年 9 月。

〔註27〕曾國藩：《覆鄧汪瓊　十一月初二日》，《曾國藩全集・書信（一）》，第 726～727 頁。

〔註28〕曾國藩：《諭紀澤紀鴻　十一月初二日》，《曾國藩全集・家書（二）》，第 1393 頁。

〔註29〕梁啓超：《讀孟子界説》，《清議報》第 22 册，1899 年 7 月 28 日（光緒二十五年六月二十一日），第 4 頁。

立基點。梁啓超早在 1897 年於湖南時務學堂擔任教習時即很清楚，此學堂所
欲培養的是品格高尚的國家棟樑，所以在制定「學約」時，有「養心」一條：

> 孔子言仁者不憂，智者不惑，勇者不懼；而孟子一生得力，在
> 不動心，此從古聖賢所最兢兢也。學者既有志於道，且以一身任天
> 下之重，而目前之富貴利達、耳目聲色、遊玩嗜好，隨在皆足以奪
> 志，八十老翁過危橋，稍不自立，一落千丈矣……非有入地獄手段，
> 非有治國若烹小鮮氣象，未見其能濟也。故養心者，治世之大原也。
> 〔註30〕

此「學約」以孔、孟爲例，指出「養心」與「治世」是不可切割的完整體。
在這樣一個教育理念，以及梁啓超、譚嗣同、唐才常、陳寶箴、黃遵憲等人
以身作則的引導下，「以一短命之學堂」〔註31〕而培養出蔡鍔、楊樹達、范源
濂等在民國年間大有一番作爲的學生，湖南時務學堂誠可謂「求仁得仁」。同
一文中，梁啓超也將曾國藩標舉出來，讚賞其「養心」的成效，認爲「曾文
正在戎馬之間，讀書談學如平時，用能百折不回，卒定大難。大儒之學，固
異於流俗哉。」〔註32〕正因爲有「不動心」的修爲，才有「大山崩於前而面
不改色」的氣度，成就了曾國藩一生的功績。

梁啓超和曾國藩的人生道路，特別是政治生涯，皆是從坎坷中走過來。
或許，正因爲他們二人在「養心」上都下過工夫，所以可以坦然地將磨難化
爲歷練。曾國藩嘗謂：

> 古人患難憂虞之際，正是德業長進之時，其功在於胸懷坦夷，
> 其效在於身體康健。聖賢之所以爲聖，佛家之所以成佛，所爭皆在
> 大難磨折之日，將此心放得寬，養得靈，有活潑潑之胸襟，有坦蕩
> 蕩之意境，則身體雖有外感，必不至於內傷。〔註33〕

「活潑潑」和「坦蕩蕩」的胸懷和氣度，是化解和治癒挫折的良藥。這讓曾
國藩與梁啓超可以在遭遇磨難時，不至於頹靡不振或墮落。除了「養心」，曾

〔註30〕 梁啓超：《湖南時務學堂學約》，《飲冰室合集》第 1 冊第 2 卷，第 24 頁。
〔註31〕 楊樹達謂：「科學社來書，欲去祭梁先生文，余主不去。以時務對中國有歷史
　　　　關係也，一千九百年庚子反清之役，民四倒袁之役，皆時務師生合心爲之，
　　　　以一短命之學堂而能有如此事業者，古今罕見也。」（《積微翁回憶錄》，第 278
　　　　頁，北京：北京大學出版社，2007 年 5 月。）
〔註32〕 梁啓超：《湖南時務學堂學約》，《飲冰室合集》第 1 冊第 2 卷，第 24 頁。
〔註33〕 梁啓超：《曾文正公嘉言鈔》，第 27～28 頁。／曾國藩：《覆陳湜　六月二十一日》，
　　　　《曾國藩全集・書信（九）》，第 6643 頁。

國藩也被孟子的「養氣」說所震撼，在道光二十二年（1842 年）十月初五日的日記中，他寫道：「早起，高誦《養氣》章，似有所會，願終身私淑孟子。雖造次顚沛，皆有孟夫子在前，須臾不離，或到死之日可以仰希萬一。」〔註34〕孟子所謂的「氣」，顯然是浩然之氣。從「養心」到「養氣」是由內而外的修身途徑。簡言之，「孟學實入德之門，學聖之基也。」〔註35〕

曾國藩一生孜孜於品德修爲，並成爲後生晚輩爭相學習的對象。在「三不朽」的光環背後，曾國藩其實走過一條艱辛的道路，梁啓超對此即有深刻的體認，故而在《新民說》中不時加以引述。其中言及：

> 其在中國近世，勳名赫赫在人耳目者，莫如曾文正。試一讀其全集，觀其困知勉行屬志克己之功何如，天下固未有無所養而能定大艱、成大業者。〔註36〕

> 功成業定之後，論者以爲乘時際會，天獨厚之，而豈知其停辛竚苦，銖積寸累，百折不回而始有今日也。使曾文正毅力稍不足者，則其爲失敗之人，無可疑也。〔註37〕

梁啓超這兩段論述，分別是在《論自由》和《論毅力》中的引證，在強調曾國藩堅定的克己能力之外，也突顯其恒久不輟的毅力。只有在具備這兩個條件之時，修勵品行的努力才可能達到良好的成效。對於曾國藩自己，進德的努力是他一生堅持不懈的追求，絕不輕易動搖。故謂：「人苟能自立志，則聖賢豪傑何事不可爲？何必借助於人！『我欲仁，斯仁至矣』。我欲爲孔孟，則日夜孜孜，惟孔孟之是學，人誰得而御我哉？」〔註38〕曾國藩在修身進德努力中的意志力和自我期許，於此展露無遺。

德行修養作爲儒家思想的中心支柱，相關的論述在儒家經籍中一直佔據非常重要的席位。梁啓超在追溯回孔、孟身上時，提出「孔子乃立教之人，孟子乃行教之人」。〔註39〕梁啓超如此定位，首先肯定的是孔子重視道德的學

〔註34〕 曾國藩：《曾國藩全集・日記（一）》，第 114 頁。
〔註35〕 梁啓超：《讀孟子界說》，《清議報》第 22 冊，第 4 頁。
〔註36〕 中國之新民：《新民說八・第九節論自由（續）》，《新民叢報》第 8 號，1902年 5 月 22 日（光緒二十八年四月十五日），第 7～8 頁。
〔註37〕 中國之新民：《新民說十七・第十五節論毅力》，《新民叢報》第 24 號，第 8 頁。
〔註38〕 曾國藩：《至澄弟溫弟沅弟季弟 九月十九日》，《曾國藩全集・家書（一）》，第 94 頁。
〔註39〕 梁啓超：《讀孟子界說》，《清議報》第 21 冊，1899 年 7 月 18 日（光緒二十五年六月十一日），第 1 頁。

說，但並不表示孔子僅僅是作爲一個學說的奠基者而不身體力行，而是更爲推重孔子作爲開創者的地位。於是，孟子作爲孔子學說的追隨者和實踐者，被推崇爲「行教之人」同樣是一個極高的讚譽。因爲梁啓超深切明白，道德學說若只是停留在字面上，其實不具意義，更爲重要的是將其實踐，才可以賦予道德學說生命力。這種重視實踐的態度，在曾國藩和梁啓超身上皆有所體現。梁啓超在《新民說》中還提到：

> 曾文正與其弟書云：「吾自信亦篤實人，只爲閱歷世途，飽更事變，略參些機權作用，倒把自家學壞了。」以文正之賢，猶且不免，而他更何論也。故在學堂裏講道德尚易，在仕途上講道德最難。〔註40〕

以曾國藩爲例的這一則記載，把關注點細化到道德實踐與周邊環境的關係。提出在仕途上講求道德實踐所面臨的挑戰，較之於其他環境更爲艱巨。然而，歷來多少肩負救國救民重擔的儒家先賢，正是在投身仕途之時亦不放棄修身之路，曾國藩也是當中的一位。曾國藩的人格魅力，在容閎看來，是「中國一切出類拔萃和著名的人物，都被他那具有磁石般吸引力的品德和聲譽，吸引到他那裡。」〔註41〕從孔子以下至曾國藩，多少儒家先賢正因爲「以德潤身」而流芳百世。儒家傳統中的道德規範，在梁啓超手中雖因時代因素而做出調整，但梁啓超堅信，儒家的道德學說，是跨時代的思想精華。

第二節　程朱理學與陽明心學的分合

視品德修養爲立身之本的曾國藩與梁啓超，立基於儒家文化乃顯而易見之事。然而不能忽略的是，由於他們二人的學思歷程與人生際遇的差異，其實也影響了他們對不同的儒家學說流派之選擇。曾國藩的學思之路，當可追溯至他早年於嶽麓書院求學之際。創辦於宋代的嶽麓書院，有著豐厚的理學淵源，張栻與朱熹等理學大師皆曾在此講學。在嶽麓書院的求知氛圍下，理學思想自然深埋於曾國藩心中。而後，拜唐鑒爲師的他，更成了理學的忠誠追隨者。反觀梁啓超，他在其《三十自述》一文中，回思拜見康有爲之際：「先生乃以大海潮音，作獅子吼，取其所挾持之數百年無用舊學更端駁詰，悉舉

〔註40〕中國之新民：《新民說二十四・論私德（續）》，《新民叢報》第40～41號，1903年11月2日（光緒二十九年九月十四日），第9～10頁。

〔註41〕容閎著、王蓁譯：《西學東漸記》，第84頁，北京：中國人民大學出版社，2011年3月。

而摧陷廓清之……請爲學方針，先生乃教以陸王心學，而並及史學、西學之梗概。自是決然捨去舊學，自退出學海堂，而間日請業南海之門。生平知有學自茲始。」〔註42〕顯見，康有爲的治學道路對梁啓超起著關鍵性的影響。從師承脈絡上來觀察，曾國藩承繼的是程朱理學的傳統；梁啓超則偏向於傳承陸王心學。

以曾國藩和梁啓超的人生經歷，輔之以他們的學思歷程，兩者之間巧合地構成「相輔相成」之勢。曾國藩是一步步從修身、齊家再走上治國的道路。在理學思想發酵之下，從修身之學發端，再慢慢擴大至救國救民的事業，成了必然走向。與此不同的是，梁啓超過早來臨的政治生涯，導致他還來不及踏踏實實從修身之學著手，已經迫切地思考國計民生問題。只是，這並不表示，曾國藩和梁啓超就截然緊守程朱理學和陸王心學這兩條主幹，而是懂得打破門戶之見，配合時代需求做出調整。回溯曾國藩寫於道光二十一年（1841年）七月十四日的日記，他即清楚提及在唐鑒的指導下，《朱子全書》成了他修身治學的寶典：

> 又至唐鏡海先生處，問檢身之要、讀書之法。先生言當以《朱子全書》爲宗。時余新買此書，問及，因道此書最宜熟讀，即以爲課程，身體力行，不宜視爲瀏覽之書。〔註43〕

對此，黎庶昌在《曾文正公年譜》中也有所印證，表示曾國藩得「唐公專以義理之學相勖，公遂以朱子之書爲日課，始肆力於宋學矣。」〔註44〕始於此，曾國藩克勵自勉，在自我修爲上嚴格要求自己，除了每天借助寫日記的方式自我省察，也與朋友們相互監督，期望在自我修爲的工夫上日進一日。只是，曾國藩顯然不滿足於停留在修身此一階段，畢竟在其思想中，修身只是治國、平天下的起點。

在儒家文化薰陶下成長起來的梁啓超，自然不會忽略修身之學。有趣的是，梁啓超卻是透過曾國藩的「理學經世」具體實例，才悄然貼近程朱的理學追求。當然，這一現象牽涉著複雜的時代背景與門戶之見，而非簡單的個人喜好問題。梁啓超在《中國近三百年學術史》中的剖析，或可窺見些許緣由：

〔註42〕 梁啓超：《三十自述》，《飲冰室合集》第 2 冊第 11 卷，第 16～17 頁。

〔註43〕 曾國藩：《曾國藩全集‧日記（一）》，第 92 頁。

〔註44〕 黎庶昌編、李瀚章審定：《曾文正公年譜》，第 20 頁，收錄於周和平主編：《北京圖書館藏珍本年譜叢刊》第 157 冊，北京：北京圖書館出版社，1999 年。

　　當洪楊亂事前後，思想界引出三條新路。其一：宋學復興。乾
嘉以來，漢學家門戶之見極深。「宋學」二字，幾爲大雅所不道，而
漢學家支離破碎，實漸已惹起人心厭倦。羅羅山澤南、曾滌生國藩在
道咸之交，獨以宋學相砥礪，其後卒以書生犯大難成功名，他們共
事的人，多屬平時講學的門生或朋友。自此以後，學人輕蔑宋學的
觀念一變。〔註45〕

梁啓超言簡意賅的分析，指出成功平定太平天國之亂的曾國藩與其同僚、學
生，展現了「書生犯大難成功名」的實例。這一事件，無形中讓宋學的地位
得以躍升。曾國藩的成功，或許是因爲他已經看到：「孔孟之學，至宋大明。
然諸儒互有異同，不能屏絕門戶之見。朱子五十九歲與陸子論無極不合，遂
成冰炭，詆陸子爲頓悟，陸子亦詆朱子爲支離。其實無極矛盾，在字句毫釐
之間，可以勿辨。兩先生全書俱在，朱子主道問學，何嘗不洞達本原？陸子
主尊德性，何嘗不實徵踐履？」〔註46〕曾國藩顯然很清楚，朱熹在講究修身
之學的同時，並非小我的獨善其身，而是期待一個道德社會可以帶來國家的
穩定和繁榮；陸九淵崇尚德性之說，也同樣追求修身和經世相結合的狀態。

　　「理學經世」一詞，雖說首先被冠在曾國藩和他身邊的朋友、幕僚身上，
但曾國藩卻認爲：「程朱諸子遺書具在，曷嘗捨末而言本、遺新民而專事明
德？」〔註47〕以此觀之，曾國藩欲強調的是，程朱理學並非僅僅鎖定在自我
修身之學的小我境界，而是同樣傳承著儒家先修身而後治國、平天下的追求。
余英時在論述宋明理學之時，持類似觀點，表示在顧炎武指稱明末理學家「以
明心見性之空言，代修己治人之實學」〔註48〕之後，這一評價卻被顏元上推
至宋儒，特別是奠定宋明理學源流的二程和朱熹更是首當其衝，自此被劃定
在只停留於「內聖」領域的小我狀態。〔註49〕基於此，余英時指稱：「但是我
們只要細心審查第一手史料，即知宋代理學家講學的最終目的是要培養『治
天下』的人才，以承擔重建秩序的重任。」〔註50〕「因爲『內聖』與『外王』

〔註45〕梁啓超：《中國近三百年學術史》，《飲冰室合集》第 10 冊第 75 卷，第 26 頁。
〔註46〕曾國藩：《覆夏教授 同治元年十二月》，《曾國藩全集·書信（五）》，第 3466 頁。
　　　　原注：原件無日期，受信人之名亦不可確考。
〔註47〕曾國藩：《勸學篇示直隸士子》，《曾國藩全集·詩文》，第 443 頁。
〔註48〕顧炎武著、黃汝成集釋：《日知錄集釋（全校本）》卷七，第 402 頁，上海：
　　　　上海古籍出版社，2006 年 12 月。
〔註49〕參見余英時：《宋明理學與政治文化》，第 12 頁，臺北：允晨文化，2004 年。
〔註50〕余英時：《宋明理學與政治文化》，第 12 頁。

在理學家的構想中，自始即是一不可分的整體，而且『內聖』領域的開拓正是爲了保證『外王』的實現。」〔註51〕於此觀之，不管是清代名儒曾國藩或是現代學者余英時，皆強調從程、朱著作的原典來考察，他們的學說並非獨善其身、脫離現實的學理，而是同樣回歸到儒家以修身爲基、治國平天下爲理想的道路上。

同治七年（1868年），曾國藩受朝廷之命前往直隸擔任總督，並於隔年正月到任。在直隸任職期間，曾國藩也非常重視文化和教育問題。寫於同治八年（1869年）七月的《勸學篇示直隸士子》，期待著士子們要「以義理之學爲先，以立志爲本」，「志既定矣，然後取程朱所謂居敬窮理、力行成物云者，精研而實體之。」〔註52〕據此可見，在「勸學」的同時，曾國藩首先還是看重程朱學說中的修身之學。當然，曾國藩也很清楚，治學道路各有不同，不管是專治考據或辭章，皆是治學的正道。所以，曾國藩以匯納百川的胸懷表示：「其文經史百家，其業學問思辨，其事始於修身、終於濟世。百川異派，何必同哉？同達於海而已矣。」〔註53〕曾國藩這一番闡述，雖說是在「勸學」，但其實也展現出他自身的治學之路，以及期許藉此修身、濟世的追求。

1923年梁啓超在《國學入門書要目及其讀法》中提到王陽明的《傳習錄》時表示：「讀此可知王學梗概，欲知其詳，宜讀《王文成公全書》，因陽明以知行合一爲教，要合觀學問事功，方能看出其全部人格，而其事功之經過，具見集中各文，故陽明集之重要，過於朱陸諸集。」〔註54〕透過此一評價，得以窺知梁啓超之所以崇尚王陽明，是推重其知行合一，學問與事功並舉的成就。由此分析，在梁啓超的評價中，「朱陸諸集」中的學說，偏重理論，故實踐效果難免大打折扣。除此，理論成分太重的「朱陸諸集」，也導致理解上的困難，故而停留在書生、士子的圈子中，在普及上有必然的困難。梁啓超「朱陸」並列的標準，顯示在他心中，並無「理學」或「心學」的門戶之見，而是從學問與事功上來做衡量。

可與此相互參照的是，梁啓超評價王陽明的門人王心齋爲「平民的理學家，其人有生氣」。〔註55〕可見，在梁啓超的概念中，理學思想若能做到「平

〔註51〕余英時：《宋明理學與政治文化》，第8頁。

〔註52〕曾國藩：《勸學篇示直隸士子》，《曾國藩全集・詩文》，第443頁。

〔註53〕曾國藩：《勸學篇示直隸士子》，《曾國藩全集・詩文》，第443頁。

〔註54〕梁啓超：《國學入門書要目及其讀法》，《飲冰室合集》第9冊第71卷，第6頁。

〔註55〕梁啓超：《國學入門書要目及其讀法》，《飲冰室合集》第9冊第71卷，第18頁。

民化」，是更爲理想的狀態。梁啓超晚年之際，更曾於 1926 年 12 月以《王陽明知行合一之教》爲題，在北京學術講演會及清華學校開壇論道，昭示著其學術立場和價值關懷。曾國藩與梁啓超的治身與救國之路，彷彿巧合地讓他們在程朱理學與陸王心學的理論學說上各有所依。與此同時，儒家學說也透過曾、梁二人展現不同的光芒，呈現出跨時代的彈性。

梁啓超推重曾國藩爲「三不朽」的前輩先賢，看重的無疑是他德業兼修的功績。曾國藩在推崇朱熹的理學思想時，其實也成功打破了朱熹學說過於偏重理論的窠臼，並從朱熹學說中推衍出可以在現實生活中實踐的元素。在曾國藩看來，「先王之道，所謂修己治人、經緯萬匯者，何歸乎？亦曰禮而已矣」〔註56〕。即是說，先聖先賢的修己治人之道，落實到實處時，呈現爲「禮」，而這個「禮」所體現的其實正是先哲的「理」。如此一來，曾國藩不僅僅透過「禮」將「理」轉化爲一種實在的形式，也成功把「義理」與「經世」結合爲一個整體。〔註57〕張昭軍也進一步指出，曾國藩的理學經世思想，「實即意味著把孔子的『德行』、『政事』兩科合而爲一，既強調了理學『事功』的內涵和合理性，又使政事（經世）不脫離義理的控制。」〔註58〕類似的觀點，賀麟早在其《五十年來的中國哲學》一書中即曾指出：「清朝中興名臣如曾滌生、胡潤芝、羅羅山之流，均能本程、朱之學，發爲事功。」〔註59〕可見，透過曾國藩等人的努力，把「理學」融入「經世」層面，已經成爲事實，並廣爲被認可。

相較於朱熹理論色彩過重的理學思想，王陽明知行合一的學說顯然更契合梁啓超的理念。在編撰《德育鑑》時，孟子、王陽明、曾國藩三人的修身之學，是梁啓超非常看重的三位大儒。這顯示出梁啓超對他們三人德行修爲的認可和讚賞，而他們共有的特色是道德思想的實踐度極高。這一根源，透露出梁啓超何以在推重曾國藩之際，卻並不十分欣賞曾國藩所倚重的程朱理學之故。王陽明的修身之學，在《德育鑑》中總共被引用 46 次〔註60〕，在頻

〔註56〕 曾國藩：《聖哲畫像記》，《曾國藩全集·詩文》，第 250 頁。

〔註57〕 參見徐剛：《曾國藩與朱熹：思想與實踐的理學雙峰》，收錄於方克立主編：《湘學》第 4 輯，第 423 頁，長沙：湖南人民出版社，2007 年 3 月；張昭軍：《傳統的張力──儒家思想與近代文化變革》，第 53 頁，長春：吉林人民出版社，2004 年 8 月。

〔註58〕 張昭軍：《傳統的張力──儒家思想與近代文化變革》，第 55 頁。

〔註59〕 賀麟：《當代中國哲學》，第 19 頁，上海：上海書店，1945 年 11 月。

〔註60〕 據翟奎鳳的統計：「《德育鑑》約收有 65 位古代大儒的語錄 421 條，其中明代的理學家（約有 53 位）占絕大多數；梁啓超的按語有 102 條。引用頻率最高

密度上高居榜首。

梁啓超在闡述王陽明的「致良知」之説時，將淵源上溯到《大學》和《孟子》，表示「『致知』之説，本於《大學》『欲誠其意者先致其知』。『良知』之説，本於《孟子》『人之所不學而知者其良知也』。子王子溝合此二語，以立一學鵠。其『致知』而必加一良字者，所以指其本體。」〔註61〕從《大學》和《孟子》中的基礎開展成王陽明的「致良知」，梁啓超做了一番透徹的解讀，點出「致良知」本源於每個人皆具備的「良知」。這也表示，善德善行，其實皆回歸到「良知」這一源頭上。而且，梁啓超還進一步補充説：「苟言『致知』而不指定此一隙，則或有就其後起昏謬者而擴充之，則謬以千里矣。此王子所以以《孟子》釋《大學》也。言良知而必加一致字者，所以實其工夫。」〔註62〕如此一番鉅細靡遺地解説「致良知」這三個字，顯見梁啓超對王陽明這一概念的服膺程度。

在《德育鑒》中，梁啓超在引述王陽明的「致良知」之説後，指稱：「而所謂致良知之學，非徒獨善其身，迂闊而不足以救世者，甚明矣。」而且，還一再強調：「觀此則知王學絕非獨善其身之學，而救時良藥。」〔註63〕「故竊以爲惟王學爲今日學界獨一無二之良藥」〔註64〕。可見，梁啓超理想中的修身之學並非獨善其身的私德，而是可以立己、達己，也可立人、達人的學説。這樣，德育的效果才可擴大至社會國家。基於對王陽明「致良知」、「知行合一」學説的欣賞，以及視其爲「救時良藥」之敬仰，王陽明的學説再三被梁啓超引述自是在所必然。基於這樣一個衡量標準，曾國藩的理學經世成就會被梁啓超所推崇，顯然其來有自。再加上曾國藩所處的時代與自己生活著的時空相去不遠，更成了梁啓超將曾國藩視爲倣仿對象的理由。

曾國藩在修身之學上的成效，從梁啓超以來一直被高度讚揚。馮友蘭在其《中國哲學史新編》中也表示：「曾國藩所保衛的中國傳統文化，主要是宋明道學。他是一個道學家，但不是一個空頭道學家。他的哲學思想的發展有

的前十位大儒分別是：王陽明（46次）、劉宗周（34次）、羅洪先（24次）、程顥（20次）、朱熹（20次）、程頤（18次）、孟子（19次）、陸九淵（16次）、王畿（16次）、曾國藩（12次）。」翟奎鳳：《梁啓超〈德育鑒〉思想研究》，吉林省社會科學院編：《社會科學戰線》2011年第10期，第27頁。

〔註61〕 梁啓超：《德育鑒》，第43頁。
〔註62〕 梁啓超：《德育鑒》，第44頁。
〔註63〕 梁啓超：《德育鑒》，第61、66頁。
〔註64〕 梁啓超：《德育鑒》，第39頁。

兩個階段，其主要標誌是由信奉程朱發展到信奉王夫之。」〔註65〕馮友蘭的
剖析，言簡意賅，一句：「他是一個道學家，但不是一個空頭道學家」，將曾
國藩的形象立體化。此一觀點，到了唐浩明的筆下，更深入爲：「過去都說曾
氏是理學家。其實，他對理學的學理並沒有大的推進，他的貢獻是在實踐上。
在如何將理學用之於身心修煉及事業建立這方面，曾氏是一個成功的踐履
者。曾氏以中國學問爲教材，不僅盡可能地完善了自我健全的人格，而且成
就了一番事功，並因此改變近代中國歷史走向，這就是所謂的『內聖外王』。」
〔註66〕突出曾國藩作爲一個理學實踐者的身份，並留意到曾國藩雖從內聖出
發，卻收外王之效，成功改變了中國近代的歷史發展。

　　葉瑞昕在關注曾國藩與梁啟超的儒家學說根基時，雖然還是把他們兩人
分別鎖定在理學和心學的基礎上，卻也明確指稱：「從曾國藩新理學到梁啟超
崇心學的演化，顯然不是儒學史上程朱理學與陸王心學兩支學派紛爭局面的
簡單再現。」〔註67〕這一評述，是個客觀事實，點出曾國藩和梁啟超成功超
越程朱理學和陸王心學的框框。黃克武在其《梁啟超與儒家傳統延續與斷裂：
以清末王學爲中心之考察》一文中，也曾探究梁啟超推崇王陽明和曾國藩的
理由。在黃克武的觀察中：

　　　　對他（按：梁啟超）來說，國民精神的一個重要特質是使每一
　　　　個人具有知識分子以天下爲己任的使命感、明公私義利之辨，要能
　　　　像王陽明與曾國藩那樣，「轉移習俗而陶鑄一世之人」、「以身爲教，
　　　　因以養成一世之風尚，造出所謂時代的精神者」。〔註68〕

可見，梁啟超理想中的修身之學，是一種可以從「小我」開展成「大我」的
德行實踐。簡言之，深受儒家文化滋養的梁啟超，並非不認可朱熹所倡導的
道德理想，但更期待這些道德義理可以落到實處，而曾國藩正是成功踏出這
一步的朱熹理學信仰者。如此一來，曾國藩以理學經世的成就，證明了理學
並非僅僅是書生們在咬文嚼字，而是在具備實踐性的同時，也回歸到理學修

〔註65〕馮友蘭：《中國哲學史新編》（下），第419頁，北京：人民出版社，2001年3
　　　　月。
〔註66〕唐浩明：《梁啟超向曾國藩學什麼》，唐浩明評點、梁啟超輯：《曾國藩嘉言鈔》，
　　　　第4頁，長沙：嶽麓書社，2006年。
〔註67〕葉瑞昕：《從曾國藩新理學到梁啟超崇心學——清末儒家倫理思想演變的內在
　　　　理路》，《危機中的文化抉擇——辛亥革命時期國人的中西文化觀》，第241頁。
〔註68〕黃克武：《梁啟超與儒家傳統延續與斷裂：以清末王學爲中心之考察》，收錄
　　　　於《近代中國的思潮與人物》，第183頁，北京：九州出版社，2012年12月。

為中小我、大我兼具的原初狀態。強調「致良知」而且「知行合一」的王陽明，在梁啟超的心中，正是把道德理論與實踐融於一身，並踏踏實實把道德追求從個人推向社會的先行者。王陽明與曾國藩成功從內聖走向外王的實例，堅定了梁啟超積極朝向這一目標的努力，並嘗試將這一追求普及化。

第三節　「私德」、「公德」與道德社會的理想

　　從梁啟超的名字在公車上書中開始被關注以來，他的形象始終不會被掛上「儒者」的標籤。當然，即便儒家文化在梁啟超身上不時發揮作用，然而他的所思所行，終究還是與「儒者」相隔一層。或許，正如黃遵憲的觀察，在曾國藩之後，已經不太可能出現標準型的「儒者」了。黃遵憲清楚地看到，受到西方文化衝擊的儒家文化，已經不可能維持原狀，作出相應的調整乃勢所必然。〔註69〕如此一來，即便生於曾國藩之後的賢達士子依然秉守儒家文化，但也不可能再出現傳統意義上的「儒者」了。作為後生晚輩的梁啟超，雖把曾國藩當成標誌性的學習對象，然而在他們之間，終究存在著不可抹殺的距離。

　　「捨命報國，側身修行」〔註70〕這八個字用來形容曾國藩和梁啟超的人生道路，大概並不為過。作為儒家思想的忠誠守護者，曾國藩可說是一步步從「內聖」走向「外王」的極佳代表。梁啟超則是在政壇聲名大噪之後，因被清朝政府通緝而流亡於日本的冷靜期，才得以讓自身沉澱下來踏踏實實地修身自勉。於此觀之，曾國藩與梁啟超的修身與報國之路雖在時間順序上相顛倒，但治理一個國家，需要從自身道德擴及國民道德的認知，卻是他們之間的共識。1902 年《新民叢報》的創刊，昭示著梁啟超思想上的一個新驛站。《新民叢報》創刊號的《本報告白》開宗明義地指出，中國衰弱的根源應歸納為「國民公德缺乏」以及「智慧不開」〔註71〕這兩個問題上。因此，《新民叢報》即為救此二弊之藥方，希冀從「德育」以及「智育」這兩劑藥著手，達到救國救民的理想。

〔註69〕 參見黃遵憲撰、吳振清等編校：《致梁啟超書（九通）》，《黃遵憲集（下卷）》，第 498 頁，天津：天津人民出版社，2003 年 10 月。
〔註70〕 梁啟超：《曾文正公嘉言鈔》，第 48 頁。／曾國藩：《致沅弟 三月二十九日辰刻》，《曾國藩全集‧家書（二）》，第 962 頁。
　　　　曾國藩在寫給曾國荃的家書中作：「拼命報國、側身修行。」
〔註71〕 《本報告白》，馮紫珊編：《新民叢報》第 1 號，第 1 頁。

　　《新民叢報》的辦報宗旨既如此明確，那麼梁啓超以「中國之新民」爲筆名撰寫的《新民說》，自然是該刊的重中之重，並貫徹著《新民叢報》的精神。當然，《新民說》的撰述，主要是將對象鎖定在「新民」，即以「人」爲本體。當時的梁啓超，在《新民說》中爲「新民」下定義並進行闡述後，即著墨於「公德」之說，顯示在他的思想中，這是作爲中國的「新民」急切需要補足的道德意識，因爲「知有公德，而新道德出焉矣，而新民出焉矣。」〔註72〕梁啓超如此展開論述的理由在於，他在品德修爲上劃分了「公德」與「私德」。在他看來：「吾中國道德之發達，不可謂不早。雖然，偏於私德，而公德殆闕如。」〔註73〕不過，從1902年的《論公德》發展到1903年的《論私德》，顯示梁啓超對中國人歷來重視的私德也覺得有再加以討論的必要。追根究底，私德乃是公德的基礎。若無良好的私德修養，公德的推展也會被「末流」所誤導，反落人口實，間接導致「新民」之說面對不必要的攻擊。於是，既要提倡公德，就必須先讓國民具備良好的私德修養。可見，梁啓超已經意識到，要培植公德，儒家傳統中所重視的私德修養也不可偏廢。因爲「私德虧缺者，安能襲取公德之媺名，而僅修飾私德而弁髦公德者，則其所謂德已非德。」〔註74〕

　　梁啓超在《新民說》中一再討論的「公德」和「私德」，換個語境，其實與儒家文化中的內聖外王之說有異曲同工之效。這樣一種敘述脈絡，無形中展現出梁啓超此時已從外王之道走回內聖之學的路向。在尚未找到內聖與外王的接榫處之前，梁啓超認爲純粹的品德修爲傾向於「私德」的表現，雖有益於個人，卻對社會國家無所貢獻。然而，從曾國藩身上，梁啓超卻看到，私德也有推己及人，擴大至社會國家的可能性。這麼一來，梁啓超所重視的「公德」也可以從「外王」的傳統中找到依歸。梁啓超在曾國藩身上得到的啓發，讓他在打通「公德——私德」之同時，也與儒家「內聖外王」的傳統接軌。

　　處於道德焦慮期的梁啓超，在1905年編撰《德育鑒》時，透過梳理程朱理學和陸王心學，亦尋獲「新道德」和「舊道德」的交匯點。當時的梁啓超，

〔註72〕中國之新民：《新民說三·第五節論公德》，《新民叢報》第 3 號，1902 年 3 月 10 日（光緒二十八年二月一日），第 6 頁。

〔註73〕中國之新民：《新民說三·第五節論公德》，《新民叢報》第 3 號，第 1 頁。

〔註74〕梁啓超：《德育鑒·例言》，第 2 頁。

已經走出對於西學的過度迷信，並因此對以西方倫理道德爲基礎的「新道德」重新加以評估。在儒家傳統內聖外王的道德養分中，梁啓超找到了一種不過度依賴西方道德的「新道德」，調節了「新道德」和「舊道德」的差距，凝聚成更爲適合中國時局的道德追求。這種兼具「私德」和「公德」、「內聖」與「外王」的交集點，讓梁啓超成了曾國藩的隔代知音，也彰顯出儒家內聖外王這一理想追求的跨時代張力。唐浩明嘗謂：「其實，人類文化中的精粹是從來不受政治觀念和時空限制的，梁所看重的那些曾氏嘉言，正是屬於人類文化精粹的部份。」〔註75〕這一中肯的說法，解釋了曾國藩和梁啓超即使在不同的政治途徑中，卻有著同樣的精神依歸之底蘊。

1922 年當梁啓超在撰寫《先秦政治思想史》時，即碰觸到儒家政論中厚重的道德元素。梁啓超表示：「儒家政論根本精神，他們是要國中人人都受教育，都成爲『自善之民』。他們深信賢人政治，但不是靠一兩個賢人，他們最後目的要把全社會人個個都變成賢人。質而言之，他們以養成國民人格爲政治上第一義。」〔註76〕追溯孔子所倡導的「爲政以德」這一政治理念，顯見儒家先賢所期待的是以「德」來養成國民人格，繼而建構一個道德社會。余英時在《宋明理學與政治文化》一書中也指出：「道學雖然以『內聖』顯其特色，但『內聖』的終極目的不是人人都成聖成賢，而仍然是合理的人間秩序的重建。用原始儒家的語言來表達，便是變『天下無道』爲『天下有道』。所以道學必須視爲宋代儒學整體的一部份，不能抽離出來，劃入另類。」〔註77〕這一番解讀，讓儒家的內聖外王之說，借著「天下有道」的追求，擺脫不可企及的幻象，一舉落到實處。於此觀之，曾國藩心心念念與他的朋友、幕僚們共同追求的道德社會，正是儒家學說中「天下有道」的理想境界。換個語境，不也正是梁啓超殷切希望透過國民公德和私德的培養營建的理想社會嗎？

曾國藩和梁啓超所追求的理想社會，在形式上或許不同，但立基於道德基礎之上卻是不變的共識。曾國藩生活著的道咸年間，即便儒家社會結構受到西方文化的衝擊，但並未動搖根基。所以，在邁向道德社會的路途上，曾

〔註75〕唐浩明：《梁啓超向曾國藩學什麼》，唐浩明評點、梁啓超輯：《曾國藩嘉言鈔》，第6頁。
〔註76〕梁啓超：《先秦政治思想史》，《飲冰室合集》第9冊第50卷，第207頁。
〔註77〕余英時：《宋明理學與政治文化》，第167頁。

國藩還是可以一步步地從自身做起，並逐漸推及身邊的朋友、幕僚，期許著自己可以成爲開風氣之先的那「一、二人」。到了同治、光緒年間，西方文化的洪流已氾濫至不得不正視的階段。面對急迫的局勢，梁啓超還沒來得及「修身」，即匆匆踏上「救國」的征途。於是，借助報刊等普及面更廣的媒介來向中國人民灌輸道德意識，顯然更爲符合梁啓超所期待的效果。不寧唯是，退出政壇投身學界之後，梁啓超顯然依循著曾國藩的道路，希冀以自身爲榜樣帶動身邊的朋友和學生，共同邁向一個理想的道德社會。

處身動盪不安的時局，曾國藩曾經在一封寫給陳士傑的信中感慨道：「惟天下滔滔，禍亂未已；吏治人心，毫無更改；軍政戰事，日崇虛僞。非得二、三君子，倡之以樸誠，導之以廉恥，則江河日下，不知所屆。」〔註78〕這段話，承載著曾國藩「以天下爲己任」的氣度，顯然是他思維中的儒家元素在發酵的結果。面對黑暗的時局，曾國藩採取積極面對的態度，希冀「倡之以樸誠，導之以廉恥」，以建構一個道德社會，並進一步扭轉局勢。當然，在朝著這一方向邁進時，首先「非得二、三君子」站出來開風氣之先。曾國藩的《原才》篇，講述了開風氣之先行者在社會中所起的作用和影響。梁啓超對此深表認同，並成了他不止一次抄錄的「嘉言」：

> 先王之治天下，使賢者皆當路在勢，其風民也皆以義，故道一而俗同。世教既衰，所謂一二人者，不盡在位，彼其心之所向，勢不能不騰爲口說，而播爲聲氣。而眾人者，勢不能不聽命，而蒸爲習尚。於是乎徒黨蔚起，而一時之人才出焉。〔註79〕

曾國藩和梁啓超始終堅信，只要有足以掀起新風氣的「一二人」，就有可能在「不白不黑、不痛不癢」〔註80〕的世界注入一股清流。若這股新風氣成功席卷開來，那麼建立一個道德社會的遠景，指日可待。梁啓超在《曾文正公嘉言鈔》中有句按語曰：「公於窮時達時，皆能以心力轉移風氣，亦可謂不負其言矣。」〔註81〕一再流露出對曾國藩造風氣之先的讚賞。可見，在歲月流轉之後，曾國藩證明了他當初的期待並非純屬空想，而他自己正是一個成功的例證。其實，早在1906年出版的《德育鑒》中，梁啓超即以曾國藩和他的朋

〔註78〕 曾國藩：《覆陳士傑 八月十九日》，《曾國藩全集·書信（二）》，第1567頁。
〔註79〕 曾國藩：《原才》，《曾國藩全集·詩文》，第182頁。
〔註80〕 梁啓超：《曾文正公嘉言鈔》，第6頁。／曾國藩：《覆黃淳熙 咸豐三年十二月》，《曾國藩全集·書信（一）》，第431頁。
〔註81〕 梁啓超：《曾文正公嘉言鈔》，第80頁。

友、幕僚們所掀起的道德風氣爲篇末總結，顯見是將曾國藩及其同道視爲德育的典範。

　　梁啓超 1910 年創辦的《國風報》，既然是在說「國風」，曾國藩《原才》篇中的言論，自然是絕佳的引證。梁啓超還進而對推展風氣的這「一二人」加以闡述，指稱：「此一二人者如在高位，則其勢最順而其效最捷；此一二人者而不在高位，則其收效雖艱，而其勢亦未始不可以成。」〔註82〕而且，梁啓超還從清祖康熙皇帝開始追溯，論述清朝的道義之風，也提到曾國藩和羅澤南等人「幾振之矣」，充分肯定了曾國藩和他的朋友、幕僚們的努力。只可惜因時局艱難，導致他們必須將精神轉移到戎馬征戰上，間接影響了風氣的擴散和傳承。〔註83〕由此可見，不管是在曾國藩或是梁啓超的認知當中，所謂的「一二人」，可以發揮的力量卻不小。如此一來，在這「一二人」登高一呼之後：「是以聲氣所感，如響斯應。不期然而然，於暗無天日之京師宦海中，乃能放此大光明，而雷霆所昭蘇，且將及於全國，一二人之心力，不可謂不偉也。吾是以知君子之道，在知其不可而爲之。爲之不已，將有可時；若其不爲，則天下事固無一可也，夫豈必御史臺能獨爲君子哉？」〔註84〕這是梁啓超在《臺諫近世感言》中對於改變風氣的這「一二人」所做的一個很好的補充。

　　《國風報》的創辦，承載著梁啓超和報刊同仁想要改變一國之風的理想。在《說國風》中，梁啓超雖謙遜地表示，《國風報》只是承繼《詩經·國風》志潔言雅的傳統，不敢奢望可以如曾國藩那般「騰爲口說而播爲聲氣」，然而《國風報》同仁想要借助報刊以改良社會風氣的用心和理想卻昭然若揭。該文寫道：

　　　　本報同人，學譾能薄，豈敢比於曾文正所謂騰爲口說而播爲聲

　　　氣者？顧竊自附於風人之旨，矢志必潔，而稱物惟芳；託體雖卑，

　　　而擇言近雅。此則本報命名之意也。〔註85〕

當然，在梁啓超辦過的報刊中，並非只有《國風報》貫徹了開通風氣的宗旨，梁啓超早在《新民說》中即曾表示：

〔註82〕滄江：《說國風》，《國風報》第 1 年第 1 期，第 12～13 頁。

〔註83〕參見滄江：《說國風》，《國風報》第 1 年第 1 期，第 12～13 頁。

〔註84〕滄江：《臺諫近事感言》，《國風報》第 1 年第 6 期，1910 年 4 月 10 日（宣統二年三月初一日），第 11～12 頁。

〔註85〕滄江：《說國風》，《國風報》第 1 年第 1 期，第 14 頁。

> 吾以爲學識之開通、運動之預備，皆其餘事，而惟道德爲之師。
> 無道德觀念以相處，則兩人且不能爲群，而更何事之可圖也？……
> 吾黨不欲澄清天下則已，苟有此志，則吾謂《曾文正集》，不可不日
> 三復也。夫以英、美、日本之豪傑證之則如彼，以吾祖國之豪傑證
> 之則如此，認救國之責任者，其可以得師矣。〔註86〕

一句「吾黨不欲澄清天下則已，苟有此志，則吾謂《曾文正集》，不可不日三復也」，連接了曾國藩與澄清天下的關係，也貫穿了曾國藩以及梁啓超期許開通風氣的理想。梁氏藉重報章以開風氣的做法，又切合了將報刊視爲「傳播文明三利器」之一種的思路，體現出在影響社會的途徑上與曾國藩的相異處。

基於認識到德育和智育之間的模糊關係，「有志救世」的梁啓超自然會在這一問題上認眞思考並付諸實踐。到了1927年，梁啓超在北海和清華研究院學生們的一席談話中，即指出智育的發展終歸必須有德育作爲根基，找到了讓德育和智育相結合的方法：

> 吾所理想的，也許太難不容易實現：我要想把中國儒家道術的
> 修養來做底子，而在學校功課上把他體現出來。在已往的儒家各個
> 不同的派別中，任便做那一家，那都可以的，不過總要有這類的修
> 養來打底子；自己把做人的基礎，先打定了。吾相信假定沒有這類
> 做人的基礎，那末做學問並非爲自己做的……我所最希望的是：在
> 求智識的時候，不要忘記了我這種做學問的方法，可以爲修養的工
> 具；而一面在修養的時候，也不是參禪打坐的空修養，要如王陽明
> 所謂在「事上磨練」。〔註87〕

這時候的梁啓超，在退出政壇專治學問後，依然認爲不管是如當初的曾國藩般投身軍事政治，或是如現時的自己般獻身於學術，一個不能拋開的堅持是，品德修養必須是外在事功的根柢。而且，梁啓超還不忘指出王陽明在「事上磨練」的途徑，更具現實意義，是內外兼修的好方法。

同一席談話中，曾國藩和其友群們建立起來的道德社會，是梁啓超一再撿起的話題，顯見他對於建構一個道德社會的熱切期盼。在梁啓超心裏，曾國藩成功營建起來的道德社會，是一個實實在在的典範，並期許著自己可以

〔註86〕中國之新民：《新民說二十四·論私德（續）》，《新民叢報》第40、41號，第8頁。

〔註87〕梁啓超著、夏曉虹輯：《北海談話記》，《《飲冰室合集》集外文（中冊）》，第1034～1035頁，北京：北京大學出版社，2005年1月。

帶領學生們朝向同一遠景邁進。所以，他滿懷憧憬地表示：

> 我們一回頭，看數十年前，曾文正公那般人的修養。他們看見
> 當時的社會也壞極了，他們一面自己嚴屬的約束自己，不跟惡社會
> 跑，而同時就以這一點來朋友間互相勉勵，天天這樣琢磨著，可以
> 從他們往來的書箚中考見……這一些話；這些話看起來是很普通
> 的，而他們就只用這些普通話來訓練自己。不怕難，不偷巧，最先
> 從自己做起，立個標準，擴充下去，漸次聲應氣求，擴充到一班朋
> 友，久而久之，便造成一種風氣，到時局不可收拾的時候，就只好
> 讓他們這班人出來收拾了。所以曾，胡，江，羅，一般書獃子，居
> 然被他們做了這樣偉大的事業，而後來咸豐以後風氣，居然被他們
> 改變了，造成了他們做書獃子時候的理想道德社會了。〔註88〕

> 我們試看曾文正公等，當時是甚麼樣修養的？是這樣的麼？他
> 們所修養的條件：是什麼樣克己，什麼樣處事，什麼樣改變風氣，……
> 先從個人，朋友，少數人做起，誠誠懇懇，腳踏實地的，一步一步
> 做去；一毫不許放鬆，我們讀曾氏的《原才》，便可見了。風氣雖壞，
> 自己先改造自己，以次改造我的朋友，以及朋友的朋友，找到一個
> 是一個。這樣繼續不斷的努力下去，必然有相當的成功。假定曾文
> 正胡文忠遲死數十年，也許他們的成功是永久了；假定李文忠袁項
> 城也走這一條路，也許直到現在還能見這種風氣呢！〔註89〕

梁啓超在此更爲透徹地提到曾國藩和他的朋友、幕僚們其實就是靠著「不怕
難，不偷巧」，先從自己的品德修養下工夫，漸漸地把和自己習氣相近的人聚
集在一起，形成風氣之後，自然可以有一番作爲。所以，梁啓超才會說，「吾
以爲使曾文正生今日而猶壯年，則中國必由其手而獲救矣。彼惟以天性之極
純厚也，故雖行破壞焉可也；惟以修行之極嚴謹也，故雖用權變焉可也。」〔註
90〕強調曾國藩不僅爲人醇厚，而且在道德修爲上有影響身邊朋友和幕僚的魅
力，足以在黑暗的社會中激揚起一股正氣與清流。梁啓超這段與學生的談話

〔註88〕 梁啓超著、夏曉虹輯：《北海談話記》，《〈飲冰室合集〉集外文（中冊）》，第
　　　　 1036～1037頁。

〔註89〕 梁啓超著、夏曉虹輯：《北海談話記》，《〈飲冰室合集〉集外文（中冊）》，第
　　　　 1038頁。

〔註90〕 中國之新民：《新民說二十四·論私德（續）》，《新民叢報》第40、41號，第
　　　　 8頁。

作於 1927 年，所以即使他抱著滿懷憧憬和理想要朝這個方向努力，只可惜天不假年，兩年後，梁啓超即病逝，故這番志願也只能停留於未完成的事業了。

處身於一個過渡時代，中西文化的拉鋸，新舊文化之間的矛盾，造成動盪不安的時代面貌。面對這樣的時局，梁啓超不免會將其自身與曾國藩所說的「不白不黑、不痛不癢」的時代系聯在一起。所以，即使曾國藩身處道光、咸豐與同治年間，梁啓超則是前腳踏在光緒、宣統時代，後腳踩在民國時期，但是在曾國藩身上，梁啓超卻看到了不爲時代所局限的品德修爲在繼續發光發熱，並希望效法曾國藩，帶領朋友和學生輩改變社會惡俗，興起新思想、新風氣。所以，梁啓超熱情地呼籲：

> 然而現在的社會，是必須改造的！不改造他，眼看他就此沉淪下去，這是我們的奇恥大辱！但是誰來改造他？一點不客氣，是我輩！我輩不改造，誰來改造？要改造社會，先從個人做人方面做去，以次及於旁人，一個，二個，……以至千萬個；只要我自己的努力不斷，不會終沒有成績的。〔註91〕

梁啓超透過這番話所傳達出來的訊息是，只要「一回頭看」，不就正好可以看到曾國藩和他的朋友、幕僚們站在身後作爲堅實的後盾，扶持著「中國之新民」們穩健地走向未來？可見梁啓超在修身和開通社會風氣這一環節上，顯然把曾國藩標舉爲效法的典範。

譚徐峰在論述曾國藩對梁啓超的影響時，也指稱：「《新民説》重在塑造理想人格，曾國藩的操守成爲新民這一英雄系譜重要的一環，其關懷不僅僅在修身，更著眼於救世，期待由此形塑國民，團聚成強大的國家。」〔註92〕以曾國藩本身而言，他在強調品德修爲之時，是回歸到傳統的「內聖」之學；而梁啓超在倡導「新民」的理想時，更傾向於「外王」的追求。只是，曾國藩在修身的同時不忘爲國家做出貢獻，梁啓超在爲國家的命運而積極培養「新民」時，也意識到需要品德修養作爲根基。如此一來，曾國藩與梁啓超這兩位生活在不同時空中的引領者，恰恰在追求內聖與外王的努力中，找到交匯點。

〔註91〕梁啓超著、夏曉虹輯：《北海談話記》，《〈飲冰室合集〉集外文（中冊）》，第1038 頁。

〔註92〕譚徐峰：《曾文正公「復活」記——一段近代中國的閱讀記憶》，楊平主編：《中國圖書評論》2011 年第 9 期，第 54 頁。

小　結

　　自儒家思想深深在中華大地上紮根發芽以來，品德修養一直都綠葉成蔭。孔子、孟子更是中華子孫耳熟能詳的名字。然而，梁啓超清楚地意識到，在追摹遙遠的古代先賢之餘，一個實實在在觸手可及的楷模，具有非凡的意義。故而說：「曾文正之歿，去今不過數十年，國中之習尚事勢，皆不甚相遠……況相去僅一世，遺澤未斬，模楷在望者耶？則茲編也，其眞全國人之布帛菽粟而斯須不可去身者也。」〔註93〕這樣一個活生生的典範不會讓人產生「遙不可及」的感覺，且可萌生積極學習的動力。此外，梁啓超也強調，曾國藩之所以是一個可以取法的對象，還有個因素是他並非一生下來就聰穎過人，甚至可以用「鈍拙」來形容。梁啓超指出：「孟子曰：『人皆可以爲堯舜。』堯舜信否盡人皆可學焉而至，吾不敢言；若曾文正之盡人皆可學焉而至，吾所敢言也。何也？文正所受於天者，良無以異於人也。」〔註94〕此即表示，相較於古代先賢，作爲平凡人的曾國藩可以做到的成就，其實也人人皆可爲之。再加上曾國藩一直以來都平實地將其修身之學記錄在日記、書信中，更爲後生晚輩提供了窺探的門徑。梁啓超殷切期盼，借助曾國藩的品德風範，可以吹散社會中的污濁風氣。

　　在黑暗的社會時局中，欲掀起道德之風，顯然並非易事，但卻是一種需要和必須。曾國藩和梁啓超皆深明此理，並身體力行。梁啓超在清朝末年風雨如晦之際，一再追思曾國藩與其朋友、幕僚攜手建立的道德圈，期許著自己可以再現同一光景。在《德育鑒》的篇末總結中，梁啓超寫道：

> 　　即曾文正生雍乾後，舉國風習之壞，幾達極點。而與羅羅山諸子，獨能講舉世不講之學，以道自任，辛乃排萬險冒萬難以成功名，而其澤且至今未斬。今日數踔踔敦篤之士，必首屈指三湘，則曾、羅諸先輩之感化力，安可誣也！由是言之，則曾文正所謂轉移習俗而陶鑄一世之人者，必非不可至之業。雖當舉世混濁之極點，而其效未始不可睹；抑正惟舉世混濁之極，而志士之立於此漩渦中者，其卓立而湔拔之，乃益不可以已也。〔註95〕

可見梁啓超在與污濁的社會抗爭時，曾國藩這一位前輩的付出與成就是一股強大的精神力量。《德育鑒》既以曾國藩與其友群在污濁的社會風氣中創開新

〔註93〕梁啓超：《曾文正公嘉言鈔·序》，第4～6頁。

〔註94〕梁啓超：《曾文正公嘉言鈔·序》，第2頁。

〔註95〕梁啓超：《德育鑒》，第159頁。

風氣的貢獻爲總結，顯現梁啟超編撰《德育鑒》的用心亦在於此，並期許著在不遠的將來得以再現另一個道德社會。

梁啟超一再表彰曾國藩立德、立功、立言三不朽的偉大功績，把曾國藩的品德修養置於事功成就之上。梁啟超未曾料及的是，多年以後，他的學生黎東方在追憶自己時，也會把「三不朽」的美譽冠於其自身。黎東方寫道：

> 梁先生的道德、事功、學問三皆不朽……別的不說，單說他拒
> 收袁世凱十萬元的現銀，而洋洋灑灑，寫出《異哉所謂國體問題》
> 〔註96〕一篇驚天地，泣鬼神的大文章，已經夠偉大了。〔註97〕

梁啟超的名字，讓人直接聯想到的是他透過報刊掀起的啟蒙思潮，讓人緬懷不已的是他那些「別具一種魔力」的文章以及氣勢磅礴的學術著作。不過，在立功和立言的同時，若無高亮的情操爲基石，「功」和「言」亦無所依持。正如黎東方所舉之例，若非梁啟超品德高潔，何以寫出《異哉所謂國體問題者》這一「驚天地，泣鬼神的大文章」？並勇於直面訓斥袁世凱黨人的威逼利誘，堅持將此文公佈於眾，凝聚愛國正氣。

當然，梁啟超足以影響身邊朋友和學生的人格魅力也同樣不容忽視。梁啟超早年在湖南時務學堂擔任中文總教習時，通過短暫的教學生涯，即培養出蔡鍔、范源濂等多位深懷愛國意識的學生。在梁啟超逃亡日本之際，蔡鍔與范源濂等十多位學生更不遠千里地追隨左右，顯見他深受學生們愛戴。1916年護國運動的開展，擔任主將的蔡鍔印證了梁啟超灌輸給學生們的愛國種子已經開花結果。默默獻身教育界的范源濂也在中國教育史上作出了巨大貢獻。晚年在清華國學院任教時，梁啟超更成功培養出一批學術人才，吳其昌、謝國楨與周傳儒便是其中的佼佼者。而且，梁啟超在傳道授業之際，總不忘提醒學生們品德修養也是必修科目。因此，梁氏培養出來的學生誠可謂「品學兼優」。於此觀之，較之曾國藩，梁啟超的人格魅力其實一點也不遑多讓。所以，即便梁啟超在「立功」與「立言」上的成就更爲耀眼，但他在「立德」上的成果也不容忽視。曾國藩和梁啟超在後世的評價，或許會在不同的時代因他們的政治抉擇而面對貶責。然而，抽離政治考量，曾國藩和梁啟超的品德修養，卻可以在不同時代發揮典範效應。

〔註96〕 此文題爲《異哉所謂國體問題者》。

〔註97〕 黎東方：《大師禮讚（節錄）》，收錄於夏曉虹編：《追憶梁啟超》，第328頁，
　　　　北京：生活・讀書・新知三聯書店，2009年4月。

第二章 「家庭日用之間」的 「絕大學問」

　　曾國藩和梁啓超兩個家族中代代有英才的佳話一直為人津津樂道。曾、梁二人所寫的家書，具體展現了他們與家人之間的互動，也是窺探他們的家庭教育理念的絕佳管道。曾國藩在家書中嘗謂：「子弟之賢否，六分本於天生，四分由於家教。」〔註1〕曾國藩與梁啓超對於家庭教育的重視，是他們子孫後代中人才輩出的重要基石。在與家人分隔兩地之際，曾氏和梁氏不時透過家書瞭解家庭以及兒女們的狀況，並指引孩子們的人生價值觀。故此，即便不能時時刻刻常伴於家人左右，但他們在家庭地位中卻未曾缺席。曾國藩和梁啓超秉持孝道以事父母；對兄弟姐妹友愛；在孩子們心目中更是慈愛的父親。

　　曾國藩在其《臺洲墓表》一文中寫道：「吾曾氏由衡陽至湘鄉，五六百載，曾無人與於科目秀才之列。至是乃若創獲，何其難也。」〔註2〕此文是曾國藩的雙親改葬於湘潭臺洲十三年之後，曾氏所寫的墓表。由此可知，其父曾麟書考取秀才一事，是曾氏家族中光宗耀祖的大事。而43歲方獲得秀才功名的曾麟書，又只能將光耀門楣的期望寄託在兒子們身上。曾麟書共育有五子四女，曾國藩為長子。〔註3〕望子成才的曾麟書，在督促孩子們用功於科舉功名

〔註1〕　曾國藩：《致澄弟 十二月初六日》，《曾國藩全集・家書（二）》，第1307頁，長沙：嶽麓書社，1985年10月。

〔註2〕　曾國藩：《臺洲墓表》，《曾國藩全集・詩文》，第331頁，長沙：嶽麓書社，1986年12月。

〔註3〕　參見黎庶昌編輯：《曾文正公年譜》，北京圖書館編：《北京圖書館藏珍本年譜叢刊》第157冊，第4頁，北京：北京圖書館，1999年。

之際，也不忘向子弟們灌輸勤勉節儉的美德，以保寒士門風。道光十八年（1838年），曾國藩獲授翰林院庶吉士，在回鄉省親之際，祖父即向其父親表示：「吾家以農爲業，雖富貴毋失其舊。」〔註4〕秉承祖輩的教誨，即便日後位極人臣，曾國藩亦不時提醒兄弟子侄，仕宦之途或將一世而斬，唯有農耕爲立家之本。

道光十三年（1833年），曾國藩娶妻歐陽氏，育有二子五女。在其栽培下，長子曾紀澤（1839～1890）爲清朝末年傑出的外交官；幼子曾紀鴻（1848～1881）頗具數學天分，是當時年輕的數學家。五個女兒爲曾紀靜（1841～1870）、曾紀耀（1842～1881）、曾紀琛（1844～1912）、曾紀純（1846～1881）以及曾紀芬（1852～1944）。在曾國藩的安排下，女兒們皆與其至交好友之子相婚配，是門當戶對的聯姻。〔註5〕在女兒的教育問題上，曾國藩依循的是三從四德的傳統規範，要求女兒們在持家之道上加以用心，而且還親自查驗女眷們針織女工的成果。曾國藩對兒子和女兒雖採取不同的教育策略，然而在品德修養上，卻對子女們一視同仁，一律嚴格束約。在曾國藩以身作則以及循循善誘之下，其家族中歷經幾代皆未曾出現敗壞門風的子孫。曾氏若泉下有知，亦當含笑。

梁啓超在《三十自述》中也有一段自報家門的文字，敘述自己的家世背景。曾、梁二人的祖輩，皆以半耕半讀立家業，至父親這一代，始爲鄉里的塾師。這樣的機緣提供了良好的學習條件，爲曾氏和梁氏家族的子孫輩走向科舉之路鋪下墊腳石。在《三十自述》中，梁啓超寫道：

> 族之伯叔兄弟，且耕且讀，不問世事，如桃源中人。顧聞父老口碑所述，吾大王父最富於陰德，力耕所獲，一粟一帛，輒以分惠諸族黨之無告者。王父諱維清，字鏡泉，爲郡生員，例選廣文，不就。王母氏黎。父名寶瑛，字蓮澗。夙教授於鄉里。母氏趙。〔註6〕

這一段陳述提到其曾祖父樂善好施的美德，承續著此一家族傳統，美好的品德修養一直都是梁氏家族的治家要道。四、五歲時的梁啓超，即在祖父指導

〔註4〕 黎庶昌編輯：《曾文正公年譜》，北京圖書館編：《北京圖書館藏珍本年譜叢刊》第157冊，第15～16頁。

〔註5〕 曾紀靜適袁榆生（袁漱六之子）、曾紀耀適陳松生（陳源袞之子）、曾紀琛適羅兆升（羅澤南之子）、曾紀純適郭依永（郭嵩燾之子）以及曾紀芬適聶緝槼（聶亦峰之子）。參見董叢林：《百年家族　曾國藩》，第327頁，河北：河北教育出版社，2009年12月。

〔註6〕 梁啓超：《三十自述》，《飲冰室合集》第2冊第11卷，第15頁，北京：中華書局，1989年3月第一版。

下讀《四書》、《詩經》；六歲後，則由父親傳授中國歷史及《五經》。天性聰穎的梁啓超，在祖父和父親的培育下，「八歲學爲文」，「九歲能綴千言」，十七歲即參加廣東鄉試，並考獲舉人。〔註7〕爾後，當時的主考官李端棻頗有愛才之心，決意把自己的堂妹李端蕙（字蕙仙）許配給梁啓超。婚後的梁啓超稱李蕙仙爲「閨中良友」，夫妻二人夫唱婦隨，情感和睦。李蕙仙爲梁啓超生下一子二女，賢惠的她爲梁家香火考量，做主讓丈夫納其陪嫁丫鬟王桂荃爲「妾」〔註8〕。王桂荃爲梁啓超育有四子二女，並在丈夫去世後，將子女們養育成才。〔註9〕在慈父梁啓超、慈母李蕙仙以及慈愛的王桂荃照料下，梁啓超的九個子女在溫馨的家庭氛圍中成長，並在各自投身的學科領域中獲得傑出成就。

　　梁啓超的長女梁思順（1893～1966）是其「大寶貝」兼得力助手，一直都是父親精神以及生活中的重要支柱。長子梁思成（1901～1972）是建築學家，1948 年獲選爲中央研究院院士。二兒子梁思永（1904～1954）是考古學家，與其兄長同時獲選爲第一屆中央研究院院士。三兒子梁思忠（1907～1932）畢業於美國弗吉尼亞陸軍學院和西點軍校，25 歲時因病去世，英年早逝的他給梁家留下無限唏噓。二女兒梁思莊（1908～1986）是父親的「小寶貝」，畢業於哥倫比亞大學圖書館學院，她將畢生心力投注在圖書館事業中，先後任職於北平圖書館、廣州中山圖書館、燕京大學圖書館以及北京大學圖書館，並於 1980 年當選爲中國圖書館學會副理事長。四子梁思達（1912～2001）專研經濟學，曾任職於北京國務院外資企業局（後改爲中央工商行政管理局）。三女兒梁思懿（1914～1988），先學醫後轉而學歷史，在學生時代即關懷政治時局，是燕京大學的學生領袖，爲「燕京三傑」之一。她曾多次代表中國參加國際紅十字會議，也是第六屆全國政協委員。幼女梁思寧（1916～2006）於 1940 年在三姐梁思懿的影響下，投奔新四軍，走上與哥哥姐姐們不同的人生道路。梁思禮（1924～2016）是父親鍾愛的小兒子，昵稱「老白鼻」（老 baby）。梁思禮在美國辛辛那提大學攻讀碩、博士學位，畢業回國後爲中國的航天事業做出了貢獻，是中國宇航事業的先驅者，1993 年當選爲中國科學院院士以

〔註7〕　參見梁啓超：《三十自述》，《飲冰室合集》第 2 冊第 11 卷，第 16 頁。

〔註8〕　梁啓超因曾與譚嗣同等人發起「一夫一妻世界會」，故而並未公開給予王桂荃妾氏的名分。

〔註9〕　參見梁啓超著，張品興編：《梁啓超家書·前言》，第 2 頁，北京：中國文聯出版社，1999 年 12 月。

及第八屆全國政協委員。〔註10〕梁啓超一門三院士的佳話，是其成功的家庭教育所收穫的豐碩成果。

成長於儒家宗法社會中的曾國藩和梁啓超，一直都把個人、家庭、國家以及天下視爲層層遞進的共同體。故認爲要承擔救國救民的重擔，首先必須具備良好的個人修養以及治家才德。對此，梁啓超曾引《孟子》以及《大學》中的說法加以闡述，指稱：「吾儕若能對於宗法精神根本明了，則所謂『天下之本在國，國之本在家』《孟子》文，所謂『欲治其國者先齊其家』《大學》文，庶幾乎可以索解矣。」〔註11〕根據《孟子》和《大學》，家庭乃是一國之本，只有善於治家，方可言治國，兩者之間當可以小窺大。反之，不善理家、不重親情者，若大言不慚地以憂國憂民的姿態立於人前，必然顯得虛假和不足信。曾國藩亦嘗謂：「士大夫之志趣、學術果有異於人者，則修之於身，式之於家，必將有流風餘韻傳之子孫，化行鄉里，所謂君子之澤也。」〔註12〕曾氏的理想，是以「君子之澤」風化鄉里，進而營造道德社會。源於個人修養的君子之澤，是從個人到家庭再至國家的推展過程，這中間的每一環節皆環環相扣，缺一不可。曾國藩和梁啓超深明《孟子·離婁》篇中「君子之澤，五世而斬」〔註13〕之意，故而不以功名利祿遺子女，而是以德傳家，希冀遺澤萬代。

第一節　孝友傳家的和睦家風

曾國藩和梁啓超的家書，是他們與家人互動的最佳印證。在家書中，曾氏和梁氏不時向晚輩提及祖輩的治家格言以及待人處事的事蹟，以孝傳家更是不變的治家精髓。家族先人父慈子孝、勤儉持家的形象，給曾國藩和梁啓超在治家問題上很深的啓悟。透過曾國藩和梁啓超二人的家書，得以窺見他們之於父親，是孝順的兒子，同時也是孩子們慈愛的父親。曾國藩在寫給弟弟和兒子們的家書中，對子弟們是循循善誘，希冀以自己的人生閱歷和體悟，引導他們走向正確的人生道路。梁啓超與曾國藩抱著同樣的目的寫家書，但在梁氏的家書中，顯然有更多親子間的溫馨話語，字裏行間皆流露出他與孩

〔註10〕　參見梁啓超著，張品興編：《梁啓超家書·前言》，第2～13頁。

〔註11〕　梁啓超：《先秦政治思想史》，《飲冰室合集》第9冊第50卷，第40頁。

〔註12〕　曾國藩：《筆記二十七則·世澤》，《曾國藩全集·詩文》，第359頁。

〔註13〕　李學勤主編：《十三經注疏·孟子注疏》，第226頁，北京：北京大學出版社，1999年12月。

子們親切的交流。曾、梁二人與孩子們相處的模式雖大異其趣，然而他們都是孩子們的人生導師和慈父。

孝與悌作爲聯繫家庭成員的重要元素，是儒家先賢一再提及的道德價值，也是曾國藩和梁啓超治家之道的重要原則。孝與悌的觀念，早在孔子的教義中已是重要的品德，而且孔子亦將之視爲通往仁這一道德境界的重要管道。《論語·學而》篇中嘗謂：「其爲人也孝悌，而好犯上者，鮮矣。不好犯上，而好作亂者，未之有也。君子務本，本立而道生。孝悌也者，其爲仁之本與！」〔註14〕根源於家庭體制的孝悌觀念是君臣子民之間忠誠的本源，故而說忠臣良相必出於孝子之門。雖說孝悌之心主要是在家庭中發揮作用，但對於國家之效益，同樣不可忽視。

在《孝經》中，孝順長輩被視爲天經地義之事，故謂：「夫孝，天之經也，地之義也，民之行也。」〔註15〕在家族中對長輩存孝心、行孝舉，是天性使然，也是維繫家族關係的重要元素。當然，家庭成員之間是一種雙向互動，所以在子女孝順長輩的同時，若父母對子女慈愛有佳，將使得家庭氛圍更爲溫暖和具有凝聚力。正如《墨子·兼愛》篇中所說：「君臣相愛則惠忠，父子相愛則慈孝，兄弟相愛則和調。」〔註16〕另一方面，《左傳》則從君臣、父子以及兄弟這三組關係論述相處之道，表示：「君義、臣行、父慈、子孝、兄愛、弟敬，所謂六順也。」〔註17〕「六順」之道若內化於心，家庭與國家的安定和諧也將自然生成。

「子夏曰：『賢賢易色，事父母，能竭其力；事君，能致其身；與朋友交，言而有信。雖曰未學，吾必謂之學矣。』」〔註18〕在《論語·學而》篇中，事父母以孝、事君以忠、交友以信被視爲人生學問。若能對此切實躬行，方是眞正領悟學問的精髓。遺憾的是，自推行科舉制度之後，讀書做學問逐漸淪爲追求功名利祿的工具，學問也成了僅限於書本上的知識。曾國藩對這種態

〔註14〕 李學勤主編：《十三經注疏·論語注疏》，第 3 頁，北京：北京大學出版社，1999 年 12 月。
〔註15〕 李學勤主編：《十三經注疏·孝經注疏》，第 19 頁，北京：北京大學出版社，1999 年 12 月。
〔註16〕 吳毓江撰，孫啓治點校：《墨子校注》，第 159 頁，北京：中華書局，1993 年 10 月。
〔註17〕 李學勤主編：《十三經注疏·春秋左傳正義》（上、中、下），第 81 頁，北京：北京大學出版社，1999 年 12 月。
〔註18〕 李學勤主編：《十三經注疏·論語注疏》，第 8 頁。

度不表認同，故而在家書中提醒弟弟們，生活中處處是學問，書本上的學問也須付諸於行，方是學有所得。曾國藩在道光二十三年（1843 年）六月初六寫給弟弟們的家書中，即對此加以論述，表示：「今人都將學字看錯了，若細讀『賢賢易色』一章，則絕大學問即在家庭日用之間。於孝悌兩字上盡一分便是一分學，盡十分便是十分學。今人讀書皆為科名起見，於孝悌倫紀之大，反似與書不相關。殊不知書上所載的，作文時所代聖賢說的，無非要明白這個道理。」〔註19〕古代聖哲先賢著書立說，原為教化子民，然而這一根本目的卻逐漸被科舉功名所掩蓋。重視道德實踐的曾國藩，意識到這種本末倒置的現象，希冀弟弟們把書本上的忠孝仁義之說，切實貫徹在生活中，體悟「絕大學問，即在家庭日用之間」的真諦。

「百善孝為先」，奉養父母，是子孫輩長大成人後回饋父母的返哺之恩，也是天經地義的人倫道德。在照顧父母日常的起居飲食，讓他們衣食無缺的同時，更重要的是須以孝養之心為首要前提。其中關鍵，《論語·為政》篇即有很好的闡釋：「子曰：『今之孝者，是謂能養。至於犬馬，皆能有養。不敬，何以別乎？』」〔註20〕對父母長輩的孝敬之心，讓人倫關係提升至道德層面，並非物質條件可以衡量。雖說迎養父母主要在於孝心而不重物質，卻也不能讓父母有衣食短缺之慮。孟子即以曾晢、曾子以及曾元三人為例，探討曾子以及曾元在奉養父親時，孰者更為周全。《孟子·離婁》中記載：

> 曾子養曾晢，必有酒肉。將徹，必請所與。問：「有餘？」必曰：「有。」曾晢死，曾元養曾子，必有酒肉。將徹，不請所與。問：「有餘？」曰：「亡矣。」將以復進也。此所謂養口體者也。若曾子，則可謂養志也。事親若曾子者可也。〔註21〕

通過孟子的評價，曾子供養父親時酒肉有餘的狀態，當然可以讓父親更為寬心，滿足的不僅僅是父親的口腹之欲，也是精神需求。孟子所謂「養口體」與「養志」的高低之別，由此得見。

未能常年隨侍在家中長輩身邊的曾國藩，從未忘記要給家中老人寄上「吃肉之資」以盡孝心。早在道光二十二年（1842）年八月，曾國藩在寫給祖父

〔註19〕曾國藩：《致澄弟沅弟季弟　六月初六日》，《曾國藩全集·家書（一）》，第 67 頁。
〔註20〕李學勤主編：《十三經注疏·論語注疏》，第 17 頁。
〔註21〕李學勤主編：《十三經注疏·孟子注疏》，第 206 頁。

的家書中即謂：「外封銀十兩，敬奉堂上六位老人吃肉之資。」〔註22〕四個月之後，在給父母的家書中亦關切地詢問：「九弟前帶回銀十兩，爲堂上吃肉之費，不知已用完否？」〔註23〕遠離家鄉在外當官爲將的曾國藩，不時寄付銀兩回家以供家用，而且總會特別吩咐其中一筆款項是供養父母或家族長輩的銀兩。曾國藩如此安排，是不願家中長輩囊中羞澀又不便向子孫啟齒，故使長輩手中有餘裕，可供開銷。

　　曾國藩之孝心並不限於自家祖父和父親，更推及叔父等家族長輩。咸豐五年（1855 年），曾國藩在寫給弟弟們的家書中言道：「吾今年本擬付銀百兩回家，以三十兩奉父親大人甘旨之需，以二十兩爲叔父大人含飴之需，以五十兩供往年資送親族之舊例。此時瑞、臨有賊，道途阻梗，不能令長夫帶銀還家，昨接馮樹堂信，言渠將寶慶捐功牌之銀送二百兩與子植，爲進京之川資，不審已收到否？如已收到，即請子植先代出百金，明年來大營如數給還，或有所增加亦未可知。如未收到，即請澄侯代爲挪借百金，即付還歸款也。」〔註24〕信中所提及的子植和澄侯，是其弟曾國荃與曾國潢。在孝敬家族長輩的銀兩未能順利交託回家之際，曾國藩心裏的不安在這封家書中流露無遺。在當時的情況下，他首先考慮的是先挪用曾國荃到京城找他的川資。若此法不可行，即請曾國潢先行想辦法或借貸，也不能讓敬養長輩之資有所短缺。曾國藩對奉養長親的銀兩之重視，是其孝心的一種體現。

　　曾國藩在與陳源袞論孝道時，曾表示：「余欲盡孝道，更無他事，我能教諸弟進德業一分，則我之孝有一分；能教諸弟進十分，則我孝有十分；若全不能教弟成名，則我大不孝矣。」〔註25〕孝道的奉行，並不僅僅以父母和家族長輩爲直接對象，身爲長子嫡孫的曾國藩，一直盡心盡力地照顧和指引弟弟妹妹們，爲父母分憂解勞。曾國藩在寫給弟弟們的家書中，從爲人處世、讀書任事以至家中瑣事，無不處處關心，細心引導。在曾國藩這位兄長的引領下，四位弟弟中，除了曾國潢一直留在湖南老家主持家事，曾國華、曾國荃以及曾國葆皆先後到其軍營中供職。在與太平軍交戰中，曾國華於三河鎮

〔註22〕曾國藩：《稟祖父母 八月初一日》，《曾國藩全集・家書（一）》，第 29 頁。
〔註23〕曾國藩：《稟父母 十二月二十日》，《曾國藩全集・家書（一）》，第 45 頁。
〔註24〕曾國藩：《致澄弟溫弟沅弟季弟 十二月初一夜》，《曾國藩全集・家書（一）》，第 312～313 頁。
〔註25〕曾國藩：《致澄弟溫弟沅弟季弟 十一月十七日》，《曾國藩全集・家書（一）》，第 42 頁。

之役戰死沙場，曾國葆則在圍攻南京時，因感染時疫而亡。兩個弟弟皆在自己麾下殞命，對曾國藩而言是極大的打擊，他深覺自己沒有照顧好弟弟，是大不孝。當然，打虎不離親兄弟，在與曾國荃並肩作戰的努力下，曾氏兄弟二人終於攻克南京，爲清政府平定亂局，並收復曾被太平軍佔據的領土。

道光二十九年（1849 年）三月二十一日，曾國藩在給弟弟們的家書中寫道：

> 蓋兒子若賢，則不靠宦囊，亦能自覓衣飯；兒子若不肖，則多積一錢，渠將多造一孽，後來淫佚作惡，必且大玷家聲。故立定此志，決不肯以做官發財，決不肯留銀錢與後人。若祿入較豐，除堂上甘旨之外，盡以周濟親戚族黨之窮者。此我之素志也。〔註26〕

深謀遠慮的曾國藩，唯恐家族中出現敗壞門風的子孫，故而立志不遺錢財與子孫後代，對子孫輩愛之以德，是他一再強調的家訓。如此一來，曾國藩以一舉兩得之策，把錢財用於敬奉家族長輩，言傳身教地以孝傳家。在平定太平天國之亂後，位極人臣的曾國藩意識到曾國荃對於功名利祿的留戀，不時勸導弟弟要懂得功成身退，以免招致禍端。與此同時，曾國藩亦不忘提醒遠在家鄉的曾國潢不得仗勢欺人，而更應該處處與人爲善，造福鄉里。對於兄弟子侄，曾國藩也時時關心並細心引導，以免他們行差踏錯。曾氏的用心良苦，讓家族中的長輩們無需爲晚輩操心，得以安享晚年；晚輩們亦能德業與事業兼修，光耀門楣。

咸豐十一年（1861 年）三月，曾國藩在寫給兩個兒子的家書中提及自己的父親時，強調的是曾麟書敬親愛親的人格特質。在曾國藩的筆下：「吾父竹亭公之教人，則專重孝字。其少壯敬親，暮年愛親，出於至誠，故吾纂墓誌，僅敘一事。」〔註27〕曾麟書重視孝道的形象，清晰地鐫刻在曾國藩心中，並成爲他學習的榜樣。曾國藩在向兩個兒子陳述曾麟書至誠事親的事蹟時，顯然期待這一人格特質可以一代一代地在家族中流傳不息。曾國藩不時提醒曾紀澤，作爲長子嫡孫，「須常常存個樂育諸弟之念」〔註28〕，以盡兄長之職，並樹立好榜樣。同治九年（1870 年）六月，即將前往天津辦理天津教案的曾

〔註26〕曾國藩：《致澄弟溫弟沅弟季弟 三月二十一日》，《曾國藩全集‧家書（一）》，第 183 頁。
〔註27〕曾國藩：《諭紀澤紀鴻 三月十三日》，《曾國藩全集‧家書（一）》，第 662 頁。
〔註28〕曾國藩：《諭紀澤 十月二十五日》，《曾國藩全集‧家書（一）》，第 437 頁。

國藩，擔心天津之行無法善了，故而給兩個兒子寫下帶有遺囑性質的一封家書。在這封家書中，曾國藩依然心心念念地交代曾紀澤與曾紀鴻，對家中的長輩和晚輩要敬孝友愛。信中寫道：

> 孝友爲家庭之祥瑞。凡所稱因果報應，他事或不盡驗，獨孝友則立獲吉慶，反是則立獲殃禍，無不驗者。

> 吾早歲久宦京師，於孝養之道多疏，後來展轉兵間，多獲諸弟之助，而吾毫無裨益於諸弟。余兄弟姐妹各家，均有田宅之安，大抵皆九弟扶助之力。我身歿之後，爾等事兩叔如父，事叔母如母，視堂兄弟如手足……爾輩若能從孝友二字切實講求，亦足爲我彌縫缺憾耳。〔註29〕

此時，將近耳順之年的曾國藩，回首自己的人生道路，依然遺憾著自己「於孝養之道多疏」，期許著兩個兒子可以代行孝道。值得留意的是，一直強調不以錢財遺子孫的曾氏，卻於此際欣慰於兄弟姐妹皆有田宅之安，並表示此乃曾國荃的功勞，可見，即使在家庭中，曾國藩也處處謙讓，營建良好的家風。

作爲一名孝子，無法陪伴在父母身邊，並爲他們養老送終，是曾國藩人生中的遺憾。咸豐二年（1852 年），曾國藩逢母喪。咸豐七年（1857 年）二月，他在瑞州湘軍大營中又接獲父親去世的訃聞。曾國藩聞訊，悲痛欲絕，迅速安排好軍中事務後，即向朝廷呈遞奔喪奏摺，回鄉守制。黎庶昌在《曾文正公年譜》中，詳細記述此事，並引述曾氏的《回籍奔父喪摺》，其文曰：

> 竹亭公以初四日薨於里第。十一日訃至瑞州，公大慟，仆地欲絕。次日赴告南昌及湘軍各營，設次成服。十六日，馳摺奏報，丁憂開缺。奏稱：「微臣服官以來，二十餘年，未得一日侍養親闈。前此母喪，未周墨絰襄事；今兹父喪，未視含殮。而軍營數載，又功寡而過多。在國爲一毫無補之人，在家有百身莫贖之罪……仍懇天恩，准臣在籍守制，稍盡人子之心。合家感戴皇仁，實無既極！抑或賞假數月，仍赴軍營效力之處，聽候諭旨遵行。」〔註30〕

根據《曾文正公年譜》的記載，曾國藩接獲父親離世的消息時，情緒極爲激動，以至「仆地欲絕」。在奏請回籍奔喪的奏摺中，曾國藩言辭懇切，一再懇

〔註29〕 曾國藩：《諭紀澤紀鴻 六月初四日》，《曾國藩全集・家書（二）》，第 1371 頁。

〔註30〕 黎庶昌編輯：《曾文正公年譜》，北京圖書館編：《北京圖書館藏珍本年譜叢刊》第 157 冊，第 250～252 頁。

請咸豐皇帝准其在籍守制，以盡孝心。咸豐皇帝考慮到當時太平軍作亂，局勢動盪不安，謹「賞假三個月回籍治喪」，並允諾：「俟九江克復，江面肅清，朕必賞假，令其回籍營葬，俾得忠孝兩全，毫無餘憾。」〔註31〕

以德修身、以孝侍父母、以忠報國，是古往今來儒家文化追隨者堅定不移的信條，曾國藩和梁啓超也以此爲不懈的追求。然而，忠孝往往難以兩全，一直爲國事奔走四方的曾氏與梁氏，始終遺憾著不能隨侍在父母身邊，特別是在父母臨終之際未能相伴左右一事，更使他們深自責備自己的不孝。太平軍之亂，致使曾國藩未能陪自己的父親走完生命中的最後一程。而梁啓超在自己的父親病重棄世時，則是因爲參與反對袁世凱稱帝的護國之役，藏匿在停靠香港的一艘船上。其時，雖然梁父正避居香港，二人相隔不過咫尺，但爲了行蹤保密，梁啓超終竟未能登岸，見父親最後一面。嗣後，輾轉抵達上海的梁啓超，在獲悉自己的父親經已長眠的消息時，悲痛萬分，隨即辭去護國軍中的一切職務，專心爲父親守喪。〔註32〕

當時，梁啓超結合護國之役以及自己的父親與世長辭二事，寫下《聞訃辭職書》，悲慟之情溢於言表。對於梁啓超，父親臨終前未能隨侍左右，已然愧爲人子；更何況，其身邊的兄弟友朋還因爲顧全國事大局，一直對他隱瞞此情，這讓身爲長子的梁啓超更爲悲痛，譴責自己爲大不孝。《聞訃辭職書》中寫道：

> 舍弟啓勳，昨來奔告先考之喪，聞變慟絕。方啓超逋匿港舟之日，正先考彌留在床之時。朋好但顧大局，先既不以病聞，後復不以喪告。啓超終天之恨，萬刦莫贖。進於國家，無毫髮之補；退於名教，爲不孝之人。從此報親唯有雙淚。苫次昏迷，寧論國事？諸公嚴倫紀之大防，諒不援金革以相責。所有撫軍、都參謀、政務委員長各職，應請准予解除。啓超唯冀大局稍定，即當稽顙叩求蒙自、武鳴兩公宏錫類之仁，撥數辛護葬，俾先考得早安窀穸。啓超一息不絕，永當銜結。謹攄哀悃，修詞無次，百惟矜閔。同誼諸賢，統希代達。梁啓超稽顙。〔註33〕

〔註31〕黎庶昌編輯：《曾文正公年譜》，北京圖書館編：《北京圖書館藏珍本年譜叢刊》第157冊，第255～256頁。

〔註32〕參見夏曉虹：《永遠無法寄達的家書》，《東方早報‧上海書評》，2013年1月27日。

〔註33〕梁啓超：《盾鼻集‧聞訃辭職書》，《飲冰室合集》第8冊第33卷，第31頁。

對照梁啓超的《聞訃辭職書》以及曾國藩的《回籍奔父喪摺》，二者其實頗具相似性。文中，曾氏與梁氏皆慨歎自己對於國家無所貢獻，於家庭則爲不孝之子，他們二人當時的心境，堪謂如出一轍。

梁啓超的父親病逝於 1916 年 3 月，然而他卻遲至 5 月方被告知父親逝世的消息。此一傷痛，在梁氏心中可謂刻骨銘心。6 年之後回首護國之役，喪父之痛依然牽動著梁啓超的心，他記憶猶新地敘述道：

> 以後湖南浙江都陸續獨立，四川那邊形勢鬆得多了。過些日子，接著馮華甫電報，要我來上海商量解決大局方法。我五月初旬，回到上海，我的兄弟和我的女兒從天津來接我，住定了兩日，才把老太爺的事告訴我。我魂魄都失掉了，還能管什麼國家大事。從此我就在上海居喪，連華甫也不便來和我商量了。〔註34〕

身爲護國之役的主要策劃人之一，梁啓超身負重任，家人朋友對他隱瞞父喪一事，亦屬不得已。於國事而言，護國之役是隨著袁世凱的去世而落幕；然而以家事言之，父親的離世，也是梁啓超爲此役畫上句號的關鍵因素。曾國藩和梁啓超在父母生前，即便不能長期陪伴身邊，但都會盡可能替父母分憂解勞，以盡孝道。只是，未能爲雙親養老送終的遺憾，對曾國藩和梁啓超兩人而言，終究是一生中無法彌補的缺憾。

回首梁啓超在其父生前，也盡心盡力，曲盡孝道。戊戌政變後，梁啓超在流亡日本之際，即便自身還處於顛沛流離的狀態，卻先行考慮須寬慰父親。當時的梁啓超，不能親身敬奉父親，故而在寫信給妻子李蕙仙時，特意交代妻子要代自己孝敬父親。信中說：「大人遭此驚變，必增抑鬱，惟賴卿善爲慰解，代我曲盡子職而已。」並表示：「卿此時且不必歸寧（令十五兄云擬迎卿至湖北），因吾遠在外國，大人遭此患難，絕不可少承歡之人，吾全以此事奉托矣。」〔註35〕對於自己的父親，梁啓超是細心周到，希望李蕙仙暫緩歸寧一事，代自己承歡膝下，以盡孝道。李蕙仙出身名門，是個賢惠的大家閨秀，嫁給梁啓超之後，盡心侍奉公爹，打理家中事務。在梁啓超流亡日本之際，李蕙仙更爲丈夫肩負起照顧一家老小的擔子，代丈夫盡孝。梁啓超得此賢妻，夫妻同心，敬老愛幼，是家庭溫馨和睦的重要源泉。身爲家裏的長子嫡孫，梁啓

〔註34〕梁啓超：《護國之役回顧談》，《飲冰室合集》第 5 冊第 39 卷，第 96 頁。

〔註35〕梁啓超：《致李蕙仙 1898 年 9 月 15 日》，張品興編：《梁啓超家書》，第 1～2 頁。

超一直都將孝養家中長輩的責任一肩挑起，爲弟弟妹妹們立下以孝持家的榜樣。梁啓超在日本安頓下來之後，即安排把妻小以及父親接到日本共享天倫之樂。

1912 年中華民國的建立，不僅讓梁啓超洗脫政治犯的罪名，而且一躍成爲炙手可熱的政治人物。梁啓超於 1912 年 10 月抵達天津後，函告尚留在日本的長女梁思順說：「三日來無一刻斷賓客」〔註36〕，應酬之多，可想而知。稍作安頓後，梁啓超即思慮著把父親接回國奉養。爲此，梁啓超做了種種考量，嘗試尋找得以陪伴父親左右，又不至於因自己在忙碌中疏於照料而讓父親心生不悅的妥善辦法。同年 12 月 1 日，梁啓超在寫給梁思順的家書中，對整個狀況進行詳細分析，希冀與妻女以及父親商洽出兩全之策。梁啓超的種種思慮與考量，無非出於對父親的一番孝心。他在信中寫道：

> 而祖父年高，非迎養在此，則一日不能即安，惟必須細婆及家中諸幼，幼姑幼叔隨侍而來，另宅而居，始有辦法。今詳言其故，吾之欲迎養爲承歡也。必祖父常能歡愉，然後茲願始遂。〔註37〕

> 祖父到來終日少人陪侍，必生惱怒，祖父一惱怒，則吾躊躇無所容，必至百事俱廢，即當未惱怒時，吾時時刻刻懼惱怒之發生，精神無片刻能安，亦必至一事不能以辦而已。〔註38〕

以承歡敬孝爲出發點，到深恐父親因「少人陪侍」而「必生惱怒」，梁啓超的用心良苦，無非是希望讓父親得以頤養天年，並享含飴弄孫之樂。在信中，梁啓超也向女兒表示：「要之，吾既不能返鄉居，若祖父不來，則祖父既日念我，我亦日念祖父，此何可久者？」〔註39〕身爲兒子，梁啓超將迎養父親視爲一種必須，故而思慮再三，唯望克服種種困難以盡孝心。信中，梁啓超在提出各種可能面對的問題以及解決方案後，心中依然忐忑不安，深恐父親會因此信而心生不快，故而特意交代女兒說：「此事可詳稟重堂，婉勸決定。吾一切揭開，直言毫無所隱，諒祖父必不嗔責，如有嗔責則汝爲我引愆求恕可也。」〔註40〕梁啓超事父至孝，事事皆顧慮到父親的喜怒哀樂，在未能隨侍

〔註36〕梁啓超：《致梁思順 1912 年 10 月 11 日》，張品興編：《梁啓超家書》，第 25 頁。

〔註37〕梁啓超：《致梁思順 1912 年 12 月 1 日》，張品興編：《梁啓超家書》，第 55 頁。

〔註38〕梁啓超：《致梁思順 1912 年 12 月 1 日》，張品興編：《梁啓超家書》，第 56 頁。

〔註39〕梁啓超：《致梁思順 1912 年 12 月 1 日》，張品興編：《梁啓超家書》，第 57 頁。

〔註40〕梁啓超：《致梁思順 1912 年 12 月 1 日》，張品興編：《梁啓超家書》，第 58 頁。

父親左右時，總不忘交代妻子兒女代爲承歡，孝心可鑒。

重視家庭生活的梁啓超，家庭氛圍溫馨和諧，子女們在家中，也自然而然地尊老愛幼。在梁啓超的九個兒女當中，長女梁思順陪伴梁啓超走過人生中大半的歷程，也是精神上的重要寄託。在梁啓超的悉心培養下，梁思順是父親在家庭和事業上的得力助手。就年齡論，梁思順在年齡上比最靠近自己的二弟梁思成年長八歲，所以在一眾弟弟妹妹們年紀尚幼時，她已經有能力協助父母親照顧家中老幼和安排家庭事務，爲父母分憂解勞，盡心盡孝。梁啓超在 1927 年 12 月 13 日寫給梁思順的信中即說道：

> 你雖是受父母特別的愛，（其實也不算特別，我近來愛弟妹們也並不下於愛你。）但你的報答也算很夠了。媽媽幾次的病，都是你一個人服侍，最後半年多衣不解帶的送媽媽壽終正寢。對於我呢，你幾十年來常常給我精神上無限的安慰喜悅，這幾年來把幾個弟弟妹妹交給你，省我多少操勞，最近更把家裏經濟基礎由你們夫婦手確立，這樣女孩兒，眞是比別人家男孩還得力十倍。你自己所盡的道德責任，也可以令你精神上常常得無限愉快了。〔註41〕

這一段話，雖未提及「孝」字，但處處皆是在讚揚女兒的孝心孝道。不管梁思順在婚前或婚後，也不論是否陪伴在父母身邊，她始終是梁家的頂樑柱。自 1925 年起，隨同丈夫周希哲出使加拿大的幾年間，梁思順不僅承擔起照顧在美國留學的弟弟妹妹們的責任，同時也是家裏的經濟顧問，代父親管理家中經濟和做投資，是梁家的重要支柱。梁思成和林徽因於 1928 年在加拿大完婚時，也是由大姐梁思順操辦婚禮，爲遠在天津的父親分憂解勞。梁思順對家中的付出和貢獻，以及兄弟姐妹間的互助友愛，印證了梁啓超家庭教育的成功。

以身作則是對子女的最佳教育方式，梁啓超孝敬家中長輩、對兄弟姐妹關愛有加的榜樣，是子女們學習的楷模。梁啓超與弟弟梁啓勳互助友愛，兄弟二人合作無間。在事業和家事上，梁啓勳皆是兄長信任的得力助手，不時爲其分憂解勞。梁啓超的子女們跟這位二叔的關係也很親近，叔侄之間彼此關心，不時有書信來往。進入 1920 年間，梁啓超的健康狀況大不如前，時而須住院觀察和療養。在這種情況下，梁啓勳更是義不容辭地替兄長擔負起很

〔註41〕梁啓超：《致梁思順 1927 年 12 月 13 日》，張品興編：《梁啓超家書》，第 515 頁。

多職務。1925 年，李蕙仙病逝，這對梁啓超更是一個沉痛的打擊。因此，李蕙仙的身後事，多由梁啓勳一手操辦。而後，梁啓勳還不辭勞苦，親自留宿香山，監造墓室，從墓室、墓碑的設計以至材質用料，皆極爲用心。梁啓超對弟弟的操心和辛勞深爲感念，所以對兒女們說：

> 這等事本來是成、永們該做的，現在都在遠，忠忠又爲校課所迫，不能效一點勞，倘若沒有這位慈愛的叔叔，眞不知如何辦得下去。我打算到下葬後，叫忠忠們向二叔磕幾頭叩謝。你們雖在遠，也要各各寫一封信，懇切陳謝（莊莊也該寫），諒來成、永寫信給二叔更少。這種子弟之禮，是要常常在意的，才算我們家的乖孩子。〔註42〕

即便知道子女們都是有孝心的孩子，但梁啓超還是不忘提醒孩子們要向二叔表示感謝。言語中，梁啓超雖沒有像曾國藩一般要求子女們要「事叔如父」，但希望孩子們孝敬叔父的心意，與曾氏並無二致。在以孝道爲重的家庭教育下，曾家和梁家的子孫，代代皆有孝子賢孫。

同樣是慈祥的父親，曾國藩和梁啓超的形象卻截然不同。曾國藩爲人沉默、嚴肅，對孩子們而言是一個嚴父。反觀梁啓超與孩子們相處時，既是父親，也像是朋友。他從未以一個父親高高在上的威嚴壓制孩子們，而是以引導和討論的方式與孩子們相互協商。梁啓超寫給孩子們的家書中，不時會出現趣味十足的言語或告訴遠在海外的子女們家中的趣事，在孩子們心中，梁啓超是可親又可敬的父親。1927 年間，梁啓超在天津家中養病時，子女們都關懷備至。在給孩子們回信時，梁啓超語帶詼諧地說：「忠忠勸我衛生的那封六張紙的長信，半月前收到了。好囉嗦的孩子，管爺管娘的，比先生管學生還嚴，討厭討厭。但我已領受他的孝心，一星期來已實行八九了。」〔註43〕可見，在這一家庭中，父親與孩子們是以溫馨的方式相互關懷、彼此照顧，父子間並不存在隔閡。

梁啓超的壽辰，也是孩子們表達孝心的重要日子。在梁啓超 54 歲壽辰當天，他寫信給遠在美國的孩子們時，提及家中幼弟代哥哥姐姐們賀壽的有趣模樣。信中寫道：「我猜著你們今天會有賀壽電，果然到了……你們賀電到時，

〔註42〕梁啓超：《致孩子們 1925 年 9 月 13 日》，張品興編：《梁啓超家書》，第 366 ～367 頁。

〔註43〕梁啓超：《致孩子們 1927 年 6 月 15 日》，張品興編：《梁啓超家書》，第 489 頁。

我叫老白鼻代表姊姊、哥哥們拜壽，他一連磕了幾十個響頭，聲明這是替親家的，替二哥三哥乃至六姐的，我都深受你們了。」〔註44〕「老白鼻」（老Baby）是梁啓超給幼子梁思禮取的昵稱，而且還開了長女和幼子一個玩笑，戲稱二人是「親家」。梁啓超與孩子們相處時童心未泯，讓親子關係充滿歡聲笑語。溫暖歡樂的家庭氛圍以及父慈子孝的親子關係，是梁啓超家庭中豐厚的財富。相較而言，曾國藩在家庭中體現為傳統式的嚴父，與子女們相處時亦顯得親和力不足。反之，梁啓超主導下的家庭氛圍，明顯更為歡愉和樂，父母與子女們的關係也極為親密。

第二節　著意寒士門風的培育

　　孝道是家庭教育的中心支柱，也是聯繫家庭成員的重要橋樑。在曾國藩和梁啓超的家族中，孝道的傳承和實踐是家庭教育的重要環節。與此同時，身為光耀門楣的家族功臣，曾國藩和梁啓超卻從不以此自居，反而以堅守家族傳統的寒士門風為依歸。曾氏和梁氏安貧樂道的生活態度，既是延續著祖輩的生活方式，也是對儒家文化精髓的高度認可。顏回「一簞食，一瓢飲」而不改其樂的生活態度，一直都是闡述儒家「安貧樂道」的理念時一再被提及的例子。在《論語・雍也》篇中，記載著孔子對顏回的生活態度給予高度讚美。文中記述：「子曰：『賢哉，回也！一簞食，一瓢飲，在陋巷，人不堪其憂，回也不改其樂。賢哉，回也！』」〔註45〕觀照孔子自身，他在陳、蔡邊境絕糧之際，依然「講誦絃歌不衰」〔註46〕。而且，在子路心懷不忿地提出：「君子亦有窮乎？」的疑問時，不失師者風範地回答：「君子固窮，小人窮斯濫矣。」〔註47〕顯然，對有德之士若孔子和顏回而言，堅守心中之「道」才是他們人生中的終極關懷，生活上的清貧或富足，未能動搖他們所秉持的理念。即便生活艱辛，孔子與顏回皆堅守高潔的君子風範而不改其樂。

　　在儒家學說中，「道」的層次遠遠高於人生中的富貴榮華。《論語・述而》

〔註44〕梁啓超：《致孩子們 1927 年 2 月 23 日》，張品興編：《梁啓超家書》，第 449頁。

〔註45〕李學勤主編：《十三經注疏・論語注疏》，第 75 頁。

〔註46〕司馬遷：《史記・孔子世家第十七》（全十冊），第 1930 頁，北京：中華書局，1982 年 11 月（2010 年 5 月重印）。

〔註47〕李學勤主編：《十三經注疏・論語注疏》，第 207 頁。

篇中謂：「子曰：『飯蔬食飲水，曲肱而枕之，樂亦在其中矣。不義而富且貴，於我如浮雲。』」〔註48〕這句話透露出相較於「道」，富貴榮華僅爲過眼雲煙。換言之，秉守和實踐「道」所獲得的精神滿足，遠遠超越生活上的物質享受，所以即便粗茶淡飯，也自得其樂。《論語・學而》篇中進一步闡述貧與富：「子貢曰：『貧而無諂，富而無驕，如何？』子曰：『可也。未若貧而樂，富而好禮者也。』」〔註49〕貧與富作爲外在的生活條件，並不直接影響儒家所崇尚的「道」與「禮」，反之是一種考驗。若能不論貧富而堅守「道」與「禮」，更爲可貴。在曾國藩和梁啓超的人生道路中，即便他們追求的目標並不完全一致，然而「貧而無諂，富而無驕」以及「貧而樂，富而好禮」的理念，在他們身上皆得到很好的展現。

出身耕讀之家的曾國藩和梁啓超，即便是在官場或政壇佔據一席之地時，皆未曾忘記自己出身寒門，一再警誡子弟，莫因一時富貴而敗壞門風。曾國藩在寫給弟弟以及孩子們的家書中，總是不厭其煩地提醒他們要勤儉持家、戒驕戒奢。曾氏嘗言：「凡人多望子孫爲大官，余不願爲大官，但願爲讀書明理之君子。勤儉自持，習勞習苦，可以處樂，可以處約。此君子也。」〔註50〕這種「可以處樂，可以處約」的生活態度，是從刻苦的環境中走出來的曾國藩和梁啓超以自身經驗領悟所得，故而，他們二人皆希望未曾經歷生活磨難的後輩子孫，要具備吃苦的能力和心理素養。借助曾國藩和梁啓超的家書，可以窺見曾氏是從生活實踐層面要求子弟們吃苦耐勞；而梁氏則注重從心理和精神層面培養孩子們樂觀面對生活中的挫折和磨難。曾、梁二人在處理方法上雖有差異，然希望家族子弟建立正確人生觀的立場，卻殊途同歸。

建功立業、光耀門楣是曾國藩人生道路上的亮點。在朝堂上權傾一時之際，曾國藩其實也如履薄冰，深恐功高震主，以致給自己和家人引來災禍。曾氏也一再告誡家中子弟切莫依仗權勢，驕奢放縱。在曾國藩的價值觀中，富貴榮華並非其人生追求，甚而唯恐榮華富貴會導致家中出現不肖子弟。基於此一憂患意識，曾國藩不僅對子弟們耳提面命，更以秉持寒士門風的實際步驟，避免此一情況的發生。早在咸豐五年（1855年），曾國藩就對幾個弟弟說：「仕宦之家，不蓄積銀錢，使子弟自覺一無可恃，一日不勤，則將有飢寒

〔註48〕李學勤主編：《十三經注疏・論語注疏》，第 91 頁。
〔註49〕李學勤主編：《十三經注疏・論語注疏》，第 12 頁。
〔註50〕曾國藩：《諭紀鴻 九月二十九夜》，《曾國藩全集・家書（一）》，第 324 頁。

之患，則子弟漸漸勤勞，知謀所以自立矣。」〔註51〕言行合一的曾國藩，既做此想，當然也就付諸行動。他勤儉自持，即便「忝爲將相，而所有衣服不值三百金」〔註52〕。在曾國藩的砥礪下，其子孫後代既能理解他的良苦用心，也不辜負其期待，皆自立自強地拓展出屬於自己的天地。

曾國藩殷切堅守的寒士門風，並非形式上的門楣高低之差，而是重在家中子弟的人格品性與修養。爲此，曾國藩採取雙管齊下的策略，一方面不以錢財饋留子孫；另一方面則透過生活中的小細節，要求家族子弟事事親力親爲，莫以富家子弟自居。從曾國藩寫於咸豐四年（1854 年）四月的家書，即可看到他對家中子弟的要求，的確與寒門子弟並無二致。他說：「吾家子姪半耕半讀，以守先人之舊，愼無存半點官氣。不許坐轎，不許喚人取水添茶等事。其拾柴收糞等事，須一一爲之；插田蒔禾等事，亦時時學之。庶漸漸務本而不習於淫洪矣。至要至要，千囑萬囑。」〔註53〕曾國藩對家中的晚輩，不僅要求他們不能對下人頤指氣使，甚而連「拾柴收糞」、「插田蒔禾等事」也不能假手於下人。家中子弟若能擔當這些雜事瑣務，身上必無驕氣、傲氣，更爲貼近寒士門風。這些生活瑣事，曾國藩卻視之爲家中子弟必經之歷練而千叮萬囑。

長期在外居官爲將的曾國藩，在把家中以至家族中的事務交託給曾國潢主持後，亦不時寫信給弟弟，講述治家之道。畢竟，祖宅的氣象才是家族門風的根基，而且，家中子弟的品德習性更需自幼培養。故而，曾國藩即便日理萬機，也未曾輕忽家中的大小事務，並鉅細靡遺地致函讓曾國潢督辦。尤其在家聲鼎盛時，他對家中子弟的品德修爲更爲關注：「吾家現雖鼎盛，不可忘寒士家風味，子弟力戒傲惰。戒傲以不大聲罵僕從爲首，戒惰以不晏起爲首。吾則不忘蔣市街賣菜籃情景，弟則不忘竹山坳拖碑車風景。昔日苦況，安知異日不再嘗之？自知謹愼矣。」〔註54〕曾國藩總是擔心家中有僕役供差喚後，會養成家中子弟的惰性和傲氣，故而多番教誨，凡事需親力親爲、戒驕戒傲。在曾國藩的家訓中，「戒驕戒傲」是其中一項基本原則，並以此嚴格

〔註51〕 曾國藩：《致澄弟溫弟沅弟季弟 八月二十七早》，《曾國藩全集・家書（一）》，第 306 頁。

〔註52〕 曾國藩：《諭紀鴻 五月二十七日》，《曾國藩全集・家書（二）》，第 837 頁。

〔註53〕 曾國藩：《致澄弟溫弟沅弟季弟 四月十四日》，《曾國藩全集・家書（一）》，第 251 頁。

〔註54〕 曾國藩：《致澄弟 正月初四日》，《曾國藩全集・家書（二）》，第 1319 頁。

約束家中晚輩。曾氏嘗謂：「諺云：『富家子弟多驕，貴家子弟多傲。』非必錦衣玉食、動手打人而後謂之驕傲也，但使志得意滿毫無畏忌開口議人短長，即是極驕極傲耳。余正月初四信中言戒驕字，以不輕非笑人爲第一義；戒惰字，以不晏起爲第一義。望弟常常猛省，並戒子侄也。」〔註55〕在曾國藩的衡量標準中，「戒驕戒傲」不僅僅是在行爲舉止上要嚴格要求自己，更需從內心出發，徹底「戒驕戒傲」，方爲正道。

「寒門出孝子，富貴多敗兒」之說雖非一種必然，但卻有其合理性。曾國藩即便在富貴加身後，仍堅持以寒士門風持家，此舉不僅是他自我修身的方式，也是爲子孫後代作長遠考量。在曾國藩看來，富貴榮華皆爲身外之物，更唯恐家族子弟會因富貴而墮落，因此未雨綢繆，以免追悔莫及。他曾對幼子曾紀鴻說：「凡世家子弟衣食起居，無一不與寒士相同，庶可以成大器；若沾染富貴氣息，則難望有成。」〔註56〕顯然，站在一個父親的立場，曾國藩更希望兒子能成大器，這比一時的富貴更值得欣慰和有價值。曾國藩也不時通過書信，提點在家鄉主持家事的弟弟曾國潢，善不善於持家，並非以家中積蓄的錢糧爲衡量標準，而是以家中子弟的品德修養爲準則。同治五年（1867年）十二月寫信給曾國潢時，他說道：「家中要得興旺，全靠出賢子弟。若子弟不賢不才，雖多積銀、積錢、積穀、積產、積衣、積書，總是枉然。」〔註57〕在富貴與賢孝子弟二者間，孰輕孰重顯而易見。

曾國藩和曾國荃兄弟齊心協力平定太平天國之亂後，二人都權傾一時，卻也同時非議纏身。同治年間以來，曾國藩在寫給曾國荃的家書中，多方勸導弟弟在金錢用度上要細加斟酌，「莫怕寒村二字，莫怕慳吝二字，莫貪大方二字，莫貪豪爽二字。」「總之，愛惜物力，不失寒士之家風而已。」〔註58〕曾國荃貪圖錢財的毛病，身爲兄長的曾國藩很清楚，因此一再勸誡，希望弟弟莫因錢財富貴損及品德修爲，進而敗壞家族門風。在寫於同治元年（1862年）五月的家書，曾國藩即對曾國荃的錢財取用之道細加剖析，並加以勸導。他說：

> 沅弟昔年於銀錢取與之際不甚斟酌，朋輩之譏議菲薄，其根實

〔註55〕曾國藩：《致澄弟 二月初四日》，《曾國藩全集・家書（一）》，第640～641頁。
〔註56〕曾國藩：《諭紀鴻 五月二十七日》，《曾國藩全集・家書（二）》，第837頁。
〔註57〕曾國藩：《致澄弟 十二月初六日》，《曾國藩全集・家書（二）》，第1307頁。
〔註58〕曾國藩：《致澄弟 十一月十四日》，《曾國藩全集・家書（二）》，第1058頁。

在於此。去冬之買犁頭嘴、栗子山，余亦大不謂然。以後宜不妄取
分毫，不寄銀回家，不多贈親族，此廉字工夫也。謙之存諸中者不
可知，其著於外者，約有四端：曰面色，曰言語，曰書函，曰僕從
屬員……以後宜於此四端痛加克治，此謙字工夫也。〔註59〕

曾國藩與曾國荃兄弟二人性格迥異，爲兄者節儉廉潔，謙恭自持；弟弟則貪
圖名利，桀驁不馴。曾國藩深悉弟弟性格上的缺陷，身爲兄長自是循循善誘，
並希冀從具體事例，引導曾國荃往「廉」和「謙」的方向努力。透過曾國荃
的爲人處世，也更爲凸顯出曾國藩家訓中戒驕戒傲、勤儉持家之可貴。

在男主外、女主內的家庭結構中，持家之道卻不宜分內外，方能收穫事
半功倍之效。持家有道的曾國藩，採取雙管齊下的方針，即要求家中子弟勤
儉持家，也希望家中的女眷有同樣的認知。對此，曾國藩即向兩個兒子表示：
「爾等奉母在寓，總以勤儉二字自惕，而接物出以謙慎。凡世家之不勤不儉
者，驗之於內眷而畢露。余在家深以婦女之奢逸爲慮，爾二人立志撐持門戶，
亦宜自端內教始也。」〔註60〕可見，曾國藩所追求的寒士門風，並非外在的
門面工夫，而是內外合一的立家之本。而後，曾國藩在同治五年（1867 年）
寫給曾紀鴻的家書中進一步表示：「家中興衰，全繫乎內政之整散。爾母率二
婦諸女，於酒食紡績二事，斷不可不常常勤習。目下官雖無恙，須時時作罷
官衰替之想。至囑至囑。」〔註61〕在曾氏家族中，即便富貴臨門，然而男丁
不忘農耕拾柴等雜務；女眷則在「酒食紡績」等事下工夫，生活上與寒門之
家實無區別。

在曾國藩數量龐大的家書中，單獨寫給女眷的家書屈指可數。當父母尚
在世時，身爲兒子的曾國藩不時奉函問候，以表孝心。隨後，其大量的家書
主要是寫給弟弟們和兩個兒子，對自己的夫人以及女兒則少有書函往來，即
便有事交代或商洽，也是在給兒子的信中一併提及，並由兒子代爲傳達。在
僅見的曾國藩寫給夫人的信中，持家之道是其一貫的關懷點。信中謂：
居官不過偶然之事，居家乃是長久之計，能從勤儉耕讀上做出
好規模，雖一旦罷官，尚不失爲興旺氣象。若貪圖衙門之熱鬧，不

〔註59〕曾國藩：《致沅弟季弟 五月十五日》，《曾國藩全集・家書（二）》，第 833～834
頁。

〔註60〕曾國藩：《諭紀澤紀鴻 閏五月初九日》，《曾國藩全集・家書（二）》，第 1194 頁。

〔註61〕曾國藩：《諭紀澤 十一月初三日》，《曾國藩全集・家書（二）》，第 1297 頁。

> 立家鄉之基業，則罷官之後，便覺氣象蕭索。凡有盛必有衰，不可
> 不預爲之計。望夫人教訓兒孫婦女，常常作家中無官之想，時時有
> 謙恭省儉之意，則福澤悠久，余心大慰矣。〔註62〕

曾國藩對夫人暢言的治家之道，其實在他寫給弟弟和兒子們的信中皆一再提及，曾氏之所以不厭其煩地一再重複，只是印證了他對家庭的重視和關心。稍加留意即可發現，同治年間以來，曾國藩的家書中反覆出現「莫作代代做官之想，須作代代做士民之想」〔註63〕一說，這其實與他固守寒士門風的努力，互爲因果。

在朝堂上建功立業後，富貴和功名隨之而來，這兩者卻也讓曾國藩甚爲憂心，唯恐分寸拿捏不當，壞了家族門風。富貴生驕奢，官場生諂媚，本是現實常態。爲避免家中子弟沾染上貴氣和官氣，曾國藩力求傳承寒士門風，並在子弟們涉足官場之際，即告誡他們要潔身自守，莫以官宦子弟自視。同治二年（1864年）八月，曾紀鴻遵父親囑咐，陪同母親與家眷由水路至安慶省親。未啓程之前，曾國藩即函告曾紀鴻曰：「船上有大帥字旗，余未在船，不可誤掛。經過府縣各城，可避者略爲避開，不可驚動官長，煩人應酬也。」〔註64〕雖說只是掛不掛帥旗這樣一件小事，曾國藩也必仔細地在信中加以交代，避免造成「狐假虎威」的現象。畢竟，若因一面帥旗而驚動地方官府，多有不妥。曾國藩的考量，既爲各處地方官吏著想，避免應酬煩擾；也得以讓船上的家眷們遠離官場是非，考慮周詳。隔年，曾紀鴻返鄉應試，曾國藩更特意交代：「爾在外以謙謹二字爲主，世家子弟，門第過盛，萬目所屬。臨行時，教以三戒之首，末二條及力去傲惰二弊，當已牢記之矣。場前不可與州縣來往，不可送條子，進身之始，務知自重，酷熱尤須保養身體。此囑。」〔註65〕當時的曾氏，已是朝廷重臣，但並不因此自矜自貴，而是以謙遜恭謹的心態教導家中子弟，要他們在官場中潔身自愛，以自己的能力獲得認可。

官場的黑暗，自古皆然。大半的人生歷程皆在官場度過的曾國藩，對此自是了然於心，故在爲人處世上嚴謹自持、潔身自愛。與此同時，曾氏也力

〔註62〕 曾國藩：《致歐陽夫人 五月初五日午刻》，《曾國藩全集·家書（二）》，第1338頁。
〔註63〕 曾國藩：《諭紀澤 十二月二十三日》，《曾國藩全集·家書（二）》，第1313頁。
〔註64〕 曾國藩：《諭紀鴻 八月十二日》，《曾國藩全集·家書（二）》，第1025頁。
〔註65〕 曾國藩：《諭紀鴻 七月初九日》，《曾國藩全集·家書（二）》，第1147～1148頁。

圖避免家族子弟與官場惡習沾邊或淪為紈綺子弟。在官場步步高升的曾國藩，以勤儉克己，並以寒素持家，他這麼做，無非是希望子孫後代習於艱苦的生活，並得以自食其力。曾國藩的治家之道所收穫的成績，有目共睹。同樣善於治家的梁啓超，也不曾忘記自己出身寒門，然在培養子女的路徑上顯然與曾國藩截然不同。梁啓超的政治道路，一直都坎坷不平，並直接影響著他和家人的生活。特別是因戊戌政變而逃亡日本後，更導致梁啓超和家人的生活處於不安定狀態。這樣的人生經歷，無疑造成梁啓超與曾國藩在生活心態上的差距。面對生活中的磨難，梁啓超以樂觀和積極的心態正面迎向挑戰。梁氏對生活中的苦難甘之如飴、積極以對的精神，正是他培養子女的人生智慧。

　　從 1898 年 9 月至 1912 年 10 月流亡於日本的十四年間，梁啓超雖說是去國離鄉，但生活基本無虞。在日本生活約莫兩年之後，梁啓超即把家眷接至東瀛，共享天倫之樂。這期間，梁啓超的家庭逐漸壯大，增添了梁思成、梁思永、梁思莊、梁思忠和梁思達五個孩子。這五個孩子加上長姐梁思順，陪伴在父親身邊的日子相對較長，受父親的影響也較深。在日本生活期間，梁啓超「辦報的收益也是他們一家人的生活來源，所以生活很不穩定，有時困難到揭不開鍋，只能吃米飯就著日本的鹹蘿蔔，或清水煮白菜蘸醬油。」〔註66〕這種克難的生活條件雖非常態，但在梁啓超的家庭中確曾經歷。面對生活中的困境，身為一家之主的梁啓超樂觀地引導孩子們在艱苦的生活中不自怨自艾，積極地笑對人生。換言之，曾國藩家庭教育中所強調的寒士門風，在梁啓超家中是一種實際狀態，所以曾、梁二人教育子女的方式，自然也要符合各自的家庭狀況。

　　1912 年 10 月，結束流亡生涯回到祖國的梁啓超，一躍而成政壇的重量級人物。在為政治活動疲於奔命之際，梁氏在家書中時而向梁思順透露，懷念在日本雙濤園與家人共同生活的平靜生活。只是，愛國的熱誠讓梁啓超即便疲累、即便面對生命威脅，卻依然毫不猶豫地投身政治活動中。1915 年，當袁世凱復辟帝制的意圖逐步顯露後，梁啓超隨即於 8 月 20 日發表《異哉所謂國體問題者》一文嚴厲斥責，而後更進一步聯合蔡鍔等愛國志士發起護國運動。這一連串政治運動，再次把梁啓超推上風口浪尖。1916 年 1 月初，梁啓超因準備南下參加護國之役而潛赴上海，當時已傳出袁世凱欲對其不利的消

〔註66〕林洙：《梁思成》，第 5 頁，石家莊：河北教育出版社，2001 年 9 月。

息。在這種生命受到威脅的時刻，梁啓超在寫給梁思順報平安的家書中，流露出的卻是淡定從容的心態：

> 此間對我之消息甚惡，英警署連夜派人來保衛，現決無虞。吾斷不至遇險。吾生平所確信，汝等不必爲我憂慮⋯⋯處憂患最是人生幸事，能使人精神振奮，志氣強立。兩年來所境較安適，而不知不識之間德業已日退，在我猶然，況於汝輩。今復還我憂患生涯，而心境之愉快視前此乃不啻天壤，此亦天之所以玉成汝輩也。使汝輩再處如前數年之境遇者，更閱數年，幾何不變爲紈綺子哉！〔註67〕

身處憂患，而能視之爲人生幸事的梁啓超，借機灌輸給孩子們人生的磨難乃是提升德業之良機的認知，並以自身爲例，做了良好的示範。梁啓超的言傳身教提供給孩子們正確的處世方法，讓他們在面對人生的磨難時，不僅不因環境惡劣而頹喪，反而能夠更加激發出昂揚的精神與志氣。

在這封寫給梁思順的家書中，梁啓超還特意交代：「此書可寄示汝兩弟，且令寶存之。」〔註68〕可見身爲父親的梁啓超，極爲看重這封信所論述的道理，並希望孩子們時時緊記自己的教誨，以之照亮人生未來的道路。同年三月的家書中，對人生的困境深有體悟的梁啓超，又進一步對孩子們表示：「因念頻年佚樂太過，至此形骸，習於便安，不堪外境之劇變，此吾學養不足之明證也。人生惟常常受苦乃不覺苦，不致爲苦所窘耳。」〔註69〕樂觀面對人生磨難的梁啓超，卻依然慨歎自己學養不足，認爲若能時時習苦樂苦，不斷磨礪自己，人生境界將會達到更高的層次。透過在家書中的自我剖析，梁啓超同時也是在指引孩子們抱持正確的人生態度，勿視艱難的人生爲畏途，而是要積極面對，藉以磨礪與提升個人修養。

在梁啓超的九個子女當中，長女梁思順是父親家書中主要的傾訴對象，也是父親重要的精神支柱。相較於弟弟妹妹們，梁思順最爲貼近父親的生活以及所思所想。從梁思順懂事以來，她一直協助父親處理家事並照顧弟弟妹妹們。早年梁啓超因戊戌政變逃亡日本之際，梁思順雖年紀尚小，卻是家中

〔註67〕梁啓超著：《致梁思順1916年1月2日》，張品興編：《梁啓超家書》，第218頁。

〔註68〕梁啓超著：《致梁思順1916年1月2日》，張品興編：《梁啓超家書》，第218頁。

〔註69〕梁啓超著：《致梁思順1916年3月20～21日》，張品興編：《梁啓超家書》，第238頁。

唯一經歷過坎坷歲月的孩子。當父親為護國之役歷經顛簸和生命受到威脅之際，也是梁思順在精神上陪同父親，伴其渡過動盪不寧的歲月。這樣的經歷，讓梁啟超對長女的人生歷練持有相當的信心。然而，在梁啟超 1927 年 1 月 27 日寫給梁思順的家書中，卻有這樣一席話：

> 順兒受我教育多年，何故臨事反不得力，可見得是平日學問沒有到家。你小時候雖然也跟著爹媽吃過點苦，但太小了，全然不懂。及到長大以來，境遇未免太順了。現在處這種困難境遇正是磨煉身心最好機會，在你全生涯中不容易碰著的，你要多謝上帝玉成的厚意，在這個檔口做到「不改其樂」的工夫才不愧為爹爹最心愛的孩子哩。〔註70〕

當時的梁思順正因丈夫周希哲的使館職務遇到波折而苦惱，身為父親的梁啟超卻以不同的心態看待此事，並希望女兒以此磨礪身心，提升人格素養。梁啟超注重教育的時機，凡是自己或子女們在人生道路上面臨困境時，都是他用來教育孩子們的絕佳機會。

相隔四個月後，梁思順依然為同一問題所困擾。當時，不穩定的國內政局導致民國政府未能撥款給駐守國外的外交大使，梁思順夫婦也因此面臨經濟困境。在這種情況下，梁思順夫婦出於種種考量，還是決定繼續留在加拿大一段時間，再決定去向。對於女兒、女婿的決定，梁啟超給予贊同，並勉勵說：「你和希哲都是寒士家風出身，總不要壞自己家門本色，才能給孩子們以磨練人格的機會。生當亂世，要吃得苦，才能站得住（其實何止亂世為然），一個人在物質上的享用，只要能維持著生命便夠了。至於快樂與否，全不是物質上可以支配。能在困苦中求出快活，才算是會打算盤哩。」〔註71〕梁啟超將艱苦的生活視為人生歷練，也希望子孫後代莫忘寒士家風。他對孩子們強調，物質條件並不是生活質量的決定性因素，樂觀面對的人生態度，才是人生旅途中豐厚的資產。

同樣出身寒門的梁啟超和曾國藩，皆不時向子孫後代強調要秉承家族門風。當然，一個明顯的差別是，曾國藩採取勤儉持家的治家策略，以讓家中

〔註70〕 梁啟超著：《致孩子們 1927 年 1 月 27 日》，張品興編：《梁啟超家書》，第 440～441 頁。

〔註71〕 梁啟超著：《致梁思順 1927 年 5 月 13 日》，張品興編：《梁啟超家書》，第 480 頁。

子弟習於寒門生活；而梁啟超則偏重從心理層面，培養孩子們安貧樂道的精神。梁啟超重視孩子們心理素質的培養，自有其考量。在梁啟超的觀察中，艱苦的生活環境並不一定可以訓練出刻苦耐勞、積極向上的賢良子弟；同樣的，在舒適的生活條件下，只要給予恰當的引導、培養正確的人生觀，一樣可以栽培出具有擔當精神和能夠笑對人生磨難的有德之士。梁啟超的兒子梁思忠，即曾對自己舒適的生活條件感到焦慮，惟恐心中的志氣會因此而消失殆盡。爲解答梁思忠的困惑，梁啟超在答覆兒子時表示：

> 你說：「照這樣舒服幾年下去，便會把人格送掉。」這是沒出息的話！一個人若是在舒服的環境中會消磨志氣，那麼在困苦懊喪的環境中也一定會消磨志氣。你看你爹爹因苦日子也過過多少，舒服日子也經過多少，老是那樣子，到底志氣消磨了沒有？——也許你們有時會感覺爹爹是怠惰了（我自己常常有這種警懼）不過你再轉眼一看，一定會仍舊看清楚不是這樣——我自己常常感覺我要拿自己做青年的人格模範，最少也要不愧做你們姊姊弟兄的模範。我又很相信我的孩子們，個個都會受我這種遺傳和教訓，不會因爲環境的困苦或舒服而墮落的。〔註72〕

在梁啟超的人生經歷中，能夠處變不驚、處憂不慮是他樂觀積極的性格使然，而他胸懷中的志氣，也不會隨著寬裕舒適的生活而消失。梁啟超的子女們並沒有讓父親失望，個個皆承繼了父親的人格和性格特質，坦然面對人生的悲喜苦樂。

　　梁啟超在世時，他是子女們生活中堅實的後盾和精神導師，他對子女們愛之以德而從不溺愛。梁啟超不幸去世後，他的孩子們也繼承了父親的精神信仰和人格特質。梁啟超的孩子們在父親生前雖未曾經歷重大磨難，但他們身上卻遺傳著父親「堪當大難」的勇氣和胸懷。在梁啟超的培育下，兒女們在各自的領域皆學有所成。遺憾的是，在他們正值盛年，準備以自己的專長爲社會和國家做出貢獻之際，卻遇上日本侵華戰爭。戰亂期間，艱苦的生活條件並沒有擊垮梁啟超的兒女們，他們堅韌不屈的性格和生活能力，皆得自父親的遺傳和教導。吳荔明回憶起兩位舅舅梁思成與梁思永在這段艱難歲月中的生活狀態時，記憶中的畫面是：

〔註72〕梁啟超著：《致孩子們 1927 年 5 月 5 日》，張品興編：《梁啟超家書》，第 477 頁。

> 最使我難忘的是我們去李莊看望二舅和三舅兩家,他們在那裡過
> 著十分艱苦、清貧的生活……物質條件雖極差,但精神上仍很充實,
> 他們仍然不顧一切地從事學術研究,炎熱的天氣使他們畫圖時要不斷
> 地擦掉手臂上的汗珠,二舅還是那樣樂觀和幽默,當物價飛漲家中揭
> 不開鍋時,他就不得不把家中衣物拿去當賣,他還開玩笑地說:「把
> 這隻錶『紅燒』了吧!這件衣服可以『清燉』嗎?」〔註73〕

艱苦的生活條件,並未消磨梁思成和梁思永兄弟二人的學術熱情,當然也就
說不上打擊他們的志氣。這種把困境視爲人生歷練的人生觀,正是父親梁啓
超在他們身上播下的種子。梁思成在艱苦的環境中依然不改樂觀、幽默的性
格,這一點更是得自父親的遺傳。梁啓超的孩子們安貧樂道的人生觀,是他
成功的家庭教育收穫的碩果。

曾國藩和梁啓超的家庭教育各有特色,不管是從實際生活或是精神層面
訓練家中子弟們安貧樂道,他們二人皆有秉守寒士門風的共識。曾氏和梁氏
同樣認爲,艱苦的生活是人生的歷練,也是提升品德修爲的機緣。從這一立
基點出發,再加上曾國藩和梁啓超凡事以身作則、親力親爲,更讓後輩子孫
深受啓發,不僅家族中世代人才輩出,也未曾出現敗壞門風的紈絝子弟。在
曾國藩和梁啓超的家庭教育中,品德修養是中心支柱,也是成功關鍵。

第三節　因材施教的成功

品德修養爲立身之本,也是維繫家族門風的基石。在曾國藩和梁啓超的
家庭教育中,培養家族子弟們的人格修養皆爲首要任務。在孩子們的成長過
程中,這也是伴隨其一生的學問與必修課。從祖輩的「耕讀之家」漸次走向
書香門第,曾國藩和梁啓超對家中子弟們讀書做學問的關注度自然也逐步提
高。曾國藩和梁啓超皆把學識涵養視爲可以實踐的人生學問,而並非僅僅是
求取功名利祿的階梯。所以,讓子孫後代具備健全的人格修養並輔之以學識
涵養,是曾國藩和梁啓超家庭教育的進程。身爲父親兼家庭教育的主導者,
曾國藩和梁啓超對孩子們的智育訓練也極爲用心。曾、梁二人細心觀察孩子

〔註73〕吳荔明:《梁啓超和他的兒女們》,第156～157頁,北京:北京大學出版社,
2009年1月。吳荔明的引文參見梁再冰:《回憶我的父親梁思成》,《梁思成先
生誕生八十五週年紀念文集》,第241頁,北京:清華大學出版社,1986年。

們的秉性氣質以及興趣所向，進而依循著他們的治學趣味引導他們深入開拓自己的學術領域。

在儒家文化中，教育是非常重要的一環，而且在儒家的教育理念中，德育和智育是無法截然二分的共同體。作爲儒家學說的奠基者，也是後世推崇的「至聖先師」，孔子奠定的學說和教育上的成就有目共睹。面對門下的三千弟子，孔子深切明白每個學生的資質和興趣皆有差異，不能以一概全，更須尊重學生的個性與興趣，方能在教育途徑中收穫良好的成效。孔子分別以不同的詮釋解答顏淵、仲弓、司馬牛以及樊遲對於「仁」的提問之例，一再地被標舉爲「因材施教」的絕佳典範。其文曰：

> 顏淵問仁。子曰：「克己復禮爲仁。一日克己復禮，天下歸仁焉。爲仁由己，而由人乎哉！」顏淵曰：「請問其目。」子曰：「非禮勿視，非禮勿聽，非禮勿言，非禮勿動。」顏淵曰：「回雖不敏，請事斯語矣。」

> 仲弓問仁。子曰：「出門如見大賓，使民如承大祭。己所不欲，勿施於人。在邦無怨，在家無怨。」仲弓曰：「雍雖不敏，請事斯語矣。」

> 司馬牛問仁。子曰：「仁者，其言也訒。」曰：「其言也訒，斯謂之仁已乎？」子曰：「爲之難，言之得無訒乎？」〔註74〕

> 樊遲問仁。子曰：「愛人。」〔註75〕

> 樊遲問仁。子曰：「居處恭，執事敬，與人忠。雖之夷狄，不可棄也。」〔註76〕

在孔子心中，「仁」是不變的眞理和境界，然而面對不同的學生，卻需依據學生的資質高低以及性情秉性進行不同的詮釋，此爲孔子善於引導學生的實證。到了宋代和明代，程頤和朱熹方把「因材施教」的概念與孔子的教育方式結合在一起。

孔門弟子三千，達者七十二人，這樣的佳績當歸功於孔子的教學法。《論語・先進》篇還指出：「德行：顏淵，閔子騫，冉伯牛，仲弓。言語：宰我，

〔註74〕李學勤主編：《十三經注疏・論語注疏》，第157～158頁。
〔註75〕李學勤主編：《十三經注疏・論語注疏》，第168頁。
〔註76〕李學勤主編：《十三經注疏・論語注疏》，第178頁。

子貢。政事：冉有，季路。文學：子游，子夏。」〔註77〕於此可見，在孔子的教育體系中，「德行」、「言語」、「政事」以及「文學」是四大主要門類，並各有傑出的學生爲代表。這種以學生的興趣和志向爲考量的教學法，是程頤和朱熹將「因材施教」的讚譽賦加在孔子身上的淵源。朱熹在其《論語集注》中對這一段話注曰：「弟子因孔子之言，記此十人，而並目其所長，分爲四科。孔子教人各因其材，於此可見。」〔註78〕此前，程頤亦表示：「孔子教人，各因其材，有以政事入者，有以言語入者，有以德行入者。」〔註79〕程頤和朱熹皆以「孔子教人，各因其材」來標舉孔子在教學上的特色，對此心悅誠服並加以讚揚。

在曾國藩生活著的道光、咸豐、同治年間，通過科舉考試博取功名，依然是讀書人汲汲以求的道路。士子寒窗苦讀，無非是期望金榜題名後，可以走上仕途，一展抱負。曾國藩在朝堂上的功績，也以科舉考試爲起點。然而他對科舉功名，卻有別於常規的領悟。道光二十九年（1849年）四月，剛從翰林升任禮部侍郎的曾國藩在寫信給弟弟們時表示：「我今賴祖宗之積累，少年早達，深恐其以一身享用殆盡，故教諸弟及兒輩，但願其爲耕讀孝友之家，不願其爲仕宦之家。諸弟讀書不可不多，用功不可不勤，切不可時時爲科第仕宦起見。若不能看透此層道理，則雖巍科顯官，終算不得祖父之賢肖，我家之功臣。若能看透此道理，則我欽佩之至。」〔註80〕讀書本爲明理及提升自我修養，若爲科舉這一功利目的而讀書，並不能貼近做學問的眞諦。曾國藩希望他的弟弟們明白這一點，好好讀書，並以之提升人格修養。

在曾國藩的評價中，官位高低並非衡量家族功臣的準繩，因爲子弟的賢孝與否，在家族中比功名利祿更重要。身爲兄長，曾國藩自然希望弟弟們是以讀書明理並建構完善的人格素質來爲家族添光彩，故而把科舉功名視爲讀書做學問的附屬品。同樣曾獲取科舉功名的梁啓超，也與曾國藩持同樣看法，相較於科舉功名，他更爲重視讀書治學所帶來的精神養分和人生智慧。處於

〔註77〕 李學勤主編：《十三經注疏・論語注疏》，第143頁。

〔註78〕 朱熹注：《四書章句集注・論語》（全三冊），第75頁，上海：商務印書館，1935年。

〔註79〕 程顥、程頤著，王孝魚點校：《二程集・河南程氏遺書卷十九》（全四冊），第252頁，北京：中華書局，1931年7月。

〔註80〕 曾國藩：《致澄弟溫弟沅弟季弟 四月十六日》，《曾國藩全集・家書（一）》，第187頁。

清末和民初的時間交匯點，時代的更迭亦把科舉考試推入歷史，取而代之的是一紙文憑。梁啓超在指導他的孩子們讀書、治學時，也從未以文憑爲目的，而是希望子女們在追求學問的過程中，滿足自己的精神需求，提升個人的修養。1925 年 7 月 10 日，梁啓超在寄給孩子們的家書中寫道：「『求學問不是求文憑』，總要把牆基越築得厚越好。」〔註81〕當時這句話雖是爲勉勵初抵加拿大的梁思莊無需爲沒能立即考上大學而沮喪，然而從廣義言之，這何嘗不是梁啓超自身做學問的態度以及給予子女們的治學啓示？

　　曾國藩不以科舉功名爲治學目標的想法，並非虛假的自命清高，而是在兩個兒子身上付諸實踐。從明代延續而來的八股取士，到清末時期，依然是科舉考試的核心。然而，曾國藩在爲曾紀澤和曾紀鴻制定功課時，不僅沒把八股文和試帖詩納入功課中，而且還強調，兄弟二人無需在這兩項科目下工夫。咸豐年間，在外爲官的曾國藩未能親自督促兩個兒子的功課，故請弟弟們代爲監督。他在信中交代諸弟：「至甲三（注：曾紀澤）讀書，天分本低，若再以全力學八股、試帖，則他項學業必全荒廢。吾決計不令其學做八股也。」〔註82〕事隔幾個月，曾國藩在爲曾紀澤安排課業時又再次表示：「紀澤兒記性極平常，不必力求讀書背誦，但宜常看生書。講解數遍，自然有益。八股文、試帖詩皆非今日之急務，盡可不看不作。至要至要。兒於史鑑略熟，宜因而加功，看朱子《綱目》一遍爲要。紀鴻兒亦不必讀八股文，徒費時日，實無益也。」〔註83〕在各寫於咸豐四年（1854 年）十一月以及咸豐五年（1855 年）三月的這兩封家書中，把八股文和試帖詩摒除在曾紀澤和曾紀鴻的課業之外，乃是曾國藩不變的立場。曾國藩和兒子雖分隔兩地，但他卻深悉兒子做學問的趣味和局限。曾國藩知道長子曾紀澤較爲熟悉歷史典籍，即指引他閱讀朱熹的《資治通鑑綱目》，順著兒子的興趣循序漸進，讀書方有成效。

　　學問興趣和治學方法因人而異，因材施教方能收事半功倍之效。曾國藩深明此理，所以在兒子的學習上，傾向於讓他們發揮自己的強項，亦不對短處加以苛責。曾國藩不止一次提及長子曾紀澤記性不佳，若強制要他背誦經

〔註81〕梁啓超著：《致孩子們 1925 年 7 月 10 日》，張品興編：《梁啓超家書》，第 356 頁。

〔註82〕曾國藩：《致澄弟溫弟沅弟季弟　十一月二十七日》，《曾國藩全集・家書（一）》，第 285 頁。

〔註83〕曾國藩：《致澄弟溫弟沅弟季弟　三月二十日》，《曾國藩全集・家書（一）》，第 292 頁。

籍，唯恐適得其反，以至「愈讀愈蠢」，而「仍不能讀完經書也」。〔註84〕對
兒子的學習能力觀察入微的曾國藩，認為曾紀澤：「看書天分甚高，作字天分
甚高，作詩文天分略低⋯⋯」〔註85〕在當時，除了看書，作字和作詩文也是
讀書人必備的能力。曾國藩根據曾紀澤的脾性和能力，一針見血地告訴兒子：

> 爾之才思，能古雅而不能雄駿，大約宜作五言，而不宜作七
> 言⋯⋯爾要讀古詩，漢魏六朝，取余所選曹、阮、陶、謝、鮑、謝
> 六家，專心讀之，必與爾性質相近。至於開拓心胸，擴充氣魄，窮
> 極變態，則非唐之李杜韓白、宋金之蘇黃陸元八家，不足以盡天下
> 古今之奇觀。〔註86〕

性格溫文儒雅的曾紀澤，作詩天分既不高，唯有朝古雅的五言詩發展，方為
取長補短之道。在這封寫於同治元年（1862 年）正月的信中，曾國藩在指導
兒子作詩的訣竅之餘，亦從古雅和雄駿兩種詩風各舉數家，以作為兒子學習
和參照的對象。曾國藩對兒子的關愛，在他指導曾紀澤作詩的過程中，悄然
流露。

　　在為曾紀澤量身訂造適合他的作詩門徑後，曾國藩也不忘在作文的能力
上點撥兒子。他說：「爾之天分，長於看書，短於作文。此道太短，則於古書
之用意行氣，必不能看得諦當。目下宜從短處下工夫，專肆力於《文選》，手
鈔及摹仿二者皆不可少。待文筆稍有長進，則以後詁經讀史，事事易於著手
矣。」〔註87〕性格踏實、謹慎的曾國藩，不管是在修身或治學、為文等工夫
上，皆擅於尋找下手工夫。在指引曾紀澤提升作文能力時，他也指示兒子須
以手鈔和摹仿的基礎工夫入門，而非好高騖遠地落筆撰文。天份與記憶，是
與生俱來的條件，無法強求，也不能勉強。這不同於作詩和作文，可以借助
後天的訓練得到加強。依據曾紀澤的天份和能力，曾國藩抽絲剝繭地為兒子
尋找提升作詩和作文能力的恰當途徑。

　　同治元年（1862 年），曾國藩多次與曾紀澤探討作詩為文之道。在這一過
程中，評點兒子的習作，是更為貼切的指引。是年八月初四日，曾國藩在家
書中，對兒子的文章習作表示肯定並給予鼓勵：「爾所作擬莊三首，能識名理，

〔註84〕　曾國藩：《致澄弟溫弟沅弟季弟　二月二十九夜》，《曾國藩全集・家書（一）》，
　　　　　第 291 頁。
〔註85〕　曾國藩：《諭紀澤　正月十四日》，《曾國藩全集・家書（一）》，第 634 頁。
〔註86〕　曾國藩：《諭紀澤　正月十四日》，《曾國藩全集・家書（二）》，第 809 頁。
〔註87〕　曾國藩：《諭紀澤　五月十四日》，《曾國藩全集・家書（二）》，第 832 頁。

兼通訓詁，慰甚慰甚。余近年頗識古人文章門徑，而在軍鮮暇，未嘗偶作，一吐胸中之奇。爾若能解《漢書》之訓詁，參以《莊子》之詼詭，則余願償矣。」〔註88〕曾國藩看到兒子的作品模擬《莊子》有心得且兼通訓詁，即鼓勵他在此二端下工夫，把自己的興趣點加以發揮。對於兒子治學爲文的發展趨勢，曾國藩並不以自身的喜好和價值標準強求一致，而是採取因材施教的策略，讓兒子得以發揮自己的長處。

在治學道路上，曾國藩並不具備過人的天賦，苦學成才是他成功的鑰匙。辛勤刻苦地治學在曾國藩身上是苦中有樂，然而他卻不願意看到兩個兒子只懂得埋頭苦讀而抹殺了治學的樂趣。根據兩個兒子的性格和天資，曾國藩給於的建議是：「澤兒天質聰穎，但嫌過於玲瓏剔透，宜從渾字上用些工夫。鴻兒則從勤字上用些工夫。用工不可拘苦，須探討些趣味出來。」〔註89〕身爲父親，曾國藩並不希望看到曾紀澤過於聰明外露，爲此，即便是多年以後，曾國藩還是囑咐他要多看理學書籍，以培養堅實的志氣。〔註90〕借治學以彌補性格中的不足並提升修養，正是曾國藩對家中子弟們讀書做學問的根本期待。

儒家學說是曾國藩學問體系的主軸，也是他爲人處世的依據。憑藉豐厚的學問基礎，他在指引曾紀澤和曾紀鴻治學爲文時，方能左右逢源。同時，曾國藩也具備兼容並包的眼界和胸襟，這使他在接觸西方學說時，並未將之視爲異端邪說而摒之門外。而且，爲了國家和民族的自強，曾國藩也積極主動地認識西方、瞭解西學，希望能夠知己知彼，以尋找到更好的救國方案。在曾國藩協同李鴻章的努力下展開的洋務運動，使西方學說和科技得以較爲系統化地傳入中國。這一機緣，也讓曾紀澤和曾紀鴻兩兄弟成爲接觸西學的先行者。在父親的安排下，曾紀澤有機會學習英語和法語，展現出傑出的語言天分。通曉外語的能力，也正是他日後成爲外交官的重要資本。曾紀鴻的天賦顯然與其兄長不同，他熱衷於數學研究，並通曉天文和地理。在父親的支持和鼓勵下，曾紀鴻潛心研究數學，著有《對數評解》、《圓率考真圖解》、《粟布演草》等數學專著。曾國藩這位儒家學說的忠誠信奉者，卻把兩個兒

〔註88〕曾國藩：《諭紀澤 八月初四日》，《曾國藩全集·家書（二）》，第853頁。

〔註89〕曾國藩：《諭紀澤紀鴻 三月十四夜》，《曾國藩全集·家書（二）》，第1247頁。

〔註90〕參見曾國藩：《曾國藩全集·日記（三）》，第1538頁，長沙：嶽麓書社，1995年2月。

子培養成外交官和數學家，這是其開明的家庭教育之成功而非失敗。

在兒子的教育問題上，曾國藩是走在時代前端的引導者，可惜他的女兒們卻沒有得到同等的待遇，而是依然停留在「女子無才便是德」的禮教規範中。在男主外、女主內的家庭結構中，曾國藩給兒子和女兒們分別制定了不同的功課。幼女曾紀芬在自訂年譜中詳細記錄了父親在同治七年（1868 年）給兒女以及兒媳等人制定的日常功課：

> 是年三月由湘東下至江寧。二十八日，入居新督署。五月二十
> 四日，文正公爲余輩定功課單如下：
>
> | 早飯後 | 做小菜點心酒醬之類 | 食事 |
> | 巳午刻 | 紡花或績麻 | 衣事 |
> | 中飯後 | 做針黹刺繡之類 | 細工 |
> | 酉刻（過二更後） | 做男鞋女鞋或縫衣 | 粗工 |
>
> 吾家男子於「看、讀、寫、作」四字缺一不可，婦女於「衣、食、粗、細」四字缺一不可。吾已教訓數年，總未做出一定規矩。自後每日立定功課，吾親自驗功。食事則每日驗一次，衣事則三日驗一次。紡者驗線子，績者驗鵝蛋。細工則五日驗一次，粗工則每月驗一次。每月須做成男鞋一雙，女鞋不驗。
>
> 上驗功課單，諭兒婦、姪婦、滿女知之，甥婦到日亦照此遵行。〔註91〕

在給家族子弟們制定這份功課表時，曾國藩已貴爲兩江總督，即便日理萬機，他對子女們的日課卻毫不放鬆，甚至還抽出時間親自檢驗。而且，通過這份課表也得以印證，即便是在總督府內，曾家子弟的日常起居無異與寒門之家。

從曾國藩給家中婦女制定「衣、食、粗、細」的日課，發展到梁啓超對女兒的教育方式，中間的跨度極爲明顯。在梁啓超的家庭中，並不存在重男輕女的觀念，也沒有男主外、女主內的劃分。梁啓超在教育和培養兒女時，採取一視同仁的態度。對他而言，更爲重要的是從子女的學術興趣出發，讓他們充分發揮自己的強項。在家庭教育中要做到對兒女因材施教，必備的前提是，家長必須具備細緻的觀察力與淵博的學識。曾國藩和梁啓超正是具備這兩項要求的父親。作爲子女求知路上的引導者，他們都能夠體察每個子女

〔註91〕 聶其傑輯：《崇德老人紀念冊 附：聶曾紀芬自訂年譜》，第 313 頁，收錄於沈雲龍主編：《近代中國史料叢刊》第 3 輯，臺北：文海出版社，1967 年。

不同的學問興趣和性格上的長短處，憑藉自己的學識與判斷力，引導子女依性情、才力所近，各自選取最適宜的方向發展，最終都各有所成。

在梁啓超的九個子女當中，長女梁思順受教育的途徑相較於弟弟妹妹們稍有差異。梁思順畢業於日本女子師範學校，在日本居住期間，梁啓超還特意延聘家庭教師爲女兒授課，而且，授課內容亦由梁啓超安排，採取的是類似於私塾的教學模式。1913 年初，梁啓超結束流亡生活先行回到中國，當時的梁思順和母親以及弟弟妹妹們尚留在日本。這樣的安排，一方面可以讓梁啓超先回到國內瞭解時局，再考慮如何安頓家人；另一方面則是爲了讓梁思順留在日本繼續尚未完成的「私塾」課程。梁思順在「私塾」中所上的課程，可以在梁啓超寫給她的家書中窺知一二：

> 得稟，知己受比較憲法及財政學甚慰，可以吾命請於諸師，乞其於純理方面稍從簡略於應用方面稍加詳，能隨處針對我國現象立論尤妙，即如比較憲法當多從立法論方面教授，其解釋法理則簡單已足。又憲法畢業後能一授政治學大略最妙。蓋政治學本以憲法論占一大部，再講輿論及政黨之作用與現在各國政治之趨勢足矣。所費時間可不甚多，但不識能有此教師否耳。惟功課臻增，每周受業時間萬不許加增，寧可延歸期一兩月耳。吾極不欲過勞汝，惟念歸後難得良師，故欲汝受此完全教育耳……〔註92〕

根據此信可得知，梁思順當時正在學習憲法知識以及財政學，而且在梁啓超的規劃中，政治學是接下來要請其「塾師」傳授的課程。梁啓超也非常希望，女兒的老師們在講課時可以結合中國的國情展開論述，這樣將有助於梁思順理解和掌握中國的政治、憲法以及財政情況。作爲父親的得力助手，梁思順掌握這些學科知識，對父女二人皆有助益。

參照梁啓超以及曾國藩給女兒安排的功課，前者是知識性的政治、憲法和財政學科，後者則是「衣、食、粗、細」等日常生活技能，兩者之間形成有趣的對照。對於自己的女兒，曾國藩採取的是傳統教育模式，希望女兒們以持家之道和三從四德的教義爲學習依歸。反之，在梁啓超的教導下，長女梁思順不僅具備深厚的中國文學基礎，而且也有機會接受西式現代化教育。梁思順在社會科學知識上的儲備，讓她得以成爲父親的好幫手。梁啓超在寫

〔註92〕梁啓超著：《致孩子們 1913 年 2 月 20 日》，張品興編：《梁啓超家書》，第 93 頁。

給女兒的信中也明白表示：「吾今擬與政治絕緣，欲專從事於社會教育，除用心辦報外，更在津設立私立大學，汝畢業歸，兩事皆可助我矣。」〔註93〕在梁思順接受「私塾」教育的學習過程中，梁啓超從不以揠苗助長的方式讓女兒承擔過重的課業壓力，所以，他寧可讓尚在日本的家人延遲歸期，也要梁思順從容地完成私塾課程。

　　在梁啓超的家庭中，兒女們除了接受正規的學校教育，也會在家庭中由父親授課或安排作業。子女們在學校接受的主要是現代化的學科教育，因此，梁啓超在家中便偏向指導孩子們接觸國學或古典文學。早在1909年，尚在日本的梁啓超就已經為長女梁思順講課。當時，自梁思成以下的子女皆未滿十歲，所以年屆十七歲的梁思順是主要授課對象。此事在梁啓超1909年9月8日寫給梁啓勳的信中得以印證。信中，梁啓超提及：「項每日與順兒講文，亦致有興味也。」〔註94〕在為女兒講課之同時亦自得其樂的梁啓超，主要是在為女兒講解「辭章之學」，同時也是用心良苦地「培植女兒的國學根基」。〔註95〕畢竟，「儘管樂於見到女兒博通西學、馳騁世界，但中國文化仍被梁啓超視為落腳點，故切囑思順即便身居日本，仍不得化橘為枳，而要持之以恆地研習國學。顯而易見，這樣的家庭教育已超越了單純的知識培訓，而帶有更深廣的文化意涵。」〔註96〕

　　從日本的雙濤園到天津的飲冰室，梁啓超家庭講學的主題始終圍繞著中國文學以及國學這一主軸。在日本居留期間，若說梁啓超擔心的是遠離祖國的子女們「化橘為枳」，然而在回歸祖國之後，中國文化的深厚底蘊依然是他不變的關懷。在飲冰室為兒女們講學時，梁啓超家庭講學的聽課者已有所添增，即從雙濤園時期的梁思順一人增添為「群兒」。根據夏曉虹的考述，自1918年「6月中旬到8月下旬，梁啓超的家庭講學持續了兩個多月，並且，這已成為每日上午例行的功課。」〔註97〕這一期間，梁啓超在寫給梁啓勳的家書中不時提及為「群童講課」的情景。1918年7月18日，梁啓超在寫給梁啓勳的

〔註93〕梁啓超著：《致梁思順1913年4月18日》，張品興編：《梁啓超家書》，第138頁。

〔註94〕梁啓超著，中華書局編輯部、北京匡時國際拍賣有限公司編：《南長街54號梁氏檔案》（全二冊），第449頁，北京：中華書局，2012年10月。

〔註95〕參見夏曉虹：《梁啓超：在政治與學術之間》，第197頁、第200頁，北京：東方出版社，2013年12月。

〔註96〕夏曉虹：《梁啓超：在政治與學術之間》，第201頁。

〔註97〕夏曉虹：《梁啓超：在政治與學術之間》，第203頁。

家書中提到：

　　一月來爲兒曹講「學術流別」，思順所記講義已裒然成巨帙（《史稿》僅續成八十餘葉耳），惜能領解者少耳。〔註98〕

不久之後，依然在爲孩子們講解「學術源流」的梁啓超在信中向弟弟表示：

　　吾爲群童講演已月餘，頗有對牛彈琴之感。尚餘一來復，學術源流（吾所講卻與南海有不同）卒業矣。來復二將講「前清一代學術」，弟盍來一聽，當有趣味也。〔註99〕

到了1918年8月2日，在家庭課堂中講述的「學術源流」即將告一段落，當時，梁啓超已向弟弟預告，接下來即將爲「群童」講解《孟子》。梁啓超在信中寫道：

　　爲群兒講「學術流別」，三日後當了，更擬爲講《孟子》（非隨文解釋，講義略同學案也）。彼輩如何能解，不過予以一模糊之印象，數年以後，或緣心理再顯之作用，稍有會耳。吾每日既分一半光陰與彼輩，亦致可惜，弟能來聽極善，但講《孟子》亦總須兩旬乃了，弟安能久住耶？〔註100〕

當時，在梁啓超的「家庭課堂」中，最年長者爲芳齡25歲的梁思順，所以爲父親記講義的任務自然由她一力承擔。自梁思順以下的弟弟妹妹，皆僅十歲有餘，若要眞正理解父親所講的「學術流別」，實爲不易。所以，梁啓超只能希望先提供孩子們一個模糊的印象，以待孩子們長大後自行領會。梁啓超這一番苦心，是爲父者對子女教育的遠見，也是其子女們人生道路上的一大幸事。只是，對稚齡的孩子們講述深奧的國學知識，難免讓梁啓超浮現「對牛彈琴」之感。換言之，梁啓超之所以不止一次向弟弟提及可以前來飲冰室參

〔註98〕梁啓超著，中華書局編輯部、北京匡時國際拍賣有限公司編：《南長街54號梁氏檔案》（全二冊），第461頁。此函的日期在《南長街54號梁氏檔案》中只列年和日，確確日期由夏曉虹考證所得。參見夏曉虹：《梁啓超：在政治與學術之間》，第202頁。

〔註99〕梁啓超著，中華書局編輯部、北京匡時國際拍賣有限公司編：《南長街54號梁氏檔案》（全二冊），第457頁。此函的日期在《南長街54號梁氏檔案》中標示爲「一九一八年七八月間」，夏曉虹考證此信約寫於1918年7月27日。參見夏曉虹：《梁啓超：在政治與學術之間》，第204頁。

〔註100〕梁啓超著，中華書局編輯部、北京匡時國際拍賣有限公司編：《南長街54號梁氏檔案》（全二冊），第461～462頁。此函的日期在《南長街54號梁氏檔案》中只列年和日，確確日期由夏曉虹考證所得。參見夏曉虹：《梁啓超：在政治與學術之間》，第202頁。

與他爲孩子們開設的家庭講學，所期待的其實是一個知音的到來。

　　夏曉虹的《梁啓超家庭講學考述》一文，清晰地釐清梁啓超家庭講學的時間線性發展，並結合其家庭講學的內容以及日後投身學界的學術成就相互參照。在此文的篇末總結，作者寫下一段精闢的見解：

> 而家庭講學本與現代學校中的專科教育不同，更接近今日所謂「通識教育」，故辭章之學、人格修養、學術源流以至文學史知識，都爲梁啓超所注目。尤其時當 1918 年，梁啓超適處於由政治家向學者轉變的重要階段，家庭內的預演亦爲其 1920 年歸國後再度輝煌的學術生涯集聚了相當能量。因此，無論是《清代學術概論》的迅速完稿，還是「國學小史」在清華的開講，背後都連接著兩年前的家庭講學。在此意義上，無論其是否令兒曹受益，梁啓超的家學確已沾丐學界。〔註101〕

在考述梁啓超的家庭講學時，夏曉虹深入探討梁啓超在雙濤園以及飲冰室爲子女們講學的課程內容，勾勒出梁氏的家庭講學不僅是爲孩子們的知識和文化素養做貯備，而且無形中也成爲他日後在大學課堂講學的試演，同時也是他埋首於學術撰述的資源。

　　學校教育偏重知識的傳授而疏於人格的培養，梁啓超唯恐子女們因此而缺乏人文素養，故在「家庭課堂」中著重爲孩子們講授國學知識。此外，梁啓超在孩子們課餘之暇爲他們布置的「家庭作業」，也以國學典籍爲主。舉例而言，1923 年 5 月，梁思成因遭遇車禍，住院治療。爲免梁思成在休養期間虛度光陰，梁啓超給兒子布置了足以讓他自我提升的功課。信中，梁啓超對兒子說：

> 吾欲汝以在院兩月中取《論語》、《孟子》，溫習諳誦，務能略舉其辭，尤於其中有益修身之文句，細加玩味。次則將《左傳》、《戰國策》全部瀏覽一遍，可益神智，且助文采也。更有餘日讀《荀子》則益善。各書可向二叔處求取。《荀子》頗有訓詁難通者，宜讀王先謙《荀子集解》。可令張明去藻玉堂老王處取一部來。〔註102〕

在梁啓超安排的作業中，首先是「有益修身」的《論語》和《孟子》，可見梁氏的眞正用意是藉此二書，讓兒子領略修身之道。儒家先賢的修身之學，在

〔註101〕夏曉虹：《梁啓超：在政治與學術之間》，第 222～223 頁。
〔註102〕梁啓超著：《致梁思成 1923 年 5 月》，張品興編：《梁啓超家書》，第 318 頁。

曾國藩和梁啓超身上皆得到很好的體悟和發揚。除了「修身」的功課，梁啓超也建議兒子閱讀《左傳》和《戰國策》，希冀藉此增添閱讀的知識性與趣味性，也有助於提升文采，可謂一舉兩得。梁啓超寫給梁思成的這封信字數雖然不多，卻精簡扼要，既按功能對古籍做了門類劃分，也有關於閱讀方法的指導。

梁啓超非常重視做學問必須有趣味性，如此方能在治學的道路上，保持綿延不絕的動力。這種擔憂，類似於曾國藩唯恐曾紀澤、曾紀鴻在做學問時過於刻苦，以致間接抹殺了治學的樂趣。對於讀書的樂趣，梁啓超和曾國藩都非常關注和提倡。梁啓超的兒女們在各自的領域皆學有所成，但卻還是讓梁啓超有所擔憂，特別是梁思成選擇的建築專業。身爲父親的梁啓超曾經語重心長地對梁思成說：

> 關於思成學業，我有點意見。思成所學太專門了，我願意你趁畢業後一兩年，分出點光陰多學些常識，尤其是文學或人文科學中之某部門，稍爲多用點工夫。我怕你因所學太專門之故，把生活也弄成近於單調，太單調的生活，容易厭倦，厭倦即爲苦惱，乃至墮落之根源。再者，一個人想要交友取益，或讀書取益，也要方面稍多，才有接談交換，或開卷引進的機會。不獨朋友而已，即如在家庭裏頭，像你有我這樣一位爹爹，也屬人生難逢的幸福；若你的學問興味太過單調，將來也會和我相對詞竭，不能領著我的教訓，你全生活中本來應享的樂趣，也削減不少了。〔註103〕

學業上的成就，並不是梁啓超對子女們求學的唯一期待，他更希望看到的是，子女們在治學過程中，尋找到自己的樂趣和自我完善。在梁啓超看來，基於梁思成研修的建築學科專業性太強，那就只有讓他在建築學以外的學科上多放些心思，才能增添學問的興味和豐富生活的樂趣。此外，多交朋友也是讓生活免於枯燥乏味的途徑之一。

擁有梁啓超這樣一位父親，的確是子女們人生中的一大幸福。對於梁思成投身的建築學科，梁啓超一方面擔心此學科的專業性會讓兒子的生活過於單調，故而提出改變此種狀態的種種方法。另一方面，爲了提升兒子在建築學科的專業水平，他也建議梁思成多到世界各地考察不同國家和不同風格的

〔註103〕梁啓超著：《致孩子們 1927 年 8 月 29 日》，張品興編：《梁啓超家書》，第 493～494 頁。

建築,以開拓眼界。為此,梁啓超在梁思成和林徽因畢業回國之前,特別為
他們安排趣味性和知識性兼備的旅程。當然,整趟旅行的路線規劃,是以各
國的特色建築為貫穿線索。在家書中,梁啓超對兒子說:

> 我替你們打算,到英國後折往瑞典、挪威一行,因北歐極有特
> 色,市政亦極嚴整有新意,(新造之市,建築上最有意思者為南美諸國,可
> 惜力量不能供此遊,次則北歐特可觀。) 必須一往。由是入德國,除幾個
> 古都市外,萊茵河畔著名堡壘最好能參觀一二,回頭折入瑞士看些
> 天然之美再入意大利,多耽擱些日子,把文藝復興時代的美徹底研
> 究瞭解。〔註104〕

立基於梁思成和林徽因在建築學的專業知識上,輔之以「建築美學之旅」,當
然有助於讓他們尋找到理論和實踐相結合的交匯點,進而提升專業水平。梁
啓超非常清楚這趟旅行對梁思成和林徽因未來事業的發展所具有的分量,而
他可以做的,就是為兒子和兒媳規劃行程,並提供充裕的旅費。〔註105〕

　　在依據子女們的學習興趣把他們送到國外深造之後,梁啓超依然不時關
注孩子們的學習狀態,時時提醒他們在用功之際,也要勞逸結合,一方面是
以健康為重,另一方面則是避免枯燥的學習方式抹殺了學習的興趣和樂趣。
在梁啓超與子女們的家書來往中,處處可以看到他為子女們鋪展的學習道
路。梁啓超在 1927 年 4 月 21 日寫給梁思永的信中即可看到身為父親的他,
為兒子的求知之路披荊斬棘,安排兒子跟隨瑞典考古學家斯溫哈丁〔註106〕前
往新疆沙漠進行實地考古研究。在信中,梁啓超寫道:

> 永兒:
>
> 　　前兩封信叫你不必回來,現在又要叫你回來了。因為瑞典學者
> 斯溫哈丁——他在亞細亞、西藏等地過了三十多年冒險生涯,諒來
> 你也聞他名罷——組織一個團體往新疆考古,有十幾位歐洲學者和
> 學生同去,到中國已三個多月了……我想為你的學問計,這是千載
> 難逢的機會,若錯過了以後想自己跑新疆沙漠一躺(勘誤:趟)千
> 難萬難。因此要求把你加入去,自備資斧——因為犯不著和那些北

〔註104〕梁啓超著:《致孩子們 1927 年 12 月 18 日》,張品興編:《梁啓超家書》,第
　　　　516～517 頁。

〔註105〕參見梁啓超著:《致孩子們 1928 年 2 月 13 日》,張品興編:《梁啓超家書》,
　　　　第 526 頁。

〔註106〕即斯文赫定(Sven Anders Hedin,1865～1952)。

> 京團體分這點錢（錢少得可憐）——今日正派人去和哈丁接洽，明後
> 日可以回信，大約十有八九可望成功的。〔註107〕

以此觀之，身爲父親的梁啓超，爲梁思永的考古之路鋪墊了堅厚的田野考察經驗，既花心思籌劃，在經濟上亦解決了兒子的後顧之憂。同樣的，對於專攻建築學的梁思成，梁啓超亦爲兒子和兒媳婦安排了別具特色的「新婚之旅」，讓他們在婚後回國的旅途中，先到北歐一帶旅遊，順便考察當地的建築風格特色，讓梁思永和林徽因的新婚之旅彌漫著豐厚的人文底蘊。

較之兩位兄長，梁思莊在加拿大的麥吉爾大學（McGill University）就讀之際，似乎尚未明確自己的學習興趣。當時，梁啓超在寫給女兒的信中曾如此表示：

> 你今年還是普通科大學生，明年便要選定專門了，你現在打算選擇沒有？我想你們弟兄姊妹，到今還沒有一個學自然科學，很是我們家裏的憾事，不知道你性情到底近這方面不？我很想你以生物學爲主科，因爲它是現代最進步的自然科學，而且爲哲學社會學之主要基礎，極有趣而不須粗重的工作，於女孩子極爲合宜，學回來後本國的生物隨在可以採集試驗，容易有新發明。截到今日止，中國女子還沒有人學這門（男子也很少），你來做一個「先登者」不好嗎？還有一樣，因爲這門學問與一切人文科學有密切關係，你學成回來可以做爹爹一個大幫手，我將來許多著作，還要請你做顧問哩！不好嗎？你自己若覺得性情還近，那麼就選他，還選一兩樣和他有密切聯繫的學科以爲輔。〔註108〕

在這一段話中，梁啓超雖向梁思莊推薦生物學，然可以發現，梁啓超始終強調的是「不知道你性情到底近這方面不？」、「你自己若覺得性情還近，那麼就選他」，可看出並沒有強迫的意味。而且，從大處觀之，梁啓超考慮到了生物學的研究潛能；從小處而言，也認爲此一專業適合女孩子從事。即便父親沒有強迫的意味，然志趣尚未明確的梁思莊還是依據父親的推薦選擇了生物學。只是，在嘗試之後方覺得自己對生物學的興趣不大，並向二哥梁思成表

〔註107〕梁啓超著：《致梁思永1927年4月21日》，張品興編，《梁啓超家書》，第466頁。

〔註108〕梁啓超著：《致孩子們1927年8月29日》，張品興編，《梁啓超家書》，第495頁。

露了自己的心思。梁啓超得知此事後，即刻寫信給梁思莊，言道：

> 莊莊：
>
> 　　聽見你二哥說你不大喜歡學生物學，既已如此，爲什麼不早同我
> 說。凡學問最好是因自己性之所近，往往事半功倍，你離開我很久，
> 你的思想近來發展方向我不知道，我所推薦的學科未必合你的式，你
> 應該自己體察作主，用姐姐哥哥當顧問，不必泥定爹爹的話，但是新
> 學期若已經選定生物學，當然也不好再變，只得勉強努力而已，我很
> 怕因爲我的話擾亂了你治學針路，所以趕緊寄這封信。〔註109〕

面對開明的父親，梁思莊在沒有壓力的情況下放棄了生物學，並在父親的支
持之下投身圖書館學，遨遊於書海之中。梁思莊在圖書館學的成就與貢獻，
除了原發於自身的興趣，父親的鼓勵和引導顯然也具有決定性的作用。

　　縱觀曾國藩和梁啓超對子女們的教育，傳統和現代化的教育模式皆同樣
被注重。當然，在曾氏和梁氏二人之間，基於時代的流變和人生際遇的不同，
對子女教育的要求和考量也有所不同。曾紀澤和曾紀鴻成長和學習的空間，
主要還是在祖國，因此曾國藩在安排兩個兒子的課業時，除了培養和提升傳
統學問根基，也讓他們接觸西學，以便跟時代接軌，並在恰當時機引領祖國
走向世界。相較而言，梁啓超的子女們皆曾在異鄉求學，接受現代化的西方
教育，因此，梁啓超對於子女的家庭教育，更多是給予國學養分，讓他們以
此豐潤學識並滋養人格。當然，對於女兒們的教育，梁啓超無疑比曾國藩走
得更遠，所以梁家的四個女兒既有持家、治學的能力，也繼承了父親走向社
會的魄力。

小　結

　　一個家庭的穩定和諧，與家庭成員的品德修養息息相關。以道德修養爲
立身之本的曾國藩和梁啓超，充分地把修身之學灌注在家庭教育中，聯繫著
家庭成員的孝友之道，更以此爲基。曾氏和梁氏一直秉守的寒士門風，若無

〔註109〕吳荔明著：《梁啓超和他的兒女們》，第47～48頁。梁啓超寫給梁思莊的此信
　　　　原稿由吳荔明珍藏。信末所書日期爲「八月五日」。鑒於梁啓超1927年10
　　　　月31日寫給子女們的信中尚提及「莊莊學生物學和化學好極了，家裏學自然
　　　　科學的人太少了，你可以做個帶頭馬，我希望達達以下還有一兩個走這條
　　　　路……」故此封寫給梁思莊的信疑爲1928年8月5日所寫。

家族成員嚴格的自律和勤勉刻苦的涵養，也難以堅守。貫徹在家庭成員間的德行與情操，既得以營造出溫馨和諧的家庭氛圍，也能避免家族門風的敗壞。

曾國藩和梁啓超的家庭教育理念，是在追求知識的同時，亦能在人格修養上自我完善。基於此，以人爲本的中國思想和學問，顯然是曾氏和梁氏的家庭教育中極爲重要的元素。深得中國傳統學問精髓的曾國藩和梁啓超，自然也希冀子女們可以在中國傳統經籍中體悟隱含其中的人生之學。然而，處於傳統與現代的交匯點，曾國藩與梁啓超亦清楚意識到，面對西方文化的衝擊，西方的學問和學術分科也有必要加以認識和鑽研，方能跟上時代的趨勢與節奏。因此，在曾國藩和梁啓超的家庭教育中，顯然朝著融匯中國與西方學問，取長補短的理念邁進。曾國藩和梁啓超的家庭教育模式，讓這兩個家族子弟的人格和成就在時代的交接點上樹立巍峨的家族風貌，爲後人所津津樂道。

第三章　安邦救國的「外王」之道

　　曾國藩和梁啓超皆非出身官宦世家，之所以走上政途，除了根深蒂固的「修身、齊家、治國、平天下」思想在生根發芽外，時代的契機亦把他們推向政治前沿。梁啓超在其《三十自述》中曾寫道：「余生同治癸酉正月二十六日，實太平國亡於金陵後十年，清大學士曾國藩卒後一年，普法戰爭後三年，而意大利建國羅馬之歲也。」〔註1〕對於自己誕生的這一年，梁啓超除了將之與國內外的大事件做連接，亦不忘提及那是「清大學士曾國藩卒後一年」，當中或許不無遺憾。而且，就國內發生的歷史事件而言，梁啓超所提及的太平天國亡於金陵，曾國藩更是發揮了關鍵性作用。可見，在梁啓超眼中，就自己出生的年份觀之，不管在個人或歷史事件上，曾國藩皆是重要的關聯人物。

　　曾國藩的政治命運顯然是「時勢造英雄」的一個極佳例子，太平天國割據南方的局勢，撼動的不僅僅是清朝政權，也對以儒家文化為中心的社會結構造成極大的衝擊。這樣一種前所未有的局面，讓曾國藩這位原本手握筆管的翰林也無法靜心待在翰林院中，澎湃的熱血促使他帶著剿滅太平天國的目標踏上戰場。畢竟，當時清朝和太平天國的對峙，還暗中潛藏著中國的儒家傳統和西方的基督教信仰之間的較勁。換句話說，維護清朝政權也即等同於捍衛儒家傳統，這在曾國藩看來，是一種無法置身事外的職責。疆場上瞬息萬變的局勢，也曾讓曾國藩的仕途經歷幾番起起落落。幸而憑著對理想的堅持，曾國藩在與太平軍的對決中獲取最後的勝利，也為他贏得了「中興名臣」的讚譽。曾國藩走出翰林院踏足疆場的經歷，在當時文官和武將各有其權責

〔註1〕　梁啓超：《三十自述》，《飲冰室合集》第 2 冊第 11 卷，第 15 頁，北京：中華書局，1989 年 3 月第一版。

的權力架構下，實屬罕見。這樣一個特殊的機遇，並未讓曾國藩被過多的權力衝昏理智，而是更爲謹愼地領兵作戰，避免自己行差踏錯，體現其人格修養的厚度。

相較於曾國藩，梁啓超可說是少年得志，17 歲即中舉。然而梁啓超在政治上嶄露頭角，卻非在朝堂之上被賞識，而是隨著康有爲發起的公車上書而聲名大噪。3 年後，1898 年的維新變法雖說是站在維護清政權的立場，但這一股「在野」的政治關懷者的聲浪，傳入「在朝」守舊派執政者的耳中，難免因爲「在朝」和「在野」的對立，而淪爲挑戰之聲。當然，必須指出的是，這其中還包含兩派之間觀念的差異、利益的衝突、行事作風的相左等等千絲萬縷的糾葛。如此一來，維新變法雖說是在光緒皇帝的支持下展開，卻在實施 103 天之後，難逃被慈禧太后干涉而遭扼殺的命運。一心期待透過維新變法改良清朝政體、鞏固清朝基業的康有爲和梁啓超，也在一夜之間淪爲朝廷通緝犯。這也表示，梁啓超的仕途也因戊戌政變的發生，回歸到在野政治關懷者的路徑上。

梁啓超的政途，顯然沒有曾國藩順遂，若說曾國藩一生的政治道路皆在廟堂之上，那麼梁啓超大部份時間則是一個在野的政治關懷者。在被清朝通緝期間，逃亡日本的梁啓超並未放棄改良清朝政體的理想。作爲一名流亡政治家，梁啓超希冀透過文字來啓蒙中國民眾，喚醒大眾的政治覺醒。這當中，創辦於 1898 年的《清議報》和隨後於 1902 年出刊的《新民叢報》，即是梁啓超在這方面的努力。宣統皇帝的退位，帶來的是政治體制的變革。民國建立後，梁啓超不再是通緝犯，也因此獲得進入政權中心的契機。問題是，不慣處身官場的梁啓超，在北洋政府中雖曾貴爲司法總長（1913 年）和財政總長（1917 年），卻似乎更爲習慣在野政治家的角色，故而在任時間皆不長。梁啓超在 1917 年退出政壇後，投身學術研究，才找到一片新天地。

曾國藩戰場上的挫敗以及梁啓超逃亡日本的經歷，不能不說是他們政治道路上的低谷，然而對於心懷愛國之情的曾國藩和梁啓超而言，這些磨難都可以被轉換成人生的歷練。特別是梁啓超的情況更是一種弔詭的現象，他與康有爲之所以推動維新變法，完全是爲了清朝的自強，但這一舉動在當時的保守派眼中卻是對朝廷的威脅。不過，即便被清廷通緝，梁啓超的愛國之心卻沒有因此而動搖，在日本避難時期，仍繼續爲他的救國事業做出努力。縱觀曾國藩與梁啓超的政治軌跡，由表面觀之，他們的目標南轅北轍，然而在

朝向不同的政治目標之際，深埋在他們心中的儒家思想卻成爲彼此的交叉
點，並悄然貫徹在他們的政治理想中。

第一節 從民本思想到民權意識

「仁」在儒家學說中，是崇高的道德境界。從孟子提出「仁者愛人」〔註
2〕之說以來，這一品德即被賦予厚重的內涵，並開展成儒家政治追求中的「仁
政」。《孟子‧梁惠王上》寫道：「王如施仁政於民，省刑罰，薄稅斂，深耕易
耨，壯者以暇日修其孝悌忠信，入以事其父兄，出以事其長上，可使制梃以
撻秦、楚之堅甲利兵矣。」〔註3〕孟子理想中的政體是在上位者愛民如子，讓
百姓得以安居樂業，進而營造一個道德社會。若一國之中人人皆忠誠仁孝，
其力量遠比堅甲利兵更爲強大。儒家政治學說中「以民爲本」的政治理念，
曾國藩和梁啓超顯然牽縈於心。曾國藩嘗謂：「修己以安百姓，篤恭而天下平，
敬之效驗也。」〔註4〕透露出他克勵修身以期「安百姓」、「平天下」的期許。
曾國藩的努力，顯然是依循著儒家先賢之說亦步亦趨地向前邁進。這種把國
民置於首要地位的政治理念，無疑觸動已開始接觸西方民主思想的梁啓超，
並將兩者聯想在一起，認爲：「孟子言：『民爲貴』、『民事不可緩』。故全書所
言仁政、所言王政、所言不忍人之政，皆以爲民也。泰西諸國今日之政，殆
庶近之。惜吾中國孟子之學久絕也，明此義以讀《孟子》，則皆迎刃而解。」
〔註5〕若深入探究，西方的民主政體自然與儒家的民本思想存在差異。然而，
若純粹以重視人民爲考察點，梁啓超作此聯想，亦不失其合理性。

重視人民群體的曾國藩和梁啓超，雖持有儒家傳統中善待國民的共識，
但其實國民在他們兩人的概念中分屬不同層次。曾國藩傳承著《尚書》中「民
惟邦本，本固邦寧」〔註6〕的思想，認爲人民是構成國家的基本元素，國民的

〔註2〕 《孟子‧離婁下》曰：「君子以仁存心，以禮存心。仁者愛人，有禮者敬人。」
李學勤主編：《十三經注疏‧孟子注疏》，第233頁，北京：北京大學出版社，
1999年12月。

〔註3〕 李學勤主編：《十三經注疏‧孟子注疏》，第15頁。

〔註4〕 曾國藩：《諭紀澤紀鴻 十一月初二日》，《曾國藩全集‧家書（二）》，第1393頁，
長沙：嶽麓書社，1985年10月。

〔註5〕 梁啓超：《讀孟子界說》，《清議報》第21冊，1899年7月18日（光緒二十五
年六月十一日），第2頁。

〔註6〕 李學勤主編：《十三經注疏‧尚書正義》，第177頁，北京：北京大學出版社，
1999年12月。

安危也直接影響國家的存亡。所以，一國之君承擔著維護子民安全的重任，而國民也同樣負有保家衛國的職責。曾國藩因太平天國之亂而棄筆從戎的決定，其實是承擔起身爲子民守護家國的責任。與此同時，曾氏也以朝廷命官的身份，希冀拯救深受戰亂之苦的平民百姓。相較而言，在梁啓超的政治理念中，民眾在一國之中的角色更爲多元化，而且也不局限於被動的地位。在這一追求下，民眾的素質顯然必須有所提升，才足以領導國家走向更高的層次。梁啓超創辦於 1902 年的《新民叢報》，開宗明義倡言「新民」，期許著「新民」可以爲國家帶來一番新氣象。透過《新民說》的連載，梁啓超積極向民眾灌輸身爲「新民」所應具備的素質，掀起一股「新民」之風。梁啓超的努力，彰顯著人民在國家中的重要地位。

「君子之立志也，有民胞物與之量，有内聖外王之業，而後不忝於父母之生，不愧爲天地之完人。」〔註7〕這是曾國藩在道光二十二年（1842 年）寫給弟弟們的家書中提到的一句話。信中，曾國藩強調「民胞物與之量」以及「内聖外王之業」乃是成爲「君子」必備的人格素養。「民胞物與之量」與「愛民如子」之說有異曲同工之效。曾國藩所成就的内聖外王之業有目共睹，然而是否具備「民胞物與之量」，卻還牽涉著政治立場問題。身爲朝廷命官，鎮壓太平天國起義軍對曾國藩而言當然是忠君愛民之舉，然而在剿滅太平軍之時所造成的殺戮，卻也難免導致他被扣上「劊子手」的惡名。

在《討粵匪檄》中，曾國藩嚴厲譴責太平軍，認爲該起義已威脅到流傳千載的孔孟之學，「舉中國數千年禮義人倫、詩書典則，一旦掃地蕩盡。此豈獨我大清之變，乃開闢以來各教之奇變，我孔子、孟子所痛哭於九原！」〔註8〕由此觀之，曾國藩對太平軍深惡痛絕，其中一大原由，是因其猛烈衝擊儒家文化，嚴重破壞孔、孟所奠定的人倫道德及文化傳統。在寫給曾國荃與曾國葆的家書中，針對太平軍起義事件，曾國藩亦曾表示：「此賊之多擄多殺，流毒南紀，天父天兄之教，天燕天豫之官，雖使周孔生今，斷無不力謀誅滅之理。既謀誅滅，斷無以多殺爲悔之理。」〔註9〕從曾氏的立場而言，誅滅太

〔註7〕 曾國藩：《致澄弟溫弟沅弟季弟 十月二十六日》，《曾國藩全集・家書（一）》，第 39 頁。

〔註8〕 曾國藩：《討粵匪檄》，《曾國藩全集・詩文》，第 232 頁，長沙：嶽麓書社，1986 年 12 月。

〔註9〕 曾國藩：《致沅弟季弟 六月十二日巳刻》，《曾國藩全集・家書（二）》，第 737 頁。

平軍雖會傷及人命，然而他依然認爲，即便周公和孔子再生，也會做出同樣
的選擇。這在在證明，曾國藩始終認爲，保衛社稷和儒家傳統，是無庸推卸
的責任。

　　曾國藩對待太平軍的冷酷無情，讓他在歷史上承受千古罵名。然而，觀
照曾國藩對待他屬下的湘軍或是清朝百姓，呈現的則是一幅愛民如子的良好
形象。早在咸豐三年（1853 年）二月，剛披掛上陣不久的曾國藩在寫給魁聯
的信中即表示：「書生豈解好殺，要以時勢所迫，非是則無以鋤強暴而安我孱
弱之民。」〔註 10〕曾國藩之所以跨入戰場，肩負的是「安我孱弱之民」的自
我期許。而且，曾國藩更告誡曾國荃曰：「吾家兄弟帶兵，以殺人爲業，擇術
已自不愼，惟於禁止擾民、解散脅從、保全鄉官三端痛下工夫，庶幾於殺人
之中寓止暴之意。」〔註 11〕在曾國藩心中，因鎮壓太平軍而被迫開殺戒其實
非其所願，但也只能選擇「於殺人之中寓止暴之意」這一途徑。

　　身居高位的曾國藩，除了警惕自己以及弟弟，也嚴格要求轄下軍士不得
擾民。他治軍時編寫的《愛民歌》即是有力證據，歌中寫道：「三軍個個仔細
聽，行軍先要愛百姓。」〔註12〕這是因爲對曾國藩而言：「凡養民以爲民，設
官亦爲民也，官不愛民，余所痛恨。」〔註 13〕秉持這一立場，曾國藩治理的
湘軍軍紀嚴明、堅韌不拔。曾國藩自在朝爲官以來，一直兢兢業業，表示：「吾
惟以一勤字報吾君，以愛民二字報吾親」〔註14〕，並畢生堅守此立場。「從某
種意義上說，曾國藩繼承了孟子民爲邦本的思想，在他整個理學經世思想體
系中，民心、民意、民安等佔有重要地位。」〔註 15〕縱觀之，孟子學說中的
仁政和愛民思想始終貫徹於曾國藩的治軍、爲政之路。

　　曾國藩在運用孟子的民本思想時，傾向傳承的姿態，然而同一學理在梁
啓超手中，卻被衍生和加以詮釋，以切合時局變更和需求。「天賦人權」之說，
是梁啓超汲引自西方文化的概念，並以之反思清朝末年的國情、民情。在上
下求索的過程中，梁啓超從孟子的學說中挖掘出類似的觀點，認爲「人權」

〔註10〕曾國藩：《與魁聯　二月》，《曾國藩全集・書信（一）》，第 129 頁，長沙：嶽麓
　　　　書社，1991 年 6 月。
〔註11〕曾國藩：《致沅弟　正月二十八日》，《曾國藩全集・家書（一）》，第 638 頁
〔註12〕曾國藩：《愛民歌》，《曾國藩全集・詩文》，第 429 頁，
〔註13〕曾國藩：《致沅弟季弟　七月初三夜》，《曾國藩全集・家書（一）》，第 557 頁。
〔註14〕曾國藩：《致沅弟季弟　七月十二日》，《曾國藩全集・家書（一）》，第 560 頁。
〔註15〕張昭軍：《傳統的張力——儒學思想與近代文化變革》，第 60 頁，長春：吉林
　　　　人民出版社，2004 年。

其實與每個人與生俱來的良知、良能一樣,也是上天賦予之物。所以,並非中國的聖君、先哲未曾萌生此一概念,而只不過是在君主專制政體之下,國民的人權意識長時間被壓抑和扼殺。梁啓超在《新民說》中,即借助孟子的「牛山之喻」來闡述此一現象:

> 大抵人生之有權利思想也,天賦之良知良能也。而其或強或弱、或隱伏或漸亡,至不齊者何也?則常緣其國家之歷史政治之浸潤以爲差。孟子牛山之喻,先我言之矣,非無萌蘗,牛羊又從而牧之,是以若彼濯濯也。〔註16〕

面對清末時期普遍缺乏民權意識的狀態,梁啓超積極承擔起喚醒國民人權意識的責任。張朋園也留意到梁啓超把西方人權思想依託在孟子身上的詮釋角度,指出:「任公深信孟子獲得孔子的真傳,具有與西方人權思想家相同的民治思想,尊奉孟子的學說,便可實行孔子大同之治的理想,便可實現西方的民權政治。這是任公在中國傳統中尋找到的人權政治家,願自己爲其化身,實現其求變思想。」〔註17〕此說一語中的,把孟子包裝成一個「人權政治家」,是梁啓超在倡導人權概念時採取的詮釋策略。

梁啓超既把孟子塑造成人權政治家的形象,那麼在論述人身自由的概念時,自然不忘在孟子身上尋找可延展的線索。梁氏在《新民說・論自由》中指稱:

> 一身自由云者,我之自由也。雖然,人莫不有兩我焉:其一、與眾生對待之我,昂昂七尺立於人間者是也;其二、則與七尺對待之我,熒熒一點存於靈臺者是也。(孟子曰:物交物,則引之而已矣。物者,我之對待也。上物指眾生,下物指七尺〔即耳目之官〕,要之皆物而非我也。我者何?心之官是已,先立乎其大者,則其小者不能奪也。惟我爲大,而兩界之物皆小也,小不奪大,則自由之極軌焉矣。)〔註18〕

以《孟子・告子上》的原文相參照,其文曰:

> 耳目之官,不思而蔽於物,物交物,則引之而已矣。心之官則

〔註16〕 中國之新民:《新民說六・第八節 論權利思想》,《新民叢報》第 6 號,1902 年 4 月 22 日(光緒二十八年三月十五日),第 12 頁。

〔註17〕 張朋園:《梁啓超與清季革命》,第 18~19 頁,長春:吉林出版集團,2007 年 12 月。

〔註18〕 中國之新民:《新民說八・第九節 論自由(續)》,《新民叢報》第 8 號,1902 年 5 月 22 日(光緒二十八年四月十五日),第 2 頁。

> 思，思則得之，不思則不得也。此天之所與我者，先立乎其大者，
>
> 則其小者不能奪也，此爲大人而已矣。〔註19〕

孟子的原意，強調首要的是把「心」放在正確的位子，那麼耳、目等聽隨於心的器官就不會被外物所遮蔽。孟子這一番話，在被梁啓超加注上「自由」的概念後，儼然被解讀成只要心存自由之念，那麼個人身心之自由也就不容被剝奪。梁啓超如此延伸孟子之意，雖不至於說是扭曲，但也並非停留在孟子的原意上。當然，不能被忽略的是，同樣重視國民地位與權利的共識，是梁啓超可以在孟子身上找到依託點的重要原因。梁啓超把西方的人權和自由概念加注在孟子身上的做法，不能否定或多或少留有康有爲「託古改制」之學的痕跡。

梁啓超未曾踏足西方國家之前，對於西方政治體系抱有過多美好的想像，導致他不遺餘力地加以宣傳。1903 年親身赴美的遊歷與觀察，讓梁啓超對美國的政治、經濟以及文化體系有深一層的認識，而不再迷信西方文化是救治中國時局的一劑良藥。從美國回到日本之後，梁啓超迫不及待地將遊美的體驗和思考所得透過《新民說》傳達給讀者。此時的梁啓超，從以西方道德觀爲基礎的《論公德》回歸到偏重儒家道德的《論私德》，表示：

> 吾疇昔以爲中國之舊道德，恐不足以範圍今後之人心也，而渴
>
> 望發明一新道德以補助之（參觀本報第三號論公德篇）。由今以思，此直
>
> 理想之言，而決非今日可以見諸實際者也……吾故知言道德者，終
>
> 不可不求泰西新道德以相補助，雖然，此必俟諸國民教育大興之後，
>
> 而斷非一朝一夕所能獲……然則今日所恃以維持吾社會於一線者何
>
> 在乎？亦曰吾祖宗遺傳固有之舊道德而已。〔註20〕

由此足見梁啓超已經可以用較平衡的心態衡量中國以及西方的道德體系，並客觀地以「淬厲」與「採補」的方式成就一個更爲圓融的道德體系。當然，道德體系不能僅停留於字面上的論述，更爲重要的是借助「人」來加以實踐。梁啓超殷切期盼著，這種新式道德觀得以在國民身上體現出來，進而改變整個社會風氣。這一點，印證了梁啓超對於民眾力量的重視和肯定。

1922 年梁啓超在《先秦政治思想史》一文中指稱：「要而論之，儒家之言

〔註19〕 李學勤主編，《十三經注疏·孟子注疏》，第 314 頁。

〔註20〕 中國之新民：《新民說二十四·論私德（續）》，《新民叢報》第 40～41 號，1903 年 11 月 2 日（光緒二十九年九月十四日），第 3～5 頁。

政治，其唯一目的與唯一手段，不外將國民人格提高。以目的言，則政治即道德，道德即政治。以手段言，則政治即教育，教育即政治。」〔註21〕此一分析，把儒家文化中重視道德培養的工夫與國民素質結合爲一，指出國民人格其實是儒家文化中極爲重視的一環。而且，也於此證明國民一直都是儒家政治體系中重要的階層，其力量足以決定一國之風氣和穩定性。此外，梁啓超也把儒家學說中的「政治」、「道德」與「教育」三者連成一線，勾勒出專屬於儒家文化的特殊體系。梁啓超把關注點放在先秦時期，展現出儒家文化的多元面貌。

在梁啓超的觀察中，「儒家深信非有健全之人民，則不能有健全之政治。故其言政治也，惟務養成多數人之政治道德、政治能力及政治習慣。謂此爲其政治目的也可，謂此爲其政治手段也亦可。然則挾持何具以養成之耶，則亦彼宗之老生常譚——仁義德禮等而已。」〔註22〕這樣一個觀照角度，把儒家「仁義德禮」的道德規範劃入培養健全國民的努力中。以此參照梁啓超創辦《新民叢報》的宗旨，何嘗不也是邁向同一目標？從 1902 年《新民叢報》的創刊，到 1922 年《先秦政治思想史》的撰述，即便跨越 20 年的時間距離，梁啓超對於培養健全國民的關注度始終如一。當然，梁啓超也很清楚，先秦時代暢行的道德規範並不適宜移植到清末年間，所以，培養出符合時代需求的「新民」是必然走向。

當梁啓超看到儒家學說中的「政治」、「道德」與「教育」是環環相扣的鎖鏈時，顯見「教育」是灌輸「道德」以培養健全國民的極佳管道。那麼，在人民素質達到一定的水平之後，政治遠景即是可以企及的目標。「儒家認教育萬能，其政治以教育爲基礎——謂不經教育之民無政治之可言，又以教育爲究竟——謂政治所以可貴者全在其能爲教育之工具。」〔註23〕一心愛國的梁啓超，在清末時期即以在野政治關懷者的身份創辦報刊，以期開啓民智、伸張民權；走上民初的政治舞臺後，即積極參與國家建設，並爲國民謀求安定、繁榮的生活。然而，在暗濤洶湧的政壇幾番浮沉之後，梁啓超最終選擇在教育界安身立命，以培養有素質的國民，爲國家作出貢獻。

從早年的時務學堂到晚年在清華國學院任教時期，梁啓超爲國家栽培出

〔註21〕 梁啓超：《先秦政治思想史》，《飲冰室合集》第 9 冊第 50 卷，第 83 頁。
〔註22〕 梁啓超：《先秦政治思想史》，《飲冰室合集》第 9 冊第 50 卷，第 80 頁。
〔註23〕 梁啓超：《先秦政治思想史》，《飲冰室合集》第 9 冊第 50 卷，第 163 頁。

眾多優秀的治國骨幹。梁氏遠離政壇投身教育界的決定，可說是以一種更貼近他自身秉性的方式培育國家人才，造福社會與國家。從辦報到講學，梁啓超始終貫徹著啓蒙人民思想的追求。通過教育管道傳達德育和智育，雖說在廣度上不及報刊，然而在深度上卻達到更好的成效。師者的言傳身教對於學生的啓發，影響力不容低估。梁啓超通過報刊以及教育兩個管道培養國民素質的努力，無異於儒家先賢著書立說以及廣收門徒的做法，他們的目標同樣都是在提升人民素質。

1923 年，梁啓超透過《孔子教義實際裨益於今日國民者何在欲昌明之其道何由》一文，開宗明義地指出孔子教義的跨時空彈力，其文曰：

> 且吾國民二千年來所以能摶控為一體而維持於不敝，實賴孔子
> 為無形之樞軸。今後社會教育之方針，必仍當以孔子教義為中堅，
> 然後能普及而有力……我國民最親切有味之公共教師，捨孔子無能
> 為之祭酒。然則當由何道使孔子教義切實適於今世之用，予國民以
> 共能率由，以為國家、為社會築堅美之基礎。〔註24〕

梁啓超藉此強調孔子作為公共教師的鮮明形象，並指稱孔子教義是將中華民族團結在一起的樞紐。與此同時，由孔子倡導的儒家教義也成功提升國民素質，進而為國家建設作出貢獻。在梁啓超的觀察中，儒家先賢一直都極為重視國民的素質培養，強調人民為國家繁榮的基層力量。

曾國藩和梁啓超同樣看重人民在國家中的重要性，然而國民的地位在他們的認知中卻不屬於同一層次。在曾國藩的概念體系中，人民似乎是國家管理下的資產，在地位上處於被動。當然，在保障國民安全之餘，曾國藩也認為，把儒家的道德觀灌輸給國民，將有助於安定社會、國家。只是，曾國藩傾向於確保國民安於本分，在宣揚儒家學說時欠缺啓蒙性。梁啓超則把國民當成有自主和自由權的群體，嘗試透過報刊宣傳以及教育管道提升人民素養，希冀借由國民的力量改變政治腐朽的現象，引領國家邁向光明的未來。曾國藩和梁啓超身處不同時代和環境，也各自選擇不同的方式提供國民更好的生活條件。總歸而言，為國民帶來安定和美好的生活，始終是曾氏和梁氏一致的目標。

〔註24〕 梁啓超：《孔子教義實際裨益於今日國民者何在欲昌明之其道何由》，《飲冰室合集》第 4 冊第 33 卷，第 60 頁。

第二節 「賢人政治」的追求

　　修身之學是儒家文化中極爲重要的一環，雖謂修一己之身，然而期待的卻是上至王公大臣、下至平民百姓皆具良好的人格修養，進而建構一個道德社會。一國之中有自善之民，再加上有賢能的人才領導國家政權，必能齊心協力引領國家邁向安定和繁榮。在儒家政治文化中，君與臣更多時候皆被冠以「聖王」和「賢臣」之稱。在「聖」與「賢」的稱呼下，治國者的道德修爲是必備條件。追溯儒家的治國之道，孔子倡導的是「爲政以德」〔註25〕，孟子也表示「惟仁者宜在高位」〔註26〕。可見，「德政」與「仁政」皆是儒家的治國方針。在儒家政治學說中，堯舜時代的禪讓制可被視爲最高理想，然而當君王之位從理想的禪讓制逐漸被世襲製取代之後，君主的德行修爲不再是一種保證，而淪爲一種期許。當「聖王」的理想停留在遠古的堯、舜身上，「賢臣」的出現依然是可以追求的目標。

　　處身清朝末年，曾國藩和梁啓超擁有一樣的愛國熱情，但走的卻是不同的政治道路。曾國藩從道光十八年（1838 年）踏入翰林院，再到咸豐三年（1853年）披甲上陣鎮壓太平天國之亂以來，一直都盡心盡力地維護清朝政權。在曾國藩以及羅澤南、左宗棠、胡林翼等人的共同努力下，更一度把搖搖欲墜的清朝政權穩定下來，繼而推向同治中興這一高峰。雖身爲清朝的中興名臣，曾國藩卻並不苟安於高官厚祿，而是認爲朝堂上「不白不黑，不痛不癢」的風氣實在有必要被打破。在曾國藩看來，儒家的道德修養工夫正是打破這種狀態的藥方。從這一觀點出發，曾國藩從自身做起，並進一步與同僚、幕僚們相互監督和努力，期許以儒家道德修養爲依歸，共建一個具備人格修養的政治共同體，往「賢人政治」這一目標邁進。

　　若說曾國藩是在中年時期方始在政壇上揚名，梁啓超則與之形成明顯對比。年方二十出頭之際，梁啓超即因追隨康有爲發動公車上書而開始被關注。隨後，維新變法的開展，更使得梁啓超的名字爲人所熟知。康有爲與梁啓超在維新變法中提出的君主立憲制，在當時朝堂上的保守派看來，無疑是對君

〔註25〕 《論語・爲政第二》曰：「爲政以德，譬如北辰，居其所而眾星共之。」李學勤主編：《十三經注疏・論語注疏》，第 14 頁，北京：北京大學出版社，1999年 12 月。

〔註26〕 《孟子・離婁上》曰：「是以惟仁者宜在高位。不仁而在高位，是播其惡於眾也。」李學勤主編：《十三經注疏・孟子注疏》，第 186 頁。

權的一種挑戰，然而，光緒皇帝卻以開明的姿態接納此倡議，故康、梁二人一再盛讚光緒皇帝之「聖德」。維新變法被扼殺後，流亡日本的梁啓超曾經一度與革命派人士過往甚密，且有靠向民主共和政體的傾向。1903 年梁啓超親身前往美國考察之後，意識到源自西方的政治體系畢竟與中國的文化土壤存在一定的差距，不能完全照搬、移植。在綜合考察東、西方的國情、民情之後，梁啓超於 1906 年提出「開明專制」一說，並認爲這是更爲適合中國的政體。當時的梁啓超認爲，君主專制政體已經在中國落地生根上千年，貿然作出大幅度的轉變，不僅皇室家族會有劇烈的反彈，連國民也一時無法適應這種轉變。所以，先從「君主專制」調節成「開明專制」，會是更符合當時中國實際情況的改良步驟。當然，若要開明專制政體得以實現，「聖君」的存在是必要前提。

隨著 1911 年辛亥革命的勝利以及 1912 年中華民國的建立，梁啓超並不執著於已經被劃入歷史的「聖君」之存在與否，而是隨著時代步伐，思考著已經走向共和的中國，該如何實現政治上眞正的民主，並把國家帶往美好的未來。1912 年 10 月 8 日，梁啓超從日本回到中國，爲其長達 14 年的流亡歲月畫上句號。回國後的梁啓超是當時中國政壇炙手可熱的人物，他最終選擇加入熊希齡組成的「人才內閣」，出任司法總長。

當時的熊希齡期望組成「第一流經驗與第一流人才內閣」，以共同建設國家美好的未來。除了梁啓超，熊希齡也把張謇與汪大燮招攬其中。曾是清朝翰林的熊希齡，雖沒有把「人才內閣」比喻成儒家政治理想中的「賢人政治」，但「人才內閣」的原型隱隱透露出「賢人政治」的影子。遺憾的是，熊希齡與梁啓超等人組成的「人才內閣」僅僅維持 5 個月，便因袁世凱政權下的黑暗局勢而宣告解散。熊希齡與梁啓超等人組成的「人才內閣」若得以長久持續，民初政局或可再現曾國藩早年間掀起的政治清明之風亦未可知。

對於把政治當成滿足自己野心的袁世凱，梁啓超自然無法認同。1915 年袁世凱稱帝，梁啓超即與得意門生蔡鍔尋謀護國方略。同年底，護國之役在梁啓超與蔡鍔一文一武兩個領導人的策劃下於雲南誓師，爲維護中國的民主政權而努力。失去民心的袁世凱眼見大勢已去，不得不宣佈退位。梁啓超與蔡鍔在策劃護國戰爭之際，兩人即相約：「事之不濟，吾儕死之，決不亡命；若其濟也，吾儕引退，決不在朝。」〔註 27〕歷史證明他們的確成功做到這一

〔註 27〕蔡鍔：《盾鼻集・序》，收錄於梁啓超：《飲冰室全集》第 8 冊第 33 卷，第 1 頁。

點。直至 1917 年，梁啓超才在段祺瑞力邀之下，再度入閣擔任財政總長。只是，民國初年軍閥割據的政局，顯然無法讓梁啓超施展其政治理想。所以，在任職將近半年之後，梁氏即辭去財政總長一職，並毅然決定離開政壇。

自此以後，梁啓超投身杏壇，選擇「做個學者生涯的政論家」，〔註28〕以客觀的姿態關注國家政治。此外，在埋頭從事學術研究的同時，他也通過教育學生的方式，爲國家作育英才。梁啓超對於學生的要求，是智育與德育兼具。周傳儒與吳其昌記於 1927 年的《北海談話記》，就是一個絕佳的例證。在北海與學生的一席談話中，梁啓超不時提及曾國藩與其友人、幕僚再現「賢人政治」的成就。在他心裏，或許正期待著自己與門人弟子在未來也可重現這一景象。

退出官場之後的梁啓超，在 1918 年正月與三五良朋相約發起「松社」，「以讀書、養性、敦品、勵行爲宗旨」〔註29〕，追求的是蒼松挺拔不屈的高尚情操。當時，張君勱在寫信給梁啓超討論發起「松社」計劃時還提到：

> 規嚴〔註30〕之意，欲以此社爲講學之業，而以羅羅山、曾文正之業責先生也。聞百里〔註31〕前在津曾亦爲先生道及此舉，今日提倡風氣捨吾黨外，更有何人？蓋政治固不可爲，社會事業亦謂爲不可爲，可也？苟疑吾自身亦爲不可爲，則吾身已失其存在，復何他事可言。〔註32〕

梁啓超身邊的朋友，把改變社會風氣的重擔寄託在梁啓超身上，期許梁啓超也可以如曾國藩、羅澤南般帶領著大家改變社會風氣。可見，梁啓超對於曾國藩的敬仰之情，其實是他身邊的友人共知之事。而且，梁啓超的朋友們也認爲他足以承接曾國藩，擔此大任。從張君勱、蔣百里、唐規嚴等人對於梁啓超的期待觀之，梁啓超已經成功地將身邊志同道合之士凝聚在一起，只是在等待時間，醞釀成風。

縱觀曾國藩和梁啓超的政治道路，他們的交集點顯然不在政治理念上，

〔註28〕 梁啓超：《外交歟內政歟》，《飲冰室全集》第 4 冊第 37 卷，第 59 頁。
〔註29〕 張君勱：《致任公先生書》，丁文江、趙豐田編：《梁任公先生年譜長編（初稿）》，第 447 頁，北京：中華書局，2010 年 4 月。
〔註30〕 唐規嚴（1875～1929）。
〔註31〕 蔣方震（1882 年～1938 年），字百里，號澹寧。
〔註32〕 張君勱：《致任公先生書》，丁文江、趙豐田編：《梁任公先生年譜長編（初稿）》，第 447 頁。

而是梁啟超對曾國藩借助品德修養以打破「不白不黑，不痛不癢」的社會風氣之高度推崇。梁氏寫於 1922 年的《先秦政治思想史》，又名「中國聖哲之人生觀及其政治哲學」，強調的是人生觀與政治哲學的相互匯通。在文章中，梁啟超以「人治主義」來指涉儒家和墨家的治世之道，表示：「人治主義，是儒家、墨家共同的，拿現在的話講，就是主張賢人政治。」〔註33〕在這樣一個前提下，政治領導層的道德和才幹皆是不可輕忽的元素。有著深厚的道德修為並走上政治舞臺的曾國藩和梁啟超，更是如此期許自己，希冀可以和身邊的朋友、幕僚共同組建「賢人政治」，為國家和國民作出貢獻。

　　向來以克勵修身著稱的曾國藩，在嚴格要求自己的同時，其實也很清楚修己和治人其實是一體兩面之事。他在咸豐十一年（1861 年）正月的日記中曾寫道：「是日細思立身之道，以禹、墨之『勤儉』，兼老莊之『靜虛』，庶於修己、治人之術，兩得之矣。」〔註34〕此時的曾國藩已經意識到，在「治人」的同時，若自身的修養足以服人，將收事半功倍之效。到了同治元年（1862 年）四月，身居朝堂的曾國藩在思索為政之道時亦表示：「細思為政之道，得人、治事二者並重。得人不外四事，曰廣收、慎用、勤教、嚴繩。治事不外四端，曰經分、綸合、詳思、約守。操斯八術以往，其無所失矣。」〔註35〕僅就「得人」一事做考察，透露出曾國藩在政途中重視人才的觀點。其所立「廣收」、「慎用」、「勤教」、「嚴繩」四項用人原則，證明他在用人的態度上極為嚴謹，自己須時時「勤教」和「嚴繩」，以確保他的門人、下屬不至於有出格之舉。曾國藩清楚意識到，「人才以陶冶而成，不可眼孔太高，動謂無人可用」〔註36〕，故而培養人才也是一種必須的責任。曾國藩這種謹慎用人的態度，為的是造就賢才以治理國家。他在日記中甚至表示，「宏獎人才，誘人日進」，〔註37〕乃人生一大樂事。

　　身居廟堂的曾國藩，一直都視儒家的政治學說為治國安邦之道，也期待著自己可以為國為民作出貢獻。在咸豐十一年（1861 年）十一月初六日的日記中，曾國藩寫下一段關於治國的思考，其文曰：「又思治世之道，專以致賢

〔註33〕梁啟超：《先秦政治思想史》，《飲冰室合集》第 9 冊第 50 卷，第 197 頁。
〔註34〕曾國藩：《曾國藩全集・日記（一）》，第 574 頁，長沙：嶽麓書社，1987 年 7 月。
〔註35〕曾國藩：《曾國藩全集・日記（二）》，第 740 頁。
〔註36〕曾國藩：《曾國藩全集・日記（一）》，第 422 頁。
〔註37〕曾國藩：《曾國藩全集・日記（一）》，第 421 頁。

養民爲本。其風氣之正與否，則絲毫皆推本於一己之身與心，一舉一動，一語一默，人皆化之，以成風氣。故爲人上者，專重修養，以下之傚之者速而且廣也。」〔註38〕曾國藩從儒家的治世之道中提取出「致賢養民」的概念，強調領導者有上行下效的影響力，所以在上位者的品德與才能直接影響著國民素質。因此，任賢舉能是上有益於國家、下有益於國民之舉。

熱切期盼「賢人政治」得以再現的曾國藩，一方面細心留意足以爲用的可造之材，另一方面也上疏朝廷加以舉薦。他在咸豐十一年（1861 年）十一月的奏摺中即向朝廷提呈獎掖人才的觀點，該奏摺寫道：

> 臣本年迭奉諭旨，飭令保舉人才。茲又欽奉寄諭，令保封疆將帥。臣自愧無知人之明，無儲才之素，不足以仰答聖主謙沖之懷。惟經濟以歷練而成，人才以獎借而出，苟有所聞，即當搜羅薦達，造就爲他日之用。〔註39〕

在獎掖人才之際，曾國藩看重的不僅僅是學識和才幹，德行修養也同樣被重視。這是因爲曾國藩很清楚，在上位者若只有才幹而無德行，對於國家和人民終究是個隱患，可能導致的危害也不可估量。此外，若在上位者品德有虧，也會造成社會上的不良風氣。基於此，曾國藩嚴格要求自己在品行修養上投注心力，也把同道中人聚集在一起，一步一步邁向「賢人政治」的目標。薛福成在其《庸庵文編・敘》中，即曾提到曾國藩及其朋友、幕僚掀起的政治風氣。文曰：

> 道光末年，風氣薾然，頹放極矣。湘鄉曾文正公始起而正之，以躬行爲天下先，以講求有用之學爲僚友勸。士從而與之遊，稍稍得聞往聖昔賢修己治人平天下之大旨。而其幕府辟召，皆極一時英儁，朝夕論思，久之窺見本末，推闡智慮，各自發攄，風氣至爲一變。〔註40〕

在曾國藩與其同僚的努力之下，儒家政治追求中的「賢人政治」儼然得以再現。聚集在他旗下的賢才名將如羅澤南、左宗棠、李鴻章、郭嵩燾、薛福成等，可謂人才濟濟。對於成功打破「不白不黑、不痛不癢」的社會頹靡風氣

〔註38〕 曾國藩：《曾國藩全集・日記（一）》，第 681 頁。

〔註39〕 曾國藩：《保奏周騰虎等片 十一月二十五日》，《曾國藩全集・奏稿（三）》，第1768 頁，長沙：嶽麓書社，1987 年 4 月。

〔註40〕 薛福成：《庸庵文編・敘》，收錄於沈雲龍主編：《近代中國史料叢刊》第 95輯，第 1～2 頁，臺北：文海出版社，1973 年。

的曾國藩，薛福成即抱持肯定的態度，指稱：「曾國藩平生未嘗專講吏事，然其培養元氣，轉移積習，則專精吏治者所不逮也。」〔註41〕

對於位居朝堂之上的領導者，梁啓超與曾國藩皆要求才德兼備。梁啓超在《政治家之修養》一文中提出，政治家必須具備「學識之修養」、「才能之修養」以及「德操之修養」。〔註42〕曾氏和梁氏重視政治家品德修養的原則，立基於儒家的道德觀，也是對儒家政治理想中「賢人政治」的一種回歸。置身黑暗的政治環境，梁啓超熱切嚮往曾國藩和其同僚掀起的政壇清明之氣。張其昀曾謂：「任公非反對作官者，特謂非轉移風氣，則政治無清明之望。而欲轉移風氣，挽救時弊，語其大要，亦不外乎曾文正公所倡忠誠與拙誠二者而已。」〔註43〕在梁啓超的評價中，曾國藩「忠誠」與「拙誠」的人格特質擴展開來，正是轉移政壇「不白不黑，不痛不癢」風氣的一劑良藥。此正表示，梁啓超在曾國藩身上看到的是品德修養的大作用。

在撰述《中國歷史研究法補編》時，梁啓超也特別關注「人物」在歷史中的重要影響。所以他提出歷史的記載，除了記述客觀事件，同樣不可忽略的是歷史人物的為人處世以及其身邊的人物關係網。這樣，才可以更全面地認識歷史事實。梁啓超在舉例論述時，即以曾國藩來引證，表示：

> 譬如曾國藩、胡林翼的功業偉大。若依外國史家的眼光，只注重洪、楊之亂如何起，曾、胡如何去平定他。其實我們讀歷史，要看他們人格如何，每事如何對付，遇困難如何打破，未做之前如何準備，這一點比知道當時呆板的事情還要重要。洪、楊之起滅及曾、胡之成功，已成過去，知道又有何用處？我們讀史，看曾、胡如何以天下為己任，如何磨練人才，改革風氣，經歷萬難而不退轉，領一群書獃子，自己組織了無形的團體，扛起大事來做，各省不幫他而反加以掣肘，他們以一群師友感激義憤，竟然成功。此種局面，在中國史上是創見。我們要問為什麼能如此，此即人道學、事理學的研究。看歷史的目的各有不同，若為了解洪、楊之亂，當然注重

〔註41〕薛福成：《代李伯相擬陳督臣忠勳事實疏》，丁鳳麟、王欣之編：《薛福成選集》，第50頁，上海：上海人民出版社，1987年。

〔註42〕參見梁啓超：《政治家之修養》，夏曉虹輯：《〈飲冰室合集〉集外文》（中冊），第985頁，北京：北京大學出版社，2005年1月。

〔註43〕張其昀：《梁任公別錄》，夏曉虹編：《追憶梁啓超》，第113頁，北京：生活・讀書・新知三聯書店，2009年4月。

> 戰爭的眞相和結果；若爲應付世事，修養人格，結交朋友的關係，
>
> 則不可不注重人與人相與的方面。〔註44〕

對於歷史人物的評估，梁啓超認爲不能停留於時間、地點、事件的表面陳述，更應該挖掘的是人物的深層內心和處世態度。在舉曾國藩爲討論之例時，梁啓超特別強調的是曾氏在「修養人格」和「結交朋友」上的成績。在梁啓超看來，這正是曾國藩在政治上獲得巨大成就的關鍵點。換言之，把曾國藩的「修養人格」和「結交朋友」交疊在一起，正是凝聚一群志同道合的「賢人」共同治理國家的狀態。這一點，也正是梁啓超對曾國藩推崇備至的一個重要因素。

梁啓超的《中國歷史研究法補編》一書，是以 1922 年 12 月在南京金陵大學第一中學的演講爲底本，原題「研究文化史的幾個重要問題」。此前，梁啓超在 1901 年 11 月撰寫《中國四十年來大事記（一名李鴻章）》之際，其實已將其史學觀先行付諸於該文中。在論述李鴻章於晚清歷史上的地位和影響時，梁啓超針對李鴻章和曾國藩的關係也有所探討。他說：

> 鴻章隨曾軍數年，砥礪道義，練習兵機。蓋其一生立身行己耐
>
> 勞任怨堅忍不拔之精神，與其治軍馭將推誠布公團結士氣之方略，
>
> 無一不自國藩得之。故有曾國藩然後有李鴻章，其事之如父母，敬
>
> 之如神明，不亦宜乎？〔註45〕

這一番評價，把曾國藩的地位高高置於李鴻章之上，而且看重的是曾國藩「立身行己」以及「團結士氣」的特質。簡言之，梁啓超始終把曾國藩的修身之學以及將其品德風範散播成一時之風的成就，視爲其生平一大亮點。

1921 年 12 月 20 日，梁啓超以《外交歟內政歟》爲題，在北京高等師範學校平民教育社演講。在這篇演講稿中，梁啓超談及他理想中的「賢人政治」以及現實中的無奈。他說：

> 十年的民國鬧到這樣田地，是誰的責任呢？那些軍閥、那些官
>
> 僚、那些戴假面具的偉人志士，都不足責，因爲他們本來是靠這行
>
> 頭來吃飯。最可惜的，有一群自命正人君子的人，他們積極方面的

〔註44〕 梁啓超：《中國歷史研究法（補編）》，《飲冰室合集》第 12 冊第 99 卷，第 165～166 頁。

〔註45〕 梁啓超：《中國四十年來大事記（一名李鴻章）》，《飲冰室合集》第 6 冊第 3 卷，第 33 頁。

　　心理，是孔子説的「苟有用我者，期月而已可也，三年有成。」總
認定要靠一兩個有大力的人，才能施展他「致君澤民」的抱負。消
極方面的心理，是孟子説的「歸潔其身而已矣」。只求不肯「同流合
污」，別的事也不願多管了。不瞞諸君説，我自己和我的朋友，都是
這一類的人。全國中這一類人，確也不少。〔註46〕

　　　　因爲我從前始終脱不掉「賢人政治」的舊觀念，始終想憑藉一
種固有的舊勢力來改良這國家。所以和那些不該共事或不願共事的
人，也共過幾回事。雖然我自信沒有做壞事，多少總不免被人利用
我做壞事。我良心上無限苦痛，覺得簡直是我間接的罪惡。〔註47〕

梁啓超上溯孔孟學説，自認自己和身邊的朋友們「自命正人君子」，也期待著
有這樣一群人站起來領導國家政治。只可惜民國初年軍閥當道，如曾國藩般
以儒家修身之學立身，並貫徹到政事和軍務的領導人物已不復見，「賢人政治」
也就只能在曾國藩和羅澤南等人身上，展現爲孟子理想政體的一次迴光返
照。認清民初政壇賢人不再的事實後，梁啓超轉向文化和教育界繼續其未竟
的事業，尋找另一片新天地。

第三節　引進西方科技與採納西方政體

　　曾國藩和梁啓超留於同時代或是後世的形象可説是大相徑庭。曾國藩呈
現爲儒家文化的捍衛者，而梁啓超則是在中國宣傳西方文化的先驅。事實上，
這只是一種表面現象，因曾國藩在保衛中國傳統文化之際，卻非盲目地排外。
鎮壓太平天國之際，因清朝政府曾借助英、法軍隊協助作戰，這讓曾國藩得
以見識西方軍事設備上的堅船利炮。所以，即便對太平軍信仰的基督教抱著
抗拒心態，他卻不否定西方的科技和軍事配備爲當時的中國技術所不及，而
需師法西方之長。曾國藩所處的咸豐、同治年間，清朝政權即便苟延殘喘，
卻是百足之蟲，死而不僵。然而，時至梁啓超置身的光緒時代，西方的侵略
和挑戰已逐步撼動清朝政體的根基，面對這種衝擊，梁啓超的思考當然不會
只停留在西方的堅船利炮這一層面，而是進一步瞭解中國和西方政體的差
異，試圖爲清政府尋找一種更爲完善的政治和治國體系。

〔註46〕梁啓超：《外交歟內政歟》，《飲冰室合集》第 4 冊第 37 卷，第 50 頁。
〔註47〕梁啓超：《外交歟內政歟》，《飲冰室合集》第 4 冊第 37 卷，第 59 頁。

作為儒家文化的忠誠信仰者，曾國藩即便把西方的科技類書籍以及軍事裝備引進中國，但是對他而言，這些都只是因應時勢所需，並非國家的固本良方。國家的穩定繁榮，終須回歸到儒家本位的學說和體系上。反觀梁啓超，在還沒有接觸西方文化之前，走的也是傳統的科舉之路，亦未曾對傳統文化產生質疑。然而，在推動維新變法時期，梁氏卻傾向於把西方政體當成挽救清朝頹敗之勢的良策。反倒是親身遊歷美國和赴法考察「凡爾賽合約」的簽訂之後，梁啓超卻在一定程度上回歸到儒家文化的軌道，並嘗試與西方文化相調和，希冀儒家文化得以用一種合時宜的方式傳承得更久遠。從曾國藩到梁啓超，他們把剛剛傳入中國的西方文化，從堅船利炮的具體科技，逐漸深化到抽象的政治和文化體系，形成一個承接過程。在秉持儒家文化和引進西方文化的同時，曾國藩和梁啓超所面對的是不同的時代需求，不變的則是他們的愛國熱忱。

在曾國藩所處的咸豐、同治年間，要把西方事物引進中國，必然面臨文化保守派的強烈抵制。然而，作為儒家文化的虔誠追隨者，曾國藩卻勇於承擔來自各方面的壓力，堅持認為西方科技和軍事配備是中國需要引進的器物。站在儒家傳統的「經世致用」立足點上，曾國藩認為，引進西方科技和武器並不會威脅到儒家文化的地位，反而可以在確保清政府根基穩固的同時，讓儒家文化得以源遠流長的傳承下去。清楚認識到西方軍事技術優於清朝的曾國藩，已經意識到在軍事領域上不能固步自封，而且必須放下「天朝上國」的心態，積極向西方學習。

為加強清朝的軍事力量以固國本，曾國藩於咸豐十年（1860 年）十一月上呈《遵旨覆奏借俄兵助剿髮逆並代運南漕摺》，表示：「此次款議雖成，中國豈可一日而忘備？河道既改，海運豈可一歲而不行？如能將此兩事妥為經畫，無論目前資夷力以助剿、濟運，得紓一時之憂。將來師夷智以造炮製船，尤可期永遠之利。」〔註48〕此一奏摺得到咸豐皇帝的認可，批准在安慶建立中國第一所現代化的兵工廠。咸豐十一年（1861 年），安慶內軍械所的建立，標示著在曾國藩、李鴻章等人的領導下，引進西方科技知識和設備的洋務運動在中國土地上正式拉開序幕。

在安慶內軍械所建立之初，曾國藩再次上奏咸豐皇帝，具體提出軍工廠

〔註48〕 曾國藩：《遵旨覆奏借俄兵助剿髮逆並代運南漕摺 十一月初八日》，《曾國藩全集・奏稿（二）》，第 1272 頁。

的操作方案，奏摺中寫道：「輪船之速，洋炮之遠，在英、法則誇其所獨有，在中華則震於所罕見。若能陸續購買，據爲己物，在中華，則見慣而不驚，在英、法，亦漸失其所恃……購成之後，訪募覃思之士，智巧之匠，始而演習，繼而試造。不過一二年，火輪船必爲中外官民通行之物，可以剿髮逆，可以勤遠略。」〔註49〕總結鴉片戰爭的經驗教訓，曾國藩認爲，當時清軍之所以一敗塗地，是因未能及時瞭解西方的軍事力量。所以，把西方的軍事配備引進清朝軍隊後，西方軍隊將失其所恃。就清政府的立場而言，軍事裝備能力的提升，不僅僅可以安內，亦可加強對外的防禦能力。

洋務運動的開展，其中一項重要成就是安慶內軍械所的設立。與此同時，江南製造局在翻譯事業上所作出的貢獻，亦讓當時的中國國民可以更爲具體地接觸西方文化及科技知識。曾國藩和李鴻章等人在推動洋務運動時都很清楚，西方的科技與軍事裝備是不可切割的一個整體，所以，只有眞正掌握西方科技知識，才可以更好地發展軍事工業。梁啓超在其《西學書目表》中即提到：「曾文正開府江南，創製造局，首以譯西書爲第一義。」〔註50〕對江南製造局在翻譯事業上的成績給予極高的評價。

據統計，江南製造局「從 1867 年起到 1880 年共譯書98 部235 本，包括了算學、測量、汽機、化學、地質學、地理、醫學、工藝、軍事等眾多領域，但主要側重於軍事和工業製造等實用科學，如：《海防新論》、《水師操練》、《輪船佈陣》等。此外還編譯了『新聞紙』和當時影響很大的《西國近事彙編》等附刊，其中《西國近事彙編》季刊共出了 108 期，對當時人們瞭解西方情形，開拓視野裨益很大。」〔註51〕《西國近事彙編》的影響力不容低估，梁啓超也曾藉以瞭解西方各國。他在《讀西學書法》中即表示：「欲知近今各國情況，則製造局所譯《西國近事彙編》最可讀，爲其繙譯西報，事實頗多也。」〔註52〕可見，在梁啓超接觸西方文化的歷程中，曾國藩其實是間接性的做了鋪墊工作。若沒有曾國藩奏請下成立的江南製造局，梁啓超對於西學的認識

〔註49〕曾國藩：《覆陳購買外洋船炮摺 七月十八日》，《曾國藩全集・奏稿（三）》，第1603 頁。

〔註50〕梁啓超：《西學書目表序例》，《飲冰室合集》第 1 冊第 1 卷，第 122 頁。

〔註51〕馮會明：《試論曾國藩對「西學東漸」的貢獻》，《上饒師專學報》，第 15 卷第3 期，1995 年 8 月，第 87 頁。

〔註52〕梁啓超：《政治家之修養》，夏曉虹輯：《〈飲冰室合集〉集外文》（下冊），第1167 頁。

或許將延後一段時間。

　　曾國藩在借助江南製造局翻譯的科技類書籍以及《西國近事彙編》認識西方世界之時，亦嘗試結合具體事物做進一步的瞭解。在同治七年（1868）三月十二日的日記中，曾國藩寫道：「余蓋屋三間，本爲擺設地球之用，不料工料過于堅致，檐過於深，費錢太多，而地球仍將黑暗不能明朗，心爲悔慄。」〔註53〕雖說曾國藩寫下這一段話是在檢討自己「費錢太多」，然而這則日記卻印證出他的眼界非常開闊。曾氏不僅在朝堂上奏請開展洋務，而且自己也積極瞭解中國以外的世界各國。曾國藩的孫女曾紀芬在其自訂年譜中對此事亦有記錄：「署〔註54〕中有文正公構造之船廳，中貯製造局所作地球儀器極大，徑約六尺，余輩於是粗知地理。」〔註55〕這個地球儀，看來不僅僅是曾國藩認識世界的工具，也是其家人和同僚們「粗知地理」的有效管道。

　　曾國藩和李鴻章在辦理洋務時，即以引進西方知識和科技爲宗旨。其實他們也很清楚，僅是通過江南製造局的翻譯書籍及延聘西方人來教導製造局的學生，並非理想狀態，而是權宜之計。要眞正學習到西方文化包括科技的精髓，更爲徹底的方法是派遣中國的幼童到西方國家學習。此方案由曾國藩和李鴻章在同治十年（1871 年）七月初三日聯名上奏朝廷。在奏摺中，曾、李二人詳細規劃從遴選孩童到安排在國外學習的種種細節。其中一項值得留意的是，二人還特別提到，被遴選出國學習的幼童，「至帶赴外國，悉歸委員管束，分門別類，務求學術精到。又有翻譯教習，隨時課以中國文義。俾識立身大節，可冀成有用之才。」〔註56〕可見，即便把中國的幼童送到國外學習西方科技及文化知識，曾國藩和李鴻章依然考慮到，必須有中國的教習陪同前往，教以「中國文義」。因爲在曾、李二人的概念中，只有讓這些遠離國土的孩童們懂得「中國文義」，才可以讓他們懂得「立身大節」，不至於被西方文化所迷失，學成之後回到祖國，才可以爲國家作出貢獻。

　　大約半年之後，即同治十一年（1872 年）正月十九日，曾國藩和李鴻章在另一封奏摺中更具體地談到「課以中國文義」所包含的具體內容。該奏摺

〔註53〕曾國藩：《曾國藩全集・日記（三）》，第 1482～1483 頁。

〔註54〕即兩江總督官署。

〔註55〕聶其傑輯：《崇德老人紀念冊　附：聶曾紀芬自訂年譜》，第 314 頁，收錄於沈雲龍主編：《近代中國史料叢刊》第 3 輯，臺北：文海出版社，1967 年。

〔註56〕曾國藩：《擬選聰穎子弟赴泰西各國肄業摺 同治十年七月初三日》，《曾國藩全集・奏稿（十二）》，第 7333 頁。

中寫道：

> 將來出洋後，肄習西學，仍兼講中學，課以《孝經》、《小學》、
> 五經及《國朝律例》等書，隨資高下，循序漸進。每遇房、虛、昂、
> 星等日，正副二委員傳集各童，宣講《聖諭廣訓》，示以尊君親上之
> 義，庶不至囿於異學。〔註57〕

曾、李二人規劃讓這些幼童們熟讀《孝經》與《國朝律例》等書，無非是要
灌輸忠孝之道，希冀他們懂得飲水思源，回饋祖國的栽培。在派遣孩童出國
學習這一事項中，曾國藩和李鴻章得到容閎的大力協助，才得以讓這一計劃
具體落實。容閎在日後回憶起曾國藩時還提到，「假如他能晚去世一年，就可
以看到第一批赴美留學的三十個學生——他親手培植的第一顆果實。……我
聽說他在生命的最後時刻，希望他的繼任者李鴻章接受他的衣缽，繼續開展
『幼童出洋肄業局』的工作。」〔註58〕容閎在說這一番話時，當中的遺憾流
露無遺。

　　從曾國藩開展洋務運動的努力觀之，他其實是將西學引進中國的先驅
者。當然，曾國藩始終堅守著儒家本位，並在「經世致用」的旗號下，引進
西方科技和軍事配備。正因為有曾國藩做披荊斬棘的工作，梁啟超才有機緣
借著江南製造局翻譯的書籍，認識西方世界。基於此，梁啟超才可以順著曾
國藩開闢出來的道路往前走得更遠。大部份的政治生涯皆為在野政治關懷者
的梁啟超，從清朝末年即不斷反思君主專制政體的缺失以及補救方法。當時
的梁啟超，通過江南製造局以及西方傳教士翻譯的書籍，對西方的君主立憲
以及民主共和政體有了初步認識。接觸西方政治體系的衝擊，加上清政府從
鴉片戰爭至甲午戰爭的敗績，讓梁啟超對西方政治體系燃起無限的想像，認
為清政府自強的努力，已經不能停留在洋務運動的堅船利炮，而是應該從根
本性的政治體系著手。

　　站在不同的時局和時間點上回首洋務運動，梁啟超感慨曾國藩、李鴻章
等人的改革思想不夠徹底，認為當初如果洋務運動可以深化到政治體制的改

〔註57〕李鴻章著，顧延龍、戴逸編：《幼童出洋肄業事宜摺・附 清單 同治十一年正
　　　　月十九日》，《李鴻章全集・奏議（五）》，第14頁，合肥：安徽教育出版社，
　　　　2008年。此奏摺為曾國藩與李鴻章會銜具奏，然在《曾國藩全集・奏稿》中，
　　　　並未收錄所附之《清單》。
〔註58〕（清）容閎著、王蓁譯：《西學東漸記》，第105頁，北京：中國人民大學出
　　　　版社，2011年3月。

革，這一自強運動肯定可以帶來更好的成果。1901 年，梁啓超在《中國積弱溯源論》一文中探究中國衰弱的根源時，表示：

> 曾、胡、左、李諸賢，咸以一介儒將，轉戰中原，沐雨櫛風，百折不撓。吾每按其行跡、接其言論，有加敬焉；斷不敢如今之少年，喜謗前輩也。雖然，援《春秋》責備賢者之義，則除胡文忠中道殂隕不預後世之外，吾於曾文正、左文襄、李合肥，以及其並時諸賢，有不能爲諱者，以其僅能爲中國定亂，不能爲中國圖治也……使曾、左、李諸人，有一毫爲國民之心，乘此時，用此權，以整頓中央政府之制度，創立地方自治之規模，絕非難也。〔註59〕

對於曾國藩、胡林翼、左宗棠、李鴻章平定太平天國之亂的成就，梁啓超給予高度肯定，然而卻遺憾於他們雖成功地爲清政府「定亂」，卻未及「圖治」。雖說曾、胡、左、李等在推動洋務運動時，抱持的是「自強求富」這一目標，然梁啓超的評價卻與此有落差。在梁氏的觀點中，洋務運動所重視的西方科技和軍事配備，還是屬於「定亂」這一層面，只有在政治體制上作出改變，才能獲得「圖治」之效。參照日本的明治維新，反思洋務運動，梁啓超認爲：

> 當時曾、左、李諸賢，豈不知官場之積弊？豈不知士風之頹壞？豈不知民力之疲困？苟能具大眼識，運大心力，不避嫌怨，不辭勞苦，數賢協力，以改弦而更張之，吾度其事體之重大，未必如日本之勤王討幕也，阻力之扞格，未必如日本之廢藩置縣也。而日本諸公，能毅然成之；我國諸公，乃漠然置之，是乃大可惜也。吾嘗略揣諸賢之用心，曾則稍帶暮氣，守知足知止之戒，憚功高震主之患，日思急流勇退，以保全令名，而不遑及他事也……曾之謙也，中老、楊之毒也。大臣既以身許國，則但當計國民之利害，不當計一身之利害。營私周利，故不可也；愛惜身名，仍不可也。〔註60〕

曾國藩的修身之學雖爲梁啓超所推崇，然而在分析洋務運動的局限性時，他卻嚴厲批評曾國藩因「愛惜身名」而不願碰觸弊端叢生的清朝政體，故未能徹底清除病灶。然而，若以曾國藩的立場來考量，他對西方文化的認識畢竟還處於起步階段，再加上時代的圍限，能夠成功獲取朝廷的支持推動洋務運

〔註59〕 梁啓超：《中國積弱溯源論》，《清議報》，第 83 冊，1901 年 6 月 26 日（光緒二十七年五月十一日），第 20 頁。

〔註60〕 梁啓超：《中國積弱溯源論》，《清議報》，第 83 冊，第 21 頁。

動已屬不易，自然不可能再進一步提出改革政體的要求。面對客觀條件的限
制，知「官場之積弊」、亦知「士風之頹壞」的曾國藩，只能用他自己的方式，
努力團結重視品德修養的志同道合之士來改變社會風氣。當然，這也是一直
以來梁啓超高度推崇曾國藩的重要因素。可見，除了變法思想上的落差，梁
啓超對曾氏此舉深表認同。

　　維新變法時期，梁啓超深信「君主立憲」政體是優良並適合中國採用的
體制。此時的梁啓超不斷在文章中向讀者介紹君主立憲制，1901 年用「愛國
者」爲筆名撰寫的《立憲法議》即對此多有探討。在此文中，梁啓超介紹了
不同的政治體系，分析其利弊，並結合世界各國的情況作闡述，之後總結說：
「是故君主立憲者，政體之最良者也。地球各國既行之而有效，而按之中國
歷古之風俗，與今日之時勢，又採之而無弊者也。」〔註 61〕在引進西方的君
主立憲政體時，梁啓超也很清楚地意識到，必須結合中國歷來的政治情境做
詮釋。針對君權受制約這一在當時普遍不被理解的觀念，梁啓超指稱：

　　　　我中國學者，驟聞「君權有限」義義，多有色然而驚者，其意
　　若曰：君也者，一國之尊無二上者也，臣民皆其隸屬者也。只聞君
　　能限臣民，豈聞臣民能限君？臣民而限君，不幾於叛逆乎？不知「君
　　權有限」云者，非臣民限之，而憲法限之也。且中國固亦有此義矣。
　　王者之立也，郊天而薦之，其崩也，稱天而謚之，非以天爲限乎？
　　言必稱先王，行必法祖宗，非以祖爲限乎？然則古來之聖師哲王，
　　未有不以君權有限，爲至當不易之理者。〔註 62〕

梁啓超提出，在中國的文化傳統中，君王的權利其實並非一種絕對的無限制
狀態，而是「以天爲限」、「以祖爲限」。只是，在君主立憲政體下，這種「以
天爲限」、「以祖爲限」的約束，將以另一種具體的形式存在，而且，限制君
權者也從「天」和「祖」轉化成爲國民。這樣一來，國民其實也間接地掌握
國家、君王以及自己的命運。

　　基於在君主立憲政體下，民選代表將組成議會並參與國家決策，所以梁
啓超也很清楚，要達到這一階段，首先必須開啓民智。他在此文中也坦然指
出，以當時中國的狀況而言，要等到國民有足夠的能力參與議會，至少還需

〔註61〕愛國者草議：《立憲法議》，《清議報》，第 81 冊，1901 年 6 月 7 日（光緒二十
　　　　七年四月二十一日），第 1～2 頁。
〔註62〕愛國者草議：《立憲法議》，《清議報》，第 81 冊，第 2 頁。

要十至十五年的時間。〔註 63〕因此，即便梁啓超很希望清朝政權可以早日採用君主立憲政體，卻也意識到不能貿然急進。在比較君主專制和君主立憲政體時，梁啓超還提到：「孟子曰：『天下之生久矣，一治一亂。』此爲專制之國言之耳。若夫立憲之國，則一治而不能復亂。」〔註 64〕爲讓中國可以不斷向前發展，並擺脫一治一亂的命運循環，採用君主立憲制顯然是一種必須。

從維新變法時期所推崇的君主立憲，到 1906 年倡導的「開明專制」政體，乍聽之下，梁啓超的政治理念似乎有所倒退，所以在《開明專制論》的序言中，他對此先做了一番解說，表示：「本篇雖主張開明專制，然與立憲主義不相矛盾，讀終篇自可見其用意之所存。」〔註65〕簡言之，在梁啓超的理念中，不管是君主立憲或是開明專制，關鍵在於，君王並不是獨裁者。梁啓超此一政治理念的轉變，其中一大原因是 1903 年遊美後的反思所得。遊歷美國的經歷，不僅讓梁啓超放棄了他在 1902 年間曾經一度靠近的民主共和政體，甚至也不再標舉君主立憲的旗幟，可見美洲之行讓梁啓超認識到，西方的政治體制並不適合「移植」到中國。

在《開明專制論》中，梁啓超上溯孔子、孟子、荀子、墨子，提出從孔子以來的儒家聖哲倡導的其實正是開明專制政體。他說：

> 儒家首孔子，孔子言：「天下有道，庶人不議。」又言：「民可使由不可使知。」其主張專制甚明。但又言：「民之所好好之，民之所惡惡之，此之謂民之父母。」「天生民而立之君，使司牧之，豈其使一人肆於民上。」類此之語，不可殫述。蓋孔子實注重人民利益之開明專制家也。孟子所謂「保民而王」，所謂「所欲與聚，所惡勿施」，皆率此義。而荀子於所以不能不用開明專制之原理，言之尤詳。秦漢以後二千餘年之儒者，其政論莫不祖述孔子。〔註66〕

> 墨子「尚同」一義，實專制之極軌，而以「兼愛」、「尚賢」等義調劑之，故墨子亦注重人民利益之開明專制家也。〔註67〕

梁啓超這一番闡釋，讓「開明專制」成了孔、孟、荀、墨的發明。稍加留意

〔註63〕 參見愛國者草議：《立憲法議》，《清議報》，第 81 冊，第 5 頁。

〔註64〕 愛國者草議：《立憲法議》，《清議報》，第 81 冊，第 3 頁。

〔註65〕 飲冰：《開明專制論》，《新民叢報》第 73 期，1906 年 1 月 25 日（光緒三十二年正月一日），第 1 頁。

〔註66〕 飲冰：《開明專制論》，《新民叢報》第 73 期，第 15 頁。

〔註67〕 飲冰：《開明專制論》，《新民叢報》第 73 期，第 15～16 頁。

即可發現，在梁啓超引述的諸賢之說中，共同點皆在對人民的重視。由此觀之，梁啓超在倡導開明專制政體時，把國民放在極為重要的地位。換言之，梁啓超詮釋下的開明專制政體，其實是儒家民本思想的延伸和開展。此外，把開明專制政體的源頭上溯至先秦時期的先聖昔賢，亦可彰顯此一政體更為契合國情與民情。梁啓超其實也是在經歷一番深思熟慮後，才選擇放棄一直以來熱切追求的君主立憲政體，因為他不得不承認，當時的中國國民程度還不成熟，施政機關也尚未整備。〔註68〕所以，從國情、民情以及時機上來考量，梁啓超認為，開明專制政體更為適合當時的中國。

綜合梁啓超所推崇的儒家和西方政體，人民在一國之中的地位始終備受關注，並一再強調國家的命運並不只是掌握在統治者手中，國民同樣肩負此一責任。梁啓超寫於 1910 年的《責任內閣與政治家》一文，雖說重心如題目所標示，是在討論內閣和政治家，但他依然指稱：「要而論之，一國之政治，一國國民所公同造出也；一國政治上之責任，一國國民所公同負荷也。」〔註69〕從儒家政治學說中的民本思想，到西方政治概念中的民權，國民的地位和權利始終是中國和西方政治觀極為重要的一環。

梁啓超縱橫古今中外考察政治體系，終不得不慨歎：「吾思之，吾重思之，吾國人講治國平天下之術，已數千年，其政治能力，決非弱於他國，而今也迫於內憂外患，上下矍然而起，乃始捨其舊而新是謀，其中誠大有不得已者存。」〔註70〕此時的梁啓超，在經過多年的沉澱和反思之後，已然認識到中國的政治體系其實自成一格，若非晚清時期西方列強在中國土地上豪取強奪，也不至於迫使中國的政治關懷者走上引進西方政體這一條路。這種捨祖宗之法，追隨西方政體的抉擇，不過是在時局壓迫下的求存之道。

清帝遜位，中華民國成立以後，回到中國的梁啓超積極往前看，朝向建立真正的民主共和國而努力。為確保中華民國不是一個空殼子，梁啓超意識到，必須讓國民真正理解民主的實質，並在國家體制上具體落實，方為成功邁向政治上的新里程碑。秉持著共建中華民國的理想，梁啓超曾經兩度入閣

〔註68〕 參見飲冰：《開明專制論》，《新民叢報》第 77 期，1906 年 3 月 25 日（光緒三十二年三月一日），第 1～10 頁。

〔註69〕 滄江：《責任內閣與政治家》，《國風報》第 1 年第 26 期，1910 年 10 月 23 日（宣統二年九月廿一日），第 13～14 頁。

〔註70〕 滄江：《憲政淺說‧敘》，《國風報》第 1 年第 1 期，1910 年 2 月 20 日（宣統二年正月十一日），第 2 頁。

參政，只是，民國初年軍閥當道，政壇烏煙瘴氣，民主共和政體只能停留在一個美好的想像中。如此一來，一直希冀從政治體制著手，讓國家邁向進步和繁榮之路的梁啓超也只能轉換跑道，投身教育界爲國家作出貢獻。

小　結

追溯中國歷史，變法思想古已有之，宋代的王安石變法即爲其中一例。王安石新政的種種改革方案，皆是以富國強兵爲目標。而後，曾國藩倡導的洋務運動雖不能稱之爲「變法」，但同樣是在追求富國強兵。緊隨洋務運動之後開展的維新變法，雖非取法王安石的變法主張，但康有爲和梁啓超希冀國家富強的意願，古今皆然。王安石作爲一個政治家和文學家，無疑也是梁啓超關注的前輩先賢之一，《王荊公》一書的撰寫，即是對王安石一生的成就作深入探討。在此文的《自序》中，梁啓超一落筆即寫道：「自余初知學即服膺王荊公。」〔註71〕其崇拜之情，溢於筆端。博古通今、匯通中外的梁啓超，進而表示：「本書以發揮荊公政術爲第一義，故於其所創諸新法之內容及其得失言之特詳，而往往以今世歐美政治比較之，使讀者於新舊知識咸得融會。」〔註72〕《王荊公》一書作於1908年，此時的梁啓超已經走出對於西方政治體系的過度迷信，逐步回歸到中國傳統政治體系中。在這樣一個沉澱和融匯的過程中，曾經在宋代開展政治變法的王安石成了一個很好的對照指標，讓梁啓超得以匯通中西、以古鑒今。

曾國藩的《原才》篇，一直都是梁啓超推崇備至的作品。正是在《原才》篇中，曾國藩提出「轉移習俗而陶鑄一世之人」的說法並身體力行，且在現實中取得良好成效。梁啓超在撰寫《王荊公》一文時，也提到曾國藩的《原才》篇，其實是在引申王安石提出的培養人才之說。在引錄王安石寫於仁宗嘉祐三年的奏摺後，梁啓超以按語的形式指出，曾國藩《原才》篇的基本觀念其實是源於此一奏摺，但曾氏的論述「更博深切明」。〔註73〕如此環環相扣，梁啓超從曾國藩上溯王安石，在王安石的奏摺中又上溯至周文王，印證了培養人才、凝聚人才或是在天下無道時轉移習俗的努力，是歷朝歷代的儒家先

〔註71〕梁啓超：《王荊公・自序》，《飲冰室合集》第7冊第27卷，第1頁。

〔註72〕梁啓超：《王荊公・例言》，《飲冰室合集》第7冊第27卷，第1頁。

〔註73〕參見梁啓超：《王荊公》，《飲冰室合集》第7冊第27卷，第38頁。

賢共有的追求和理想。

　　繆鳳林在悼念梁啓超的文章中提到：「梁氏飽受儒家教育，以從政爲分內事。若王陽明、曾滌生之合學問與事功爲一，旣引爲理想人物；即王安石之變法救弊，亦備極敬仰。」〔註74〕此一觀察可謂精確扼要。王安石、王陽明以及曾國藩皆是梁啓超崇敬的政治人物，「合學問與事功爲一」更是他們共有的成就。身爲後輩的梁啓超殷切地追隨於後，結合學問與事功，也成就了其一生的事業。曾國藩對王安石的政治理念認同度或許不高，但是在文學成就上卻給予極高的評價。對此，梁啓超稱謂：「曾文正謂學荊公文，當學其倔強之氣，此最能知公文者也。」〔註75〕曾國藩對於王安石的這一評價，雖是針對文章而言，然而在曾國藩的人格特質中，何嘗不也有著一股倔強之氣，讓他以堅韌的毅力平定太平天國之亂，並成功轉移習俗，營造良好的政治風氣。與此同時，王安石改革政治的理想和勇氣，則是在梁啓超身上得到繼承和發揚。

〔註74〕　繆鳳林：《悼梁卓如先生（1873～1929）》，收錄於夏曉虹編：《追憶梁啓超》，第 99 頁。

〔註75〕　梁啓超：《王荊公》，《飲冰室合集》第 7 冊第 27 卷，第 195 頁。

第四章　爲人推敬的學業與文章

　　治學心得對於曾國藩和梁啓超而言，既是書面上的學問，也是人生智慧。曾、梁二人的學思歷程，爲他們的人生道路奠下穩固的基石，同時也是他們一生中不曾放棄的追求。在爲國爲民勞心勞力之際，曾氏和梁氏始終期待著退出政壇之後，可以回到書房中靜心看書做學問。同治三年（1864 年）秋天，曾國藩在送別弟弟曾國荃回鄉時寫下「千秋邈矣獨留我　百戰歸來再讀書」[註1] 一聯。這種情懷，有豪情壯志背後的寧靜，也是不爲名利所御使的高尚情操。與此不謀而合，梁啓超在籌劃護國戰爭之際，在寫給蔡鍔的信中亦嘗言：「有時獨居深念，幾欲決然捨去，還我書獃子生涯，然曾文正亦有言：以忠義勸人，而以苟且自全，則魂魄猶有餘羞。」[註2] 可見，政壇上功成名就的光環，並沒有讓曾國藩與梁啓超在名利的宦海中迷失自己，而是一直等待著可以回到書齋中讀書爲文的日子。當然，在國家危難之際，他們還是毅然肩負起救國救民的重擔，並沒有爲了一己之安逸而苟安於書齋。

　　心中深懷愛國意識的曾國藩和梁啓超，理想的願景是在政治清明的狀態下從政壇退居書房，遺憾的是，在他們所處的時代，政治清明似乎停留在難以企及的未來。梁啓超在 1921 年以《外交歟內政歟》爲題演講時，即指稱：「我的學問興味、政治興味都甚濃，兩樣比較，學問興味更爲濃些。我常常夢想能夠在稍爲清明點子的政治之下，容我專作學者生涯。但又常常感覺，我若不管政治，便是我逃避責任。」[註3] 此時的梁啓超，已退出政壇步上講壇，然而對

〔註1〕　朱任生編著：《曾文正全書析粹》，第 326 頁，臺北：國立編譯館，1992 年。
〔註2〕　梁啓超：《盾鼻集‧致蔡松坡第五書》，《飲冰室合集》第 8 冊第 33 卷，第 26 頁，北京：中華書局，1989 年 3 月第一版。
〔註3〕　梁啓超：《外交歟內政歟》，《飲冰室合集》第 4 冊第 37 卷，第 59 頁。

於政治卻也無法全然割捨，所以選擇以一個政論家的身份繼續關懷政治。相較而言，身居朝堂的曾國藩則沒有梁啓超這種退居書齋的「機運」，在從翰林院步入軍帳之後，只能在憂心國家大事之餘，忙裏偷閒地泅泳於書中的世界。

曾國藩與梁啓超的治學之路不盡相同，但儒家養分是他們在修身、齊家與救國之路上的豐富資源卻是一個不爭的事實。曾國藩以理學爲本，經世致用之學爲用，汲取的是儒家文化資源。《清史稿》即關注到曾國藩的事功與學問之間的聯繫，認爲：「國藩事功本於學問，善以禮運。」〔註4〕此一評價言簡意賅，既強調曾國藩的「事功本於學問」，亦點出他「善以禮運」之長。這是因爲曾國藩的「禮」，即是他將「理學」加以實踐的方式。梁啓超的事功，同樣本於學問。對於12歲即爲秀才、17歲中舉的梁啓超，儒家學說顯然是他身上豐厚的文化源泉。

梁啓超從經世致用的基礎出發，在面對時代轉變之際，勇於匯通西方學說，開展出新的學術格局。當時的梁啓超即以開闊的眼界意識到，儒家文化和學說需要因應時代需求做出相應的調整，而非固步自封地堅守傳統文化的堡壘，因爲只有配合時代需求的文化和學說，才有源遠流長的生命力。早在1902年，梁啓超於《新民說‧論自由》中即指稱：「四書六經之義理，其非一一可以適於今日之用，則雖臨我以刀鋸鼎鑊，吾猶敢斷言而不憚也！」〔註5〕在儒家文化滋養下成長的梁啓超，並不盲目地把儒家學說和教義當成不可違背的「祖訓」，而是客觀地加以剖析，希冀以去蕪存菁的姿態，讓儒家文化得以在不同時代展現不同風貌，免於在時代洪流中被抨擊和淘汰。

梁啓超觀察到儒家文化中含有不合時宜的元素，然而他並不加以放大和貶斥，而是積極傳承和發揚具備跨時代彈力的儒家學說。1915年2月20日，梁啓超在刊載於《大中華》的《孔子教義實際裨益於今日國民者何在欲昌明之其道何由》一文中寫到：「其第一義當忠實於孔子，直繹其言，無所減加，萬不可橫己見雜他說以亂其眞，然後擇其言之切實而適於今世之用者，理其系統而發揮光大之，斯則吾儕誦法孔子之天職焉矣。」〔註6〕可見，除了合不

〔註4〕 趙爾巽等撰：《清史稿》第 39 冊卷 405，第 11918 頁，北京：中華書局，1977年 7 月。

〔註5〕 中國之新民：《新民說八‧第九節論自由（續）》，《新民叢報》第 8 號，1902年 5 月 22 日（光緒二十八年四月十五日），第 4 頁。

〔註6〕 梁啓超：《孔子教義實際裨益於今日國民者何在欲昌明之其道何由》，《飲冰室合集》第 4 冊第 33 卷，第 63 頁。

合時宜的問題，梁啓超還意識到孔子的學說在傳承過程中不斷被加以詮釋，以至有「以假亂眞」的跡象。所以梁啓超強調必須在忠於孔子學說的同時，將適合時代需求的學說加以發揚光大。「大體來說，梁啓超對儒家傳統的態度，是相當穩健而客觀的，至少他是自覺的努力做到此點，而肯定儒家某些不具『時代性』——即不因時代不同而異——的永恆價值。」〔註7〕

作爲傳統意義上標準的「儒者」，曾國藩卻並非「儒家思想的純粹守望者」，而是讓「儒學思想在他身上體現出了傳承又發展、融匯又創新的特質」。〔註8〕曾國藩的學術道路，從未偏離儒家學說這一主軸。這一點，是曾國藩和梁啓超在學術道路上明顯的差距。梁啓超在治學上以宏觀視野融匯中、西學，達到取長補短的成效。身居朝堂和戰場的曾國藩，無法投注過多的心力在治學上，也未能如退居書齋的梁啓超般系統性地撰述學術專著，所以其學術論述散落在他與友人論學的書函或是指導子弟治學的家書中。

咸豐九年（1859 年），曾國藩在寫給曾國荃的信中提及：「吾近寫手卷一大卷。首篆字五個，次大楷四十八個，後小行書二千餘，命紀澤覓此三十二人之遺像繪之於篆字之後、大楷之前……吾生平讀書百無一成，而於古人爲學之津途，實已窺見其大，故以此略示端緒。」〔註9〕信中所提及的著述，當指《聖哲畫像記》。此文篇幅雖小，僅有二千餘字，並以聖哲的畫像爲主，然而從曾國藩擇取的先聖先哲加以考究，即已呈現出其學術旨趣。《清史稿》對此即評述曰：「國藩又嘗取古今聖哲三十三人〔註10〕，畫像贊記，以爲師資，其平生志學大端，具見於此。」〔註11〕《聖哲畫像記》作爲曾國藩學術資源

〔註7〕劉紀曜：《梁啓超與儒家傳統》（博士論文），臺灣：國立臺灣師範大學，1985年，第 348 頁。

〔註8〕參見嚴俊傑、黃正泉：《論曾國藩的家庭教育思想》，《湖湘論壇》，2007 年第4 期，第 47 頁。

〔註9〕曾國藩：《致澄弟沅弟季弟　正月月二十三日》，《曾國藩全集·家書（一）》，第460 頁，長沙：嶽麓書社，1985 年 10 月。

〔註10〕曾國藩《聖哲畫像記》中所列的「聖哲」爲：周文王、周公旦、孔丘、孟軻、班固、司馬遷、左丘明、莊周；諸葛亮、陸贄、范仲淹、司馬光、周敦頤、程顥和程頤、朱熹、張載；韓愈、柳宗元、歐陽修、曾鞏、李白、杜甫、蘇軾、黃庭堅；許慎、鄭玄、杜佑、馬端臨、顧炎武、秦蕙田、姚鼐、王念孫。實爲三十三人，但亦有把程顥、程頤二人統合爲一，以三十二人計。參見曾國藩：《聖哲畫像記》，《曾國藩全集·詩文》，第 247～252 頁，長沙：嶽麓書社，1986 年 12 月。

〔註11〕趙爾巽等撰：《清史稿》第 39 冊卷 405，第 11918。

的總匯，以此得以窺見。

　　曾國藩和梁啓超皆是著述等身，只是他們兩人的著作，在類型與風格上卻是大異其趣。在曾國藩的著作當中，奏稿和書信爲主要文類，其日記也一直被視爲解讀其人其事的重要資料。就曾國藩的著述文類觀之，其寫作並非以出版爲目的，而是各有特定的閱讀對象和意義。另一邊廂，梁啓超早期的報刊文字乃是以啓蒙民衆爲目標，晚年則系統性地撰述學術專著，在落筆之際即以出版爲目的。這一點是曾、梁二人在筆耕過程中明顯的差異。雖說曾國藩流傳於後世的形象更多呈現爲治國良將，然而錢穆標舉的卻是其學術與文章成就。錢穆在其《中國近三百年學術史》中給予曾國藩極高的評價，表示：「滌生爲晚清中興元勳，然其爲人推敬，則不盡於勳績，而尤在其學業與文章。」〔註 12〕同樣涉足政治與學術領域的梁啓超，仕途雖不順遂，然而正如其學生黎東方所言：「命運注定他在政治生涯中顚顚倒倒，而最後於學術中求得歸宿。」〔註 13〕縱觀曾國藩與梁啓超的一生，他們治學的努力並不僅僅是學術事業，更是他們一生成就的底蘊。

第一節　打破儒學門戶與匯通儒學、西學

　　曾國藩與梁啓超的治學旨趣明顯不同，然而儒家學說卻是他們共同的關懷。曾、梁二人在中國學術史上各具標誌性意義，張君勱在 1933 年所寫的《學術界之方向與學者之責任》一文中，即嘗試爲他們兩人在學術史上尋找定位。其文曰：

> 鴉片戰爭以來，獨有曾文正其人爲舊文化稍延一線之命脈，其所作《聖哲畫像記》，乃東方文化成績垂絕時之總結帳……梁啓超爲新學道師，以輸入西方學說自任。迄於最近，青年思想，誰復念及吾國之先聖先賢者。〔註 14〕

若把鴉片戰爭標識爲中國歷史與文化的轉折點，曾國藩無疑是在這一轉折點之後，依然保有傳統儒者形象與修養的人物，所以，張君勱將他定位爲舊文

〔註 12〕錢穆：《中國近三百年學術史》，第 632 頁，北京：商務印書館，1997 年 8 月。
〔註 13〕黎東方：《大師禮讚（節錄）》，夏曉虹編：《追憶梁啓超》，第 329 頁，北京：生活・讀書・新知三聯書店，2009 年。
〔註 14〕張君勱：《學術界之方向與學者之責任》，收錄於《民族復興之學術基礎》，第 5～6 頁，北京：中國人民大學出版社，2006 年。

化的延續者，確實符合實際現象。此外，將曾國藩標舉爲儒家文化的總結性
人物一說，早在清末，黃遵憲即有類似的說法。另一方面，張君勱把梁啓超
定位爲「新學道師」，看重的則是他引進西學的努力。不過，若說西學的引進
使得後來的中國青年子弟不復念及先聖先賢，則有失偏頗。畢竟，梁啓超在
引進西學的同時，也積極地宣揚經過淬煉的儒家學說。梁氏借助西學方法重
新整理儒家學說，讓儒學以系統的方式展現出新風貌。簡言之，曾國藩延續
的是儒家學說的傳統命脈，而梁啓超則爲儒家學說注入新的生命力，二人皆
爲儒家學說的源遠流長作出貢獻。

　　清末時期，時局的變化迫使儒家學說的信奉者不得不配合時代需求做出
調整。處身這一時代的曾國藩和梁啓超，在時代的洪流中被推向儒學的總結
與過渡性人物的特殊位置。曾國藩的學術事業，主要是在儒家學術體系中進
行整合及拓展。在曾國藩的闡述下，儒家學說的系統性和實踐性已經有所提
升。道光二十三年（1843 年）正月，曾國藩在寫給幾個弟弟的家書中有一段
論學文字，他當時的用意是在指導弟弟們讀書的門徑，但同時也展露出其學
術觀點。曾國藩認爲：

　　　　蓋自西漢以至於今，識字之儒約有三途：曰義理之學，曰考據
　　　之學，曰詞章之學。各執一途，互相詆毀。兄之私意，以爲義理之
　　　學最大。義理明則躬行有要而經濟有本。詞章之學，亦所以發揮義
　　　理者也。考據之學，吾無取焉矣。此三途者，皆從事經史，各有門
　　　徑。〔註15〕

此時的曾國藩將儒家學說歸納成三個主要領域，認爲義理之學是儒家學說的
中心支柱，詞章以及考據之學皆是爲義理服務的輔助學科。曾國藩此一觀點，
跳脫宋學與漢學對峙的格局，是朝向宋學和漢學結合的起點。

　　同一年，曾國藩在與劉蓉論學的書函中，以孔門弟子和儒家後學爲討論
對象，標舉出各門學問的專精之才。與此同時，他在論述中也涉及治學的深
博問題，指出：

　　　　孔子之門有四科，子路知兵，冉求富國，問禮於柱史，論樂於
　　　魯伶，九流之說，皆悉其原，可謂博矣。深則能研萬事微芒之幾，
　　　博則能究萬物之情狀而不窮於用。後之見道不及孔氏者，其深有差

〔註15〕曾國藩：《致澄弟溫弟沅弟季弟 正月十七日》，《曾國藩全集・家書（一）》，第
　　55頁。

焉，其博有差焉。能深且博，而屬文復不失古聖之誼者，孟氏而下，
惟周子之《通書》、張子之《正蒙》，醇厚正大，邈焉寡儔。許、鄭
亦能深博，而訓詁之文，或失則碎；程、朱亦且深博，而指示之語
或失則隘……僕竊不自揆，謬欲兼取二者之長，見道既深且博，而
爲文復臻於無累，區區之心，不勝奢願，譬若以蚊而負山，盲人而
行萬里也，亦可哂已！〔註16〕

此時的曾國藩，雖指稱孔門有四科，然而若進一步推敲，「知兵」和「富國」
當屬於「政事」一科。「禮」作爲儒家文化的主軸，地位無可動搖。「樂」雖
是一門獨立的學科，但其作用更傾向於爲「禮」服務。曾國藩所謂的「深」、
「博」與「文」分別指向義理之學、考據之學及詞章之學。從三長兼備的理
想出發，曾國藩指出偏於考據或疏於詞章之學的短處。他表示，許愼和鄭玄
專精的訓詁之學，雖博大精深，卻有陷於零碎的危險性；二程和朱熹倡導的
理學，在做到深博的同時，卻無法兼顧語言之美。所以，曾國藩表示，他「於
漢、宋二家構訟之端，皆不能左袒，以附一哄；於諸儒崇道貶文之說，尤不
敢雷同而苟隨。」〔註17〕意識到漢學與宋學各有長短的曾國藩，期許著自己
可以打破兩門學說的壁壘，達至漢學、宋學兼修，並輔之以詞章之學，揚長
避短。

經過 8 年的沉澱與思考，時爲咸豐元年（1851）七月，曾國藩在原有的
義理、詞章與考據三大分類中，再將經濟之學單獨立爲一個門類，構成四大
分科。這時的曾國藩對於儒學的理解顯然又有所提升，他不僅在分類上劃分
得更爲細緻，也對這四大分科作出更爲深入的闡述。其言曰：

有義理之學，有詞章之學，有經濟之學，有考據之學。義理之
學，即《宋史》所謂道學也，在孔門爲德行之科；詞章之學，在孔
門爲言語之科；經濟之學，在孔門爲政事之科；考據之學，即今世
所謂「漢學」也，在孔門爲文學之科。此四者，闕一不可。予於四
者，略涉津涯，天質魯鈍，萬不能造其奧突矣！惟取其尤要者而日
日從事，庶以漸磨之久，而漸有所開。

義理之學，吾之從事者二書焉，曰《四子書》，曰《近思錄》；

〔註16〕曾國藩：《致劉蓉》，《曾國藩全集・書信（一）》，第 6 頁，長沙：嶽麓書社，
1991 年 6 月。

〔註17〕曾國藩：《致劉蓉》，《曾國藩全集・書信（一）》，第 8 頁。

詞章之學，吾之從事者二書焉，曰《曾氏讀古文鈔》與《曾氏讀詩
鈔》，二書皆尚未纂集成帙，然胸中已有成竹矣；經濟之學，吾之從
事者二書焉，曰《會典》，曰《皇朝經世文編》；考據之學，吾之從
事者四書焉，曰《易經》，曰《詩經》，曰《史記》，曰《漢書》。此
十種者，要須爛熟於心中。凡讀此書，皆附於此十書，如室有基而
丹艧附之，如木有根而枝葉附之，如雞伏卵，不稍歇而使冷，如蛾
成垤，不見異而思遷，其斯爲有本之學乎？〔註18〕

曾國藩此一治學之道，提綱挈領地歸納出「義理之學——德行之科」、「詞章
之學——言語之科」、「經濟之學——政事之科」、「考據之學——文學之科」
的對照關係。如此一來，理論上的「學」，得以透過「科」付諸實踐，成就「學
科」的建立。而且，曾國藩在這一段治學心得中也標舉出相關書目，爲後生
晚輩提供窺探的門徑。

　　在治學上，曾國藩和梁啓超都極爲重視學科分類的概念。1927 年，梁啓
超在清華大學開壇講授《儒家哲學》，他在論及儒家的學科分類時說道：

孔子道術方面很多，如前所述，一方面講內聖，一方面講外王，
可見他不單注重身心修養，並且注重政治社會情形。孔門分四科：
一德行，注重修養，後人稱爲義理之學。二言語，注重發表，後人
稱爲詞章之學。三政事，注重政治，後人稱爲經濟之學。四文學，
注重文物，後人稱爲考證之學。這樣四科，亦還不能算孔子全部學
問，至多不過聖人之一體而已。〔註19〕

這四項分類，與曾國藩所提及的劃分如出一轍。透過歸納和分類，儒家學說
呈現出條理分明的結構，並得以在內聖與外王這兩個層次中找到各自的依
歸。然而，將儒家學說劃出分類，並不表示各科之間處於斷裂的狀態，而是
彼此互爲表裏，相互依存。正如曾國藩所言，義理之學始終是儒家學說的主
軸，詞章、考據與經濟之學若無義理之學爲基礎，則將悖離儒家學說的風貌。
條理分明的論述，對於站在講壇以及從事學術研究的梁啓超更是一種必備資
本。

　　在明確把握儒家學說的分科概念之餘，曾國藩也嘗試結合歷史發展脈絡
進行闡述。咸豐九年（1854 年）四月，在寫給長子的家書中，曾國藩即從宏

〔註18〕曾國藩著，王啓原編：《求闕齋日記類抄》，第 8 頁，傳忠書局，光緒二年。
〔註19〕梁啓超：《儒家哲學》，《飲冰室合集》第 12 冊第 103 卷，第 21 頁。

觀與微觀兩個面向指點曾紀澤治學之道:「學問之途,自漢至唐,風氣略同;自宋至明,風氣略同;國朝又自成一種風氣。其尤著者,不過顧、閻百詩、戴東原、江愼修、錢辛楣、秦味經、段懋堂、王懷祖數人,而風會所扇,群彥雲興。爾有志讀書,不必別標漢學之名目,而不可不一窺數君子之門徑。」〔註 20〕於此觀之,相較於門戶流派之爭,曾國藩更爲看重的是前輩學人的治學方法。透過此封家書提及的前輩學人,亦可看出曾氏的學問趣味甚爲廣泛,並希冀兒子也可以做到摒除門戶之見,開拓學術視野。

　　而後,曾國藩在同治二年(1863 年)三月寫給曾紀澤的家書中再次提及戴震、錢大昕、段玉裁和王念孫,表示:

> 余嘗怪國朝大儒,如戴東原、錢辛楣、段懋堂、王懷祖諸老,其小學訓詁實能超越近古,直逼漢唐,而文章不能追尋古人深處,達於本而闇於末,知其一而昧其二,頗所不解。私竊有志,欲以戴、錢、段、王之訓詁,發爲班、張、左、郭之文章晉人左思、郭璞小學最深,文章亦逼兩漢,潘、陸不及也。〔註21〕

縱觀清朝學風,曾國藩對當時眾多學者專力於考據,而在詞章工夫上欠缺力度的現象深表遺憾。在曾氏看來,具備訓詁學的功底,是寫文章的優質資源。文章雖爲四大分科之「末」,卻足以影響學理的表達。因此,曾國藩希望自己能在戴、錢、段、王等人建構的訓詁學基礎上,結合班固、張衡、左思與郭璞的文學成就,使其學借文以傳世。於此可見,曾國藩企圖打破各門學科與文類界限的努力,並體現出他將治學與爲文融匯成一個整體的遼闊眼界。

　　處身道、咸年間,訓詁與考據學佔據學界主流,以宋學爲立身和學術資源的曾國藩卻不隨波逐流,並成功打破學界對宋學的偏見。在推崇宋學的同時,曾國藩也期望匯通漢、宋,把儒學推向更高層次。咸豐十年(1860 年)八月,曾國藩在回覆夏弢甫的信中即明確闡述這一觀點:

> 乾嘉以來,士大夫爲訓詁之學者,薄宋儒爲空疏;爲性理之學者,又薄漢儒爲支離。鄙意由博乃能返約,格物乃能正心。必從事於《禮經》,考核於三千三百之詳,博稽乎一名一物之細,然後本末兼該,源流畢貫,雖極軍旅戰爭,食貨凌雜,皆禮家所應討論之事。故嘗謂江氏《禮書綱目》、秦氏《五禮通考》,可以通漢、宋二家之

〔註20〕　曾國藩:《諭紀澤　四月二十一日》,《曾國藩全集·家書(一)》,第 477 頁。
〔註21〕　曾國藩:《諭紀澤　三月初四日》,《曾國藩全集·家書(二)》,第 947 頁。

結，而息頓漸諸說之爭。〔註22〕

曾國藩強調若要匯通漢學與宋學，首先要以格物正心，並做到本末兼具。曾國藩高度推崇江永的《禮書綱目》和秦蕙田的《五禮通考》，正是看中此二書具備打通漢、宋之學的長處。李鴻章追隨曾國藩多年，曾氏的言傳身教更是他一生受益無窮的資源。在《求缺齋文鈔・序》中，李鴻章精簡扼要地勾勒出曾國藩的治學旨趣。他表示：「蓋公之學，其大要在淵源經術，兼綜漢宋，以實事求是、即物窮理爲主，以古聖人之仁禮爲宗，以程、朱之義理爲準，以唐杜氏、宋馬氏及國朝諸老之考據爲佐助，持論最爲平允。」〔註23〕李鴻章的評述，點出曾國藩治學的重心在經術，以綜合漢、宋爲追求；雖以程、朱的義理之學爲依歸，但同時採納考據學爲輔。基於此，曾國藩匯通漢、宋的成就，打破當時漢學獨大的格局，爲學界帶來新氣息。

　　從咸豐九年（1859 年）至同治七年（1868 年）將近十年的時光中，曾國藩從未間斷指導兒子讀書做學問，並一再提醒曾紀澤在治學上須摒棄門戶之見。而且，曾氏也不時提示曾紀澤做學問所應持有的態度，告誡兒子要謙虛，不應對前輩學人妄加批判。同治七年（1868 年）三月二十五日，曾國藩的日記中有這樣一段記錄：

　　　　是夜與紀澤論爲學之道不可輕率評騭古人，惟堂上乃可判堂下之曲直，惟仲尼乃可等百世之王，惟學問遠過古人乃可評騭古人而等差其高下。今之講理學者，動好評貶漢唐諸儒而等差之。講漢學者，又好評貶宋儒而等差之。皆狂妄不知自量之習。譬如文理不通之童生而令衡閱鄉試、會試之卷，所定甲乙豈有當哉？善學者於古人之書，一一虛心涵詠，而不狂妄加評騭，斯可哉。〔註24〕

可見，匯通漢宋的理想是曾國藩多年以來堅持不懈的治學之路。何貽焜在編撰曾國藩評傳時，對曾氏立基在學問基礎上開展而來的成就進行精闢分析，其言曰：

　　　　公乃蓄德而窮思，博綜而廣術。樹德則追周、孔，自苦隱師禹、墨，持法竊用申、韓，善處功名之際，乃因黃、老。故公之學，其

〔註22〕曾國藩：《覆夏弢甫　八月二十一日》，《曾國藩全集・書信（二）》，第 1576 頁。

〔註23〕李鴻章：《求闕齋文鈔・序》，收錄於曾國藩著、王澧華校點：《曾國藩詩文集》，第 458 頁，上海：上海古籍出版社，2005 年。

〔註24〕曾國藩：《曾國藩全集・日記（三）》，第 1486～1487 頁，長沙：嶽麓書社，1995 年 2 月。

> 大者出於禮經；而百家偏勝之術，亦時取之於集事。其於宋儒，篤
> 崇伊川、紫陽，而於象山、姚江之說，曾不曲徇世議，輕事非詆。
> 其道大而能容，通而不迂，此公所由能定當時之難，赫然為近代英
> 賢之宗，而上與葛、陸、范、馬諸人比烈也。〔註25〕

何貽焜高度讚揚曾國藩在治學上「其道大而能容，通而不迂」的特質，認為
其一生的成就，與他這種開闊的治學胸襟不無關係。在這段論述中，何氏亦
標舉儒、墨、法、道四家為曾國藩樹德、修行、從政以及退隱之道的指標。
各家學說的融匯貫通，成就並圓滿曾氏的人生道路。

　　同治、光緒年間，西方文化已經是當時的中國知識分子不得不面對的問
題，因此，如何在西方文化和儒家傳統中尋找平衡點成了一個時代議題。早
在 1901 年撰寫《自由書·說悔》一文之際，即便當時梁啓超已為新接觸到的
西方學說所吸引，但他仍清楚看到儒家文化所具備的跨時代彈力，故稱：「學
者求新知識，固屬要事，然於當前陳腐之事物，決不可輕看而吐棄之。吾今
日每讀中國理學家之書，常覺其於國民教育上有一大部份之關係；每讀中國
歷史，覺其趣味濃深，應接不暇。」〔註26〕彰顯理學與國民教育之關聯，看
重的無疑是理學中的德行規範，且為儒家教義中極為重視的一環。在治學旨
趣上，梁啓超極為服膺王陽明「知行合一」之說，與此同時，他也同樣看重
朱熹學派的理學思想。

　　長久以來，朱熹的形象皆是一個標準的儒者。饒有趣味的是，梁啓超卻
從朱熹的理學體系中看到「科學」的色彩。梁氏指稱：「平心論之，『就事事
物物上求其所謂定理』並非不可能的事，又並非不好的事，全然拋卻主觀，
而以純客觀的嚴正態度研求物理，此正現代科學所由成立。科學初輸入中國
時，前輩譯為『格致』，正是用朱子之說哩。」〔註27〕已接觸到科學概念的梁
啓超，以此看待朱熹學說，挖掘出「格致」一詞即是中國前輩學者對於科學
意涵的表述，藉此肯定朱熹學說的「科學」色彩。在朱熹的身上，曾國藩和
梁啓超顯然「各有所取」，曾國藩推崇的是朱熹理學的教義；而梁啓超則關注
其治學方法的客觀性。

〔註25〕何貽焜編著：《曾國藩評傳·敘》，《民國叢書》第一編 085，第 1 頁，上海：
　　　　中華書局，1947 年。
〔註26〕梁啓超：《自由書》，《飲冰室合集》第 6 冊第 2 卷，第 77 頁。
〔註27〕梁啓超：《王陽明知行合一之教》，《飲冰室合集》第 5 冊第 43 卷，第 44 頁。

　　梁啓超在接觸並進一步瞭解西方學術後，一方面從儒學體系中提煉出原已存在的「科學」元素並加以闡發；另一方面則開始著手用系統方法整理儒家學說。如此一來，經過梁啓超的闡述和整理，儒家學說也體現出「科學」和「系統」的樣貌。從 1902 年至 1904 年陸續刊載於《新民叢報》的《論中國學術思想變遷之大勢》，是梁啓超早期的學術專論。此文在論及清代的學術氛圍時，梁啓超即極爲關注當時的學術主流——漢學中的科學精神。他表示：

　　　本朝學者以實事求是爲學鵠，頗饒有科學的精神，而更輔以分
　　業的組織，惜乎其用不廣，而僅寄諸瑣瑣之考據。所謂「科學的精
　　神」何也？善懷疑，善尋間，不肯妄徇古人之成說與一己之臆見，
　　而必力求眞是眞非之所存，一也。既治一科，則原始要終，縱說橫
　　說，務盡其條理，而備其佐證，二也。其學之發達，如一有機體，
　　善能增高繼長，前人之發明者，啓其端緒，雖或有未盡，而能使後
　　人因其所啓者而竟其業，三也。善用比較法，臚舉多數之異說，而
　　下正確之折衷，四也。凡此諸端，皆近世各種科學所以成立之由，
　　而本朝之漢學家皆備之，故曰其精神近於科學。〔註28〕

將科學精神加注在漢學上，大概是由梁啓超首倡。在這樣一個詮釋角度下，漢學被賦予新的生命力，擺脫枯燥乏味的刻板印象，一躍而爲具備科學精神的學科。梁啓超肯定漢學家們「求眞」的精神，並讚揚他們在論述時佐證具備和說理明晰的特點，認爲這其實就是治學所需要的科學精神。

　　1920 年《清代學術概論》的撰述，展現出梁啓超的治學格局已趨於成熟，並開始轉向爲學術而學術的道路。此前，寫於 1902 至 1904 年間的《論中國學術思想變遷之大勢》，雖說探討的是學術思想，但不能否定的是，其中也隱含著政治用心。梁啓超對此即有所反省，並在《清代學術概論》中坦言：「有爲、啓超皆抱啓蒙期『致用』的觀念，借經術以文飾其政論，頗失『爲經學而治經學』之本意，故其業不昌，而轉成爲歐西思想輸入之導引。」〔註29〕梁啓超這一番夫子自道，即坦承其曾經「借經術以文飾其政論」，雖說此舉亦爲推介西方思想的契機，然對經學本身卻有所損害。

　　梁啓超在治學上重視概念明晰、脈絡條理分明，追溯中國傳統治學方法

〔註28〕中國之新民：《論中國學術思想變遷之大勢・第八章之續》，《新民叢報》第 54
　　　　號，1904 年 10 月 8 日（光緒三十年九月一日），第 2 頁。
〔註29〕梁啓超：《清代學術概論》，《飲冰室合集》第 8 冊第 34 卷，第 5 頁。

的弊端時，意識到「好古」和「託古」的趣味引發出「名實混淆」的現象，
因而批評：

> 中國思想之瘤疾，確在「好依傍」與「名實混淆」。若援佛入儒
> 也，若好造僞書也，皆原本於此等精神。以清儒論，顏元幾於墨矣，
> 而必自謂出孔子；戴震全屬西洋思想，而必自謂出孔子；康有爲之
> 大同，空前創獲，而必自謂出孔子。及至孔子之改制，何爲必託古？
> 諸子何爲皆託古？則亦依傍混淆也已。此病根不拔，則思想終無獨
> 立自由之望。啓超蓋於此三致意焉。然持論既屢與其師不合，康、
> 梁學派遂分。〔註30〕

依據系統論述的要求以及學術自由的理念，梁啓超認爲，在治學上走出古人
的籠罩是一種必須。梁啓超毫不諱言，康有爲「託古」的偏好，正是導致他
們師徒二人在治學道路上分道揚鑣的其中一個重要因素。梁啓超的學術底蘊
以及體系之建構，得益於康有爲啓發之處顯然無需贅言。從《三十自述》中
所形容的「大海潮音，作獅子吼」及「冷水澆背，當頭一棒」〔註31〕，到《清
代學術概論》自述「啓超自三十以後，已絕口不談僞經，亦不甚談改制」〔註
32〕，這其實是梁啓超學術道路上的幾個轉折點。從客觀的學術立場出發，梁
啓超與康有爲的學術道路越走越遠也是一種必然。

　　作爲嘗試結合國學與西學研究的先驅者，梁啓超在摸索的過程中自有一
番體悟。《國學入門書要目及其讀法》一文雖說是在爲後輩學子提供治國學的
門徑，但梁啓超也借鑒西學方法，進而論述中國傳統和西方學術之異同。其
文曰：

> 讀外國書和讀中國書當然都各有益處，外國名著，組織得好，
> 易引起趣味。他的研究方法，整整齊齊擺出來，可以做我們模範，
> 這是好處。我們滑眼讀去，容易變成享現成福的少爺們，不知甘苦
> 來歷，這是壞處。中國書未經整理，一讀便是一個悶頭棍，每每打
> 斷趣味，這是壞處。逼著你披荊斬棘，尋路來走，或者走許多冤枉
> 路（只要走路斷無冤枉，走錯了回頭，便是絕好教訓。），從甘苦閱
> 歷中磨練出智慧，得苦盡甘來的趣味。那智慧和趣味卻最眞切，這

〔註30〕 梁啓超：《清代學術概論》，《飲冰室合集》第 8 冊第 34 卷，第 65 頁。
〔註31〕 梁啓超：《三十自述》，《飲冰室合集》第 2 冊第 11 卷，第 16 頁。
〔註32〕 梁啓超：《清代學術概論》，《飲冰室合集》第 8 冊第 34 卷，第 63 頁。

是好處。〔註33〕

這一段話，通透地指出中國和西方的學術理路之不同以及各自的利弊，實乃真知灼見。基於此一認識，梁啓超在投身學術研究後，以西方學術方法治理國學一直都是他努力的方向，其成就也有目共睹。

在治學的道路上，曾國藩和梁啓超皆以開闊的眼界和博大的胸襟匯納百川。曾國藩成功匯通漢學和宋學，讓儒學得以更爲圓融地結合成一個整體。曾國藩立基於學術基礎開展而來的一生成就，讓儒學的命脈和光環在他的身上得以延續。梁啓超對曾氏的成就高度讚揚，表示：「曾派及其朋友門下，靠儒學作根底，居然能作出如許的功業，人格亦極其偉大，在學術界很增光彩……」〔註34〕這種學問與事功合而爲一的成就，讓梁啓超對曾國藩極爲崇敬，並努力朝向同一目標邁進。在曾國藩打破儒學自家的門戶之見後，梁啓超則成功結合儒家的學術精神以及西方的治學方法，爲儒家學說注入一股新的生命力，並以去蕪存菁的姿態傳承儒學的精髓。

第二節　從傳統到現代的治學方法

把讀書做學問視爲人生智慧的曾國藩與梁啓超，在治學上成就斐然。其中，豐厚的儒家學養是他們二人取之不盡、用之不竭的學術源泉。再加上曾、梁二人皆能打破門戶之見，並跳脫墨守成規的桎梏，故使儒家學說得以展現出繼往開來的生命力。曾國藩與梁啓超在治學方法上也頗具心得，並與他們的學術趣味構成相輔相成的格局。重視傳統的曾國藩，在治學上走的是穩打穩紮的路子；梁啓超則在傳統學術的基礎上，嘗試取法西方的治學方法，希冀把中國學術精粹以系統性的方式呈現出來。當然，梁啓超其實也很清楚：「單用西方治哲學的方法，研究儒家，研究不到儒家的博大精深處。」〔註35〕畢竟，儒家哲學爲人生哲學，若僅用西方的學術方法顯然無法深入探索儒家哲學的精粹。只是，面對欠缺系統整理的國學典籍，借助西學方法以廓清理路，顯然有其必要。

作爲將西學引進中國以及用西學方法整理國學的先驅者，梁啓超其實很

〔註33〕梁啓超：《國學入門書要目及其讀法·附錄二　治國學雜話》，《飲冰室合集》第9冊第71卷，第26頁。

〔註34〕梁啓超：《儒家哲學》，《飲冰室合集》第12冊第103卷，第69頁。

〔註35〕梁啓超：《儒家哲學》，《飲冰室合集》第12冊第103卷，第5頁。

清楚，國學與西學各有特色，所以在兩者之間取長補短才是明智之舉。梁啓超在寫於 1915 年的《孔子教義實際裨益於今日國民者何在欲昌明之其道何由》一文中，即以杉松和桃李比喻國學和西學。他說：「吾雅不願採擷隔牆桃李之繁葩，綴結於吾家杉松之老幹，而沾沾自鳴得意。吾若愛桃李也，吾惟當思所以移植之，而何必使與杉松淆其名實者！」〔註 36〕可見，梁啓超對國學與西學皆抱持認可態度，並客觀看待兩者之長短，期望讓彼此互惠互益。梁啓超嘗試匯通中、西學的努力，與時代條件有著密切關係。畢竟，從光緒以至民國年間，西學已是中國的有識之士不得不面對的學術潮流。

梁啓超與曾國藩的學問趣味雖大異其趣，然而，他們在治學方法上卻不乏相通之處。道光二十三年（1843 年），曾國藩在與賀長齡論學時，嘗謂：「若夫讀書之道，博學詳說；經世之才，遍採廣詢，自度智慧精神，終恐有所不逮。」〔註 37〕這種「博學詳說」、「遍採廣詢」的自我期許，其實與梁啓超匯通西學的追求並無二致。在曾國藩所處的道光、同治年間，漢學佔據當時的學界主流，然而，曾氏卻成功讓他秉以治身、立業的程朱理學，在學界重新佔據一席之地。曾國藩「篤崇宋儒，不廢漢學，不輕立說，專務躬行，卒能提挈群賢，中興清業」〔註 38〕的成就，展現出學問與事功相結合的境界。在治學上，曾國藩秉持匯納百川的姿態，一再提醒自己：「讀書之道，杜元凱稱，若江海之侵、膏澤之潤；若見聞太寡，蘊蓄太淺，譬猶一勺之水，斷無轉相灌注、潤澤豐美之象，故君子不可以小道自域也。」〔註 39〕這段話見於曾國藩寫於咸豐九年（1859 年）五月十二日的日記。由此可證，即便曾國藩一再表明自己崇敬理學，然而他也不貶抑其他門派的學說。這種寬廣的治學眼界和胸襟，是曾國藩和梁啓超在學術上收穫巨大成就的重要原因。

曾國藩和梁啓超一再強調做學問要匯納百川，不能執著於門戶或國學、西學之爭，與此同時，他們也將專精的態度視爲治學的必要條件。梁啓超在《曾文正公嘉言鈔》中，曾抄錄曾氏提點弟弟們的治學之道，其文曰：「用功譬若掘井，與其多掘數井而皆不及泉，何若老守一井，力求及泉，而用之不

〔註 36〕 梁啓超：《孔子教義實際裨益於今日國民者何在欲昌明之其道何由》，《飲冰室合集》第 4 冊第 33 卷，第 64～65 頁。
〔註 37〕 曾國藩：《覆賀長齡》，《曾國藩全集・書信（一）》，第 4 頁。
〔註 38〕 錢基博、李肖聃：《近百年湖南學風・湘學略》，第 178 頁，長沙：嶽麓書社，1985 年。
〔註 39〕 曾國藩：《曾國藩全集・日記（一）》，第 385 頁。

竭乎？」〔註40〕曾國藩在這封家書中，其實是在批判自己「掘數井而皆不及泉」，希望他的弟弟們在治學時引以為戒。當時的曾國藩顯然很擔心弟弟們在治學工夫上不務實，所以，幾個月之後，在寫於道光二十三年（1843 年）正月的家書中又寫道：

> 窮經必專一經，不可泛騖。讀經以研尋義理為本，考據名物為
> 末。讀經有一耐字訣。一句不通，不看下句；今日不通，明日再讀；
> 今年不精，明年再讀。此所謂耐也。讀史之法，莫妙於設身處地。
> 每看一處，如我便與當時之人酬酢笑語於其間。不必人人皆能記也，
> 但記一人，則恍如接其人；不必事事皆能記也，但記一事，則恍如
> 親其事。經以窮理，史以考事。捨此二者，更別無學矣。〔註41〕

在這封家書中，曾國藩從讀經和讀史兩個層面切入，極為細心地教導他的幾個弟弟讀書做學問的方法。通過個人的治學心得，曾國藩深刻體會到讀經重在耐心，必須做到專精方得其法。讀史的訣竅則與讀經大有不同，須重在體會，若能對歷史人物與事件感同身受，才是深得讀史之法。曾氏之所以選擇讀經與讀史之法重點指導，是因為在他看來，若能通過這兩門學問掌握「窮理」和「考事」之法，治學之道即已基本在握。

作為理學的忠誠信徒，對於朱熹的學問，曾國藩自是潛心研究而且頗有心得。故此，朱熹提及的治學方法，曾國藩自然也會加以關注。道光二十二年（1842 年）九月，曾國藩在寫給弟弟們的家書中提到：「朱子言為學譬如熬肉，先須用猛火煮，然後用慢火溫。」〔註42〕此一治學方法，是朱熹在其《總論為學之方》中所用的比喻。其原文為：

> 今語學問，正如煮物相似，須藉猛火先煮，方用微火慢煮。若
> 一向只用微火，何由得熟？欲復自家元來之性，乃恁地悠悠，幾時
> 會做得？大要須先立頭緒。頭緒既立，然後有所持守。〔註43〕

〔註40〕梁啓超輯：《曾文正公嘉言鈔》，第 30 頁，上海：商務印書館，1925 年 3 月第
　　　　十版。／曾國藩：《致澄弟溫弟沅弟季弟　九月十八日》，《曾國藩全集　家書
　　　　（一）》，第 35 頁。
〔註41〕曾國藩：《致澄弟溫弟沅弟季弟　正月十七日》，《曾國藩全集　家書（一）》，第
　　　　55 頁。
〔註42〕梁啓超輯：《曾文正公嘉言鈔》，第 29 頁。／曾國藩：《致澄弟溫弟沅弟季弟　九
　　　　月十八日》，《曾國藩全集　家書（一）》，第 34 頁。
〔註43〕朱熹撰：朱傑人、嚴佐之、劉永翔編：《朱子全書》（第 14 冊），第 285～286
　　　　頁，上海：上海古籍出版社，2002 年 12 月。

從朱熹的論述即可瞭解，他所強調的須先用猛火煮，是指在做學問上，首先必須先立定頭緒，不能散漫無歸。頭緒既定，再加上持之以恆的耐心，自然可以在學問上有所斬獲。

在治學旨趣上，梁啓超顯然與朱熹不同，不過，朱熹用來譬喻的「猛火熬」與「慢火燉」兩個治學階段，還是深得梁啓超認可。梁氏不僅在《曾文正公嘉言鈔》中抄錄曾國藩在家書中所寫的這段話，而且還在 1927 年 8 月 29 日寫給子女們的家書中，附加上自己的治學心得，與兒女們分享：

> 我國古來先哲教人做學問的方法，最重優游涵飲，使自得之。這句話以我幾十年之經論（驗）結果，越看越覺得這話親切有味。凡做學問總要「猛火熬」和「慢火燉」兩種工作循環交互著用去。在慢火燉的時候，才能令所熬的起消化作用，融洽而實有諸己。〔註44〕

梁啓超在治學上的體悟，結合前輩學人的經驗，當可視爲其治學方法的經驗總結。除了對朱熹以及曾國藩「猛火熬」、「慢火燉」的治學方法大表認可外，梁氏亦提及另一同樣可以在朱熹以及曾國藩身上尋找到淵源的治學之道——優游涵飲。簡言之，在治學的道路上，雖有師父領進門，但修行終究還是在個人。畢竟，前輩學者可以提供治學門徑，然而領略書中智慧的能力卻無法依靠前人傳授，而是必須通過自身的「優游涵飲」，方能有所體悟。

咸豐八年（1858 年）八月初三，曾國藩在寫給兒子的信中說：「汝讀《四書》無甚心得，由不能虛心涵泳，切己體察。朱子教人讀書之法，此二語最爲精當。」〔註45〕曾國藩即便與兒子紀澤分隔兩地，卻清楚掌握兒子的學習狀態，故而以朱熹治學上的「涵泳」之法提點兒子，希望他能悠然地「涵泳」於《四書》的世界中，並從中領悟其精華。在信末，曾國藩還再次強調：「善讀書者，須視書如水，而視此心如花、如稻、如魚、如濯足，則涵泳二字，庶可得之於意言之表。爾讀書易於解說文義，卻不甚能深入，可就朱子涵泳體察二語悉心求之。」〔註46〕曾國藩在指導兒子讀書做學問時，誠可謂「對症下藥」，即知道兒子的問題所在後，適時地提出解決方案。兩個月後，曾國藩還在家書中對兒子說：「朱子《集傳》，一掃舊障，專在涵泳神味，虛而與

〔註44〕梁啓超著，張品興編：《梁啓超家書》，第 494～495 頁，北京：中國文聯出版社，1999 年 12 月。

〔註45〕曾國藩：《諭紀澤　八月初三日》，《曾國藩全集　家書（一）》，第 409 頁。

〔註46〕曾國藩：《諭紀澤　八月初三日》，《曾國藩全集　家書（一）》，第 409 頁。

之委蛇……」〔註47〕朱熹治學上的「涵泳」一法，強調個人領略能力的重要性，而且若非優游閒適的「涵泳」，個人體悟無從深入。

「學問之道無窮，而總以有恆爲主。」〔註48〕在讀書做學問的努力中，有效的學習方法必不可少，然而一個更爲根本和必須的條件是持之以恆。曾國藩不時提醒弟弟及兒子們，在治學時，恆心是必備前提。同治四年（1865年）七月十三日寫給兒子的家書中，曾國藩進一步表示，要達到持久有恆的狀態，還須時時在讀書做學問之際，從中尋獲趣味和新意，若如此，方能葆有源源不絕的興味，恆心也就自然生成。對此，曾國藩在家書中結合自身的體會表示：「近年在軍中閱書，稍覺有恆，然已晚矣。故望爾等於少壯時，即從有恆二字痛下工夫，然須有情韻趣味，養得生機盎然，乃可歷久不衰。若拘苦疲困，則不能眞有恆也。」〔註49〕在治學的道路上，若能達到這種境界，恆心源於樂趣，必不覺其苦。在《國朝先正事略序》中，曾國藩也曾引述康熙皇帝之言謂：「學貴初有決定不移之志，中有勇猛精進之心，末有堅貞永固之力。」〔註50〕這三句話準確地總結治學的三個階段必須具備的精神，而且所謂「決定不移之志」、「勇猛精進之心」、「堅貞永固之力」，也隱隱與「猛火熬」、「慢火燉」、「眞有恆」這三個步驟有異曲同工之妙。

從朱熹到曾國藩所提及的治學方法，梁啓超皆心領神會，並切身躬行。而且，「涵泳」於國學與西學的梁啓超，也確實兼取二者之長，開拓出新的學術視野。早在辦理《新民叢報》時期，即便當時的梁啓超對西學頗爲傾心，然而他對國學的鍾愛卻並未因此而受影響，且希冀可以讓國學在去蕪存菁之後，葆有源源不絕的生命力。梁啓超始終認爲，客觀和自由的學術立場是對待國學與西學的必備前提，所以他一再批判將西學依附於國學的做法。在《保教非所以尊孔論》中，梁氏嘗言：

> 抑今日之言保教者，其道亦稍異於昔。彼欲廣孔教之範圍也，於是取近世之新學新理以緣附之，曰某某者孔子所已知也，某某者孔子所曾言也。其一片苦心，吾亦敬之，而惜其重誣孔子而益阻人思想自由之路也……故吾最惡乎舞文賤儒，動以西學緣附中學者，

〔註47〕曾國藩：《諭紀澤 十月二十五日》，《曾國藩全集 家書（一）》，第436頁。

〔註48〕曾國藩：《致澄弟溫弟沅弟季弟 十一月二十一日》，《曾國藩全集 家書（一）》，第99頁。

〔註49〕曾國藩：《諭紀澤 七月十三日》，《曾國藩全集 家書（二）》，第1205頁。

〔註50〕曾國藩：《國朝先正事略序》，《曾國藩全集·詩文》，第322頁。

以其名爲開新，實則保守，煽思想界之奴性而滋益之也。〔註51〕

梁啓超批判治學態度上的「奴性」心理，認爲這對客觀的學術立場與學術自由是一種妨礙。在《近世文明初祖二大家之學說》一文中，梁氏更言簡意賅地表示：「第一，勿爲中國舊學之奴隸；第二，勿爲西人新學之奴隸。」〔註52〕正因爲梁啓超持有客觀、平等看待國學和西學的心態，所以在「涵泳」於其中之後，才能尋找出以西方學術方法整理國學的可行性，開拓治理國學的新走向。

1922 年，梁啓超在撰寫《先秦政治思想史》時，曾暢言自己在接觸西學之後，再回頭審視國學時的心得。他說：「國故之學，曷爲直至今日乃漸復活耶？蓋由吾儕受外來學術之影響，採彼都治學方法以理吾故物。於是乎，昔人絕未注意之資料，映吾眼而忽瑩；昔人認爲不可理之系統，經吾手而忽整；乃至昔人不甚了解之語句，旋吾腦而忽暢。」〔註53〕這種治理國學時豁然開朗的境界，對梁啓超來說，即是得益於西學的系統方法。借助西學方法以整理國學，梁啓超當屬先驅者，並取得顯著的成效。對中國傳統以及西方的治學方法皆深有體悟的梁啓超，深明治學方法之重要性，故而強調：「後人應用前人的治學方法，而復從舊方法中，開發出新方法來，方法一天一天的增多，便一天一天的改善，拿著改善的新方法去治學，自然會優於前代。」〔註54〕顯然，梁啓超在學術上的成就，不僅僅在於他能夠以客觀態度融匯國學與西學，懂得汲取前人的智慧也是他取得成功的重要因素。

梁啓超於 1917 年底投身學術研究之後，即將其主要關注點放在研治國學上，這與他早前辦報時期積極引進西學的取向形成強烈對比。只不過，西學仍在方法論的意義上顯示出其重要性。梁啓超曾結合自己治國學的經驗表示：

> 中國的史料，錯雜散漫，未經整理過的，實在豐富的很……試問研究此種歷史，整理此種資料，究竟是誰的責任呢？誰最適宜於幹這事呢？外國人因有語言文字及其他種種困難，自然不能幹。中國的老輩，也還是幹不下來，因爲他們不知道治史的新方法。他們如果能夠

〔註51〕中國之新民：《保教非所以尊孔論》，《新民叢報》第 2 號，1902 年 2 月 22 日（光緒二十八年元月十五日），第 67～68 頁。

〔註52〕中國之新民：《近世文明初祖二大家之學說》，《新民叢報》第 2 號，1902 年 2 月 22 日（光緒二十八年元月十五日），第 19 頁。

〔註53〕梁啓超：《先秦政治思想史》，《飲冰室合集》，第 9 冊第 50 卷，第 13 頁。

〔註54〕梁啓超：《東南大學課畢告別辭》，《飲冰室合集》，第 5 冊第 40 卷，第 9 頁。

> 幹，早幹了！所以我說這個責任，是應該中國現在的青年負擔；而且
> 也要這般通西學知道新方法的人，才最適合幹此事。〔註55〕

面對未經整理卻極爲豐富的國學典籍，西方學術訓練中所講究的系統性即是
一把梳子，可用以梳理散亂無章的國學資料，使之條理分明。梁啓超也清楚
認識到，要完成此一工作，首要條件是具備國學和西學的學術訓練，所以他
毅然肩負起開路先鋒的責任，爲後生晚輩做引導。

1923 年，梁啓超落筆撰寫《國學入門書要目及其讀法》，以篇名開宗明義，
強調閱讀與治學方法乃此文的一大重心。梁啓超在文中進一步指出：

> 中國書沒有整理過，十分難讀，這是人人公認的。但會做學問
> 的人，覺得趣味就在這一點。吃現成飯，是最沒有意思的事，是最
> 沒有出息的人才喜歡的。一種問題，被別人做完了四平八正的編成
> 教科書樣子給我讀，讀去自然是毫不費力。但從這不費力上頭結果，
> 便令我的心思不細緻不刻入……中國學問界，是千年未開的礦穴，
> 礦苗異常豐富，但非我們親自絞腦筋絞汗水，卻開不出來。翻過來
> 看，只要你絞一分腦筋一分汗水，當然還你一分成績，所以有趣。
> 〔註56〕

對於學者而言，治學的樂趣莫過於在過程中獲得新發現和新領會。研治國學
雖花心思，也須下苦工夫，然而可以在豐富的材料中，不斷挖掘出彼此相關
之脈絡，自然可收穫無限驚喜。在治學上，梁啓超既得朱熹的「涵泳」之意，
又掌握西學的治學方法，結合此二者投入國學研究中，自然樂趣無窮且成就
斐然。

梁啓超治學得法與能力之強，是其同輩以及後輩學者所公認並讚不絕口
的事實。梁啓超的好友丁文江別具慧眼，在梁氏尚未全心投入學術研究之前，
即已留意到其能力與潛力，並建議他「棄政從學」。其弟丁文淵在《梁任公先
生年譜長編・序》中回憶此事時寫道：

> 二哥〔註57〕素性憨直，對人極具至性，有問必答，無所隱諱。
> 與任公坐談之際，嘗謂任公個性仁厚，太重感情，很難做一個好的

〔註55〕梁啓超：《文史學家之性格及其預備》，夏曉虹輯：《〈飲冰室合集〉集外文》（中
　　　　冊），第 938～939 頁，北京：北京大學出版社，2005 年 1 月。
〔註56〕梁啓超：《國學入門書要目及其讀法・治國學雜話》，《飲冰室合集》第 9 冊第
　　　　71 卷，第 23～24 頁。
〔註57〕注：丁文江。

政治家。因爲在政治上，必須時時具有一個冷靜的頭腦，才能不致
誤事。又謂任公的分析能力極強，如果用科學方法，研究歷史，必
定能有不朽的著作。因此勸任公放棄政治活動，而從事學術研究，
任公亦深以爲然，此實任公的大過人處。〔註58〕

「素性憨直」的丁文江遇上有「大過人處」的梁啓超，說者有心，聽者有意，
從而成就了學界一大巨擘，誠屬美事一樁。鄭振鐸也以梁啓超的政治和學術
生涯相互觀照，認爲：

他在政治上雖是一位溫情主義的改良論者，野心一點也不大，
然在學術上，他卻是一位虎視眈眈的野心家。他不動手則已，一動
手便有極大的格局放在那裡；不管這個格局能否計劃得成功。他喜
於將某一件事物，某一國學術作一個通盤的打算，上下古今的大規
模的研究著，永不肯安於小就，作一種狹窄專門的精密工作。〔註59〕

結合丁文江和鄭振鐸的觀察，「太重情感」的梁啓超若羈留於政治界，其作爲
將遠不如在學術界卓越。鄭振鐸以鳥瞰的視野論述梁啓超的學術方略，描繪
出一幅大山大水的宏觀圖景，爲梁啓超的學術宏願寫下極爲貼切的注腳。除
了從大處著眼，鄭振鐸也從細處觀察梁啓超的治學策略。在鄭振鐸看來，即
便是論學文章，梁啓超還是能夠以他撰述報刊文字的文采魅力，將原本枯燥、
艱深的學術分析和見解，闡述得引人入勝。〔註60〕

伍莊與梁啓超有同門之誼，故對梁氏的學問根基與理路有全面性的認
識。伍莊對梁氏治理國學的方法與成就，曾有一番深入、細緻的剖析。在寫
於 1929 年的《梁任公先生行狀》一文中，伍莊聲稱：

（梁啓超）近年以科學方法整理國故，著述日多，學者仰之如
泰山北斗。其著述條理之分明，耙梳之得法，抉擇之精確，疏釋之
發皇，能使學者讀其書，省精力而獲益多……國學浩如煙海，無門
徑眞無以入，故不能不有賴於整理之人。假令天假先生以年，則今
後國家雖亂，其以學術惠我國民者，豈淺鮮哉？〔註61〕

伍莊的觀察，與梁啓超自己整理國學的心得類似，只是梁氏是以身在其境者

〔註58〕 丁文江、趙豐田編：《梁任公先生年譜長編（初稿）》，第 655 頁，北京：中華
書局，2010 年 4 月。
〔註59〕 鄭振鐸：《梁任公先生》，夏曉虹編：《追憶梁啓超》，第 78 頁。
〔註60〕 參見鄭振鐸：《梁任公先生》，夏曉虹編：《追憶梁啓超》，第 60 頁。
〔註61〕 伍莊：《梁任公先生行狀》，夏曉虹編：《追憶梁啓超》，第 5 頁。

的身份梳理和闡釋國學，伍莊則是在總結梁氏一生的學術成就。梁啓超將系統方法融匯到國學研究中，是他在學界的重要貢獻，並爲同輩與晚輩學者所津津樂道。梁啓超的學生謝國楨即曾簡明扼要地概述梁氏一生治學與爲文的特色，並將之劃分成三個階段。追隨梁啓超治學多年的謝國楨認爲：「按先生少年之文，以豪邁勝；及夫壯年治學，以系統條理見長，故恒亦有疏忽之愆；及夫晚年，則由提要鈎玄，一變而爲精湛纖密之作，而文則情韻不匱，眞迫東漢。讀其文者，當能知之。」〔註62〕可見，不同的評述雖從不同的角度談論梁啓超的學術成就，然而以西方的系統方法整理和研究國學，卻是眾多學者不變的讚賞之所源。

　　梁啓超於 1917 年離開政壇步入杏壇後，他以西學方法治理國學的努力和成就已然有目共睹。不過，必須留意的是，這種治學方法，梁啓超早在 1902 至 1904 年撰寫《論中國學術思想變遷之大勢》之際，已經初步萌芽並實際操演。夏曉虹在評析《論中國學術思想變遷之大勢》時，曾有一番精闢的見解：

> 翻開《論中國學術思想變遷之大勢》，最直觀的印象是與古人著述形式的不同。在中國古代學者常用的單篇論說、箋證疏義、讀書札記、傳承表等體式之外，梁啓超又提供了一種嶄新的學術史寫作模式……這種縱貫全史的視野，配以分章分節的體例，使得《論中國學術思想變遷之大勢》綱目清晰，史論互證，分而不散，合而不亂，新意迭出，引人入勝。〔註63〕

由夏曉虹的論述即可清楚窺見，梁啓超的治學方法一再被標舉爲突破舊有的格局，是因爲在他的手中，中國學術史的整體架構已開始顯現。箋證疏義與讀書札記等傳統的研究手段，顯然已無法承載梁啓超的學術規格與容量，另闢新徑已勢在必行。治學方法在學術研究中猶如開啓門戶的鑰匙，也是治學道路上的一盞明燈。掌握治學方法，有助於讓莘莘學子在讀書、治學之際，有一條明確的道路向前開展。因此，曾國藩與梁啓超的學術趣味雖不同，但對於研究方法的重視，他們的態度卻極爲一致。基於不同的學術旨趣，曾、梁二人的治學方法自然也有所差異。在採取西學方法整理和研究國學之前，

〔註62〕謝國楨：《〈論七略別錄與七略〉跋》，夏曉虹編：《追憶梁啓超》，第 351 頁。

〔註63〕夏曉虹：《中國學術史上的垂範之作——讀梁啓超〈論中國學術思想變遷之大勢〉》，收錄於《閱讀梁啓超》，第 257～258 頁，北京：三聯書店，2006 年 8 月年。

梁啓超先從朱熹、曾國藩等前輩學者的治學方法中獲益良多。而後，在中、西治學方法兩相結合下，梁啓超的國學研究得以開展出新風貌，實為在所必然，同時也為國學的命脈注入新動力。

第三節　「桐城派」的中興與「新文體」的開創

「蓋文章經國之大業，不朽之盛事。」〔註64〕古往今來多少文人雅士、治國賢才，都借著文章才得以讓自己的文采、治學之道以及治國理念得以流傳後世。曾國藩嘗言：「今古名人雖韓、歐之文章，范、韓之事業，程、朱之道術，斷無久不作文之理。」〔註65〕可見一紙文章雖輕，卻足以讓撰寫者名流千古。從政治角度考量，曾國藩數量龐大的奏摺以及梁啓超的政論文章，皆是他們借助文字闡述各自政治思想的「經國之大業」。另一方面，治學與為文是不可截然二分的共同體，彼此之間更是相輔相成。醉心讀書做學問的曾國藩和梁啓超，極為重視用文章來闡述自己的學術思考和心得。換言之，曾、梁二人的文字功力，其實也與他們的學術涵養密不可分。

曾國藩出身翰林，其文字功底不容質疑；梁啓超的「報章文體」，也為他贏得「輿論界之驕子」的美譽。曾國藩雖說師承桐城派，然而，他對歷來的古文家皆能欣賞各家之長，從莊子、韓愈、柳宗元到姚鼐等等，都是他涵詠、學習的對象。反觀梁啓超，由於他刊載在報刊的文章具有明顯的啓蒙用意，因此，平易暢達、易於觸動人心的文風成了他追求的目標。基於此，在行文風格上，梁啓超擺脫駢文、桐城古文、八股文等各類文體的局限，而且在詞匯的運用上，也開始納入一些翻譯名詞。梁啓超的報刊文章雖為一代新風，卻也不能忽略從傳統文人身上汲取的養分。對於文章之道，曾國藩和梁啓超的表現與他們在學術史上扮演的角色十分相似。曾氏自稱私淑桐城派，著力延續古文傳統的命脈；梁啓超則以其飽含情感、明白暢曉的文字，開創出「新文體」，為「五四」白話文運動披荊斬棘，承擔先驅者的角色。

曾國藩事功上的豐功偉業，無形中掩蓋了他在學術與文章上的成就。這在系統研究歷史人物與事件的梁啓超看來，確非理想狀態。在《中國歷史研究法補編》中，梁啓超即提出完善曾國藩研究的可能面向，他表示：

〔註64〕 曹丕著，魏宏燦校注：《典論·論文》，《曹丕集校注》，第 313 頁，合肥：安徽大學出版社，2009 年 10 月。
〔註65〕 曾國藩：《覆鄧汪瓊 六月二十四日》，《曾國藩全集·書信（二）》，第 1010 頁。

> 曾國藩是事業家，但他的文章也很好。即使他沒有事業，單有
> 文章，也可以入文苑傳。我們很希望他的年譜，紀載他的文章詩句，
> 或詩文的篇目。現行的《曾文正公年譜》，我嫌他載官樣的文章太多，
> 載信箚和別的文章太少。好文章盡多著，如《李恕谷墓誌銘》、《昭
> 忠祠記》等，應該多錄，卻未注意。〔註66〕

梁啓超的評價，切中以往有關曾國藩年譜以及相關記述的缺失。若把曾國藩
的治學與文章結合其事功成就進行探討，曾氏的形象將更爲豐富和立體。正
如梁啓超的觀察所得，《曾文正公年譜》中過多的官樣文章其實都是在凸顯其
事功成就，不過，若欲認識曾氏其人其事，他的信箚和文章可以更好地展現
其眞實的一面。

梁啓超肯定曾國藩的文章價值，但並未對此加以闡述。這一層面在錢基
博手中，得到很好的發揮。錢基博在探討曾國藩的文風師承及特色時，有一
段精闢的論述：

> 厥後湘鄉曾國藩以雄奇之氣，宏通之識，發爲文章，而又據高
> 位，自稱私淑於桐城，而欲少矯其儒緩之失；故其持論以光氣爲主，
> 以音響爲輔；探源揚、馬，專宗退之，奇偶錯綜，而偶多於奇，復
> 字單詞，雜廁相間；厚集其氣，使聲采炳煥而戛焉有聲。此又異軍
> 突起而自爲一派，可名爲湘鄉派。一時流風所被，桐城而後，罕有
> 抗顏行者。〔註67〕

此段評論指出，曾國藩雖自稱私淑桐城派，但其實並非一味模仿和追隨，而
是也對桐城派的文風做出矯正。根據錢基博的評述，曾國藩的古文已然具備
自己的特色，故可另立門戶，稱爲「湘鄉派」。此一評價給予曾氏的古文成就
極高的肯定。錢基博也關注到曾氏的古文在用字和音韻上所投注的工夫，故
能營造出文章的雄奇之氣。

若將錢基博的評述與曾國藩在其家書和信箚中論及的爲文之道相互參
照，足可相互印證。咸豐十一年（1861 年）正月初四日，曾國藩在指導兒子
寫文章時言道：

〔註66〕梁啓超：《中國歷史研究法（補編）》，《飲冰室合集》第 12 冊第 99 卷，第 78
　　　　頁。

〔註67〕錢基博著、曹毓英選編：《錢基博學術論著選》，第 492 頁，武漢：華中師範
　　　　大學，1997 年。

> 爾問文中雄奇之道。雄奇以行氣爲上，造句次之，選字又次之。
> 然未有字不古雅而句能古雅，句不古雅而氣能古雅者；亦未有字不
> 雄奇而句能雄奇，句不雄奇而氣能雄奇者。是文章之雄奇，其精處
> 在行氣，其粗處全在造句選字也。余好古人雄奇之文，以昌黎爲第
> 一，揚子雲次之。〔註68〕

在曾國藩看來，文章的遣詞用字將直接影響文章的氣勢，所以雖說選字造句是文章的「粗處」，卻也不容忽視。曾氏在此家書中讚譽韓愈和楊雄的文章最具雄奇之氣，希望兒子以之爲學習對象。曾國藩重視文章雄奇之氣的特質，在錢基博的評價中，已爲曾氏本人的文章特色。

在閱讀歷代先賢的典籍文章時，曾國藩所關注的不僅僅是先輩的智慧結晶，也同時關注他們的文章風格。咸豐十一年（1861年）九月，曾國藩在日記中寫道：「細玩孟子光明俊偉之氣，惟莊子與韓退之得其彷彿，近世如王陽明亦殊磊落，但文辭不如三子者之跌宕耳。」〔註69〕曾國藩首先肯定孟子、莊子、韓愈以及王陽明從人格貫徹到文章的光明坦蕩之氣，但還是認爲，王陽明在文辭上不能與前三人相提並論。以此足可看出，曾國藩在汲取先賢的思想精華時，亦對他們的文辭運用極爲留心。這種文辭上的敏感度，正是曾國藩古文成就的功底。早在咸豐八年（1858年），身在疆場的曾國藩回首早年的志向，曾感慨道：「早歲有志著述，自馳驅戎馬，此念久廢。然亦不敢遂置詩書於不問也。每日稍閒，則取班、馬、韓、歐諸家文，舊日所酷好者一溫習之，用此以養吾心而凝吾神。」〔註70〕即便身在軍營，曾國藩亦將歷代名家的文章置於左右，隨時閱讀，以此養心凝神。而且，從曾國藩列舉的眾多古文家觀之，韓愈是他一再提及的前輩文人，其鍾愛程度由此得以窺知。

曾國藩雖傾心於文章的「雄奇」之氣，但對於其他的文體風格，也同樣採取欣賞的態度。在給長子的信中，曾氏亦曾暢談詩文的「詼詭」與「閒適」之趣。這兩種風格，與「雄奇」之氣形成強烈對比，卻又各具特色。曾國藩在家書中言曰：「凡詩文趣味約有二種：一曰詼詭之趣，一曰閒適之趣。詼詭之趣，惟莊、柳之文，蘇、黃之詩，韓公詩文，皆極詼詭，此外實不多見。

〔註68〕 曾國藩：《諭紀澤 正月初四日》，《曾國藩全集 家書（一）》，第629頁。
〔註69〕 曾國藩：《曾國藩全集·日記（一）》，第661頁。
〔註70〕 曾國藩：《加李如片 十二月初八日》，《曾國藩全集·書信（一）》，第758頁。

閒適之趣，文惟柳子厚遊記近之，詩則韋、孟、白傅均極閒適。」〔註71〕縱論文章帶有「詼詭」之氣的前輩文人，曾國藩首推莊子和柳宗元，同時也標舉蘇軾和黃庭堅的詩作，不過，曾氏還是不忘將韓愈含括在內，認爲其詩文同樣具備「詼詭」的特色。在其評點中，柳宗元則是「詼詭」與「閒適」之趣兼具的文人，詩作則以韋應物、孟浩然和白居易的詩作最稱「閒適」。曾國藩對於歷代詩文作品的評鑒，有其自身的趣味標準，也是其文學素養的展現。

　　在歷代文人中，曾國藩加以關注和評點者爲數不少，韓愈更是其中佔據重要分量的人物。但若以師承脈絡來考察，姚鼐在曾國藩的文學之路上扮演的角色不容替代。曾國藩在其《聖哲畫像記》中，總結性地歸納和評述了三十二位先聖先哲。借助《聖哲畫像記》中所擇取的人物和評價，亦可窺見曾國藩的學術和文學趣味。文中明確表示：「然姚先生持論閎通，國藩之初解文章，由姚先生啓之也。」〔註72〕由此可證，姚鼐對曾國藩的文章之道顯然具有啓蒙意義。基於對姚鼐的崇敬，曾氏一直都聲稱自己私淑桐城派。值得注意的是，即便曾氏自稱桐城弟子，但在《聖哲畫像記》中，他獨尊姚鼐，而不把桐城派的開山祖師方苞列入其中，取捨之間，對方、姚二人的評價不言而喻。

　　對於曾國藩的文章成就，錢穆所持的觀點與錢基博類似，皆認爲曾氏雖師承桐城派，但並不被桐城派的文章體式所局限。錢穆認爲：

　　　　（曾國藩）雖自謂「粗解文章，由姚先生啓之」，《聖哲畫像記》。然平日持論，並不拘拘桐城矩矱，而以姚氏與亭林、蕙田、王懷祖父子同列考據之門，尤爲隻眼獨具。語亦見《聖哲畫像記》。姚氏在文學上之貢獻，本在其《古文辭類纂》之選集。凡其明流變，定類例，亦皆不越考據一門；惟所考在文章不在經義耳。故曾氏亦謂姚氏雖不能比於古之作者，而終以百年正宗推之也。雖極推唐鏡海諸人，而能兼採當時漢學家、古文家長處，以補理學枯槁狹隘之病。其氣象之閎大，包蘊之宏豐，更非鏡海諸人斷斷徒爲傳道、翼道之辨者所及。則滌生之所成就，不僅勘平大難，足以震爍一時，即論學之平正通達，寬宏博實，有清二百餘年，固亦少見其匹矣。〔註73〕

〔註71〕曾國藩：《諭紀澤　三月二十二日》，《曾國藩全集　家書（二）》，第 1332～1333 頁。

〔註72〕曾國藩：《聖哲畫像記》，《曾國藩全集‧詩文》，第 250 頁。

〔註73〕錢穆：《中國近三百年學術史》，第 655 頁。

此一評述，提出曾國藩不僅兼取漢學家以及古文家之長，而且成功以文學之生氣彌補理學的枯槁。如此一來，曾國藩一方面成功讓理學突破清中葉以來被壓抑的狀態；另一方面也為他所推崇的桐城派增添光彩。錢穆也高度評價曾國藩在理學上的修為，認為其成就已超越傳道者的角色，讓理學的內涵更為豐厚並具備實踐性。

梁啓超也同樣關注曾國藩與桐城派的關係，他在 1920 年撰述《清代學術概論》時寫道：「咸同間，曾國藩善為文而極尊『桐城』，嘗為《聖哲畫像贊》，至躋姚鼐與周公、孔子並列。國藩功業既焜耀一世，『桐城』亦緣以增重，至今猶有挾之以媚權貴欺流俗者。」〔註 74〕梁氏首先肯定曾國藩的文章風格以及其師出桐城的淵源，但也留意到桐城派因曾氏而得以光耀門楣的現象。在《儒家哲學》中，梁啓超進一步挖掘曾國藩與桐城派的關係，指稱曾氏之所以推崇姚鼐，還與方東樹有淵源：

> 曾文正很尊敬他（按：指方東樹），為他刻文集。曾一面提倡桐城文學，一面研究朱學。有《聖哲畫像贊》，自伏羲、文王、周公、孔子起，一直傳到姚姬傳止。姚為方的先生，因為尊敬方，才尊敬姚。曾派及其朋友門下，靠儒學作根底，居然能作出如許的功業，人格亦極其偉大，在學術界很增光彩。而他們與桐城派關係極深，淵源有自，所以我們不能不認桐城為很大的學派。〔註 75〕

梁啓超此一評價，已是將曾國藩從人格、事功、學術以及文學的成就融為一體，桐城派的地位也因著曾氏這一位私淑弟子的成就而被提高，堪稱相得益彰。

梁啓超雖因曾國藩之故而肯定桐城派為「很大的學派」，然而在行文風格上，他卻明白表示：「啓超夙不喜桐城派古文，幼年為文，學晚漢魏晉，頗尚矜煉，至是（按：指 1902 年創辦《新民叢報》、《新小說》時）自解放，務為平易暢達，時雜以俚語、韻語及外國語法，縱筆所至不檢束。學者競倣之，號新文體；老輩則痛恨，詆為野狐。然其文條理明晰，筆鋒常帶情感，對於讀者，別有一種魔力焉。」〔註 76〕桐城派極為講求「文法」、「義法」，這與梁啓超的文風相去甚遠。這一點，也是梁啓超在推崇曾國藩的人格、事功與治

〔註 74〕 梁啓超：《清代學術概論》，《飲冰室合集》第 8 冊第 34 卷，第 49 頁。

〔註 75〕 梁啓超：《儒家哲學》，《飲冰室合集》第 12 冊第 103 卷，第 69 頁。

〔註 76〕 梁啓超：《清代學術概論》，《飲冰室合集》第 8 冊第 34 卷，第 62 頁。

學成就之餘，一個比較明顯的距離。曾氏與梁氏二人的文章風格，呈現爲嚴守文法以及肆意奔放兩種不同走向，一覽可知。然而，即便梁啓超本人難以貼近桐城派的古文風格，他卻不否定桐城派在古文章法上的價值，所以在《國學入門書要目及其讀法》中，他亦標舉桐城派文章爲可取與可學之道，稱：「學者如必欲就文求文，無已，則姚鼐之《古文辭類纂》、李兆洛之《駢體文鈔》、曾國藩之《經史百家雜鈔》可用也。」〔註77〕梁啓超客觀對待桐城派的文學史定位，不以自身喜好爲衡量標準的立場，由此得到印證。

　　梁啓超平易暢達、情感奔放的行文氣勢，常常被拿來與桐城派嚴謹的文風相互對照。這一情況的出現，除了梁啓超在《清代學術概論》中自稱不喜桐城派古文外，也基於其文章與桐城派的風格形成強烈對比。鄭振鐸即依循梁氏在《清代學術概論》的脈絡展開論述，表示：「像那樣不守家法，非桐城，亦非六朝，信筆取之而又舒卷自如，雄辯驚人的嶄新文筆，在當時文壇上，耳目實爲之一新。」〔註78〕郭延禮亦謂：「梁啓超的散文較之桐城古文是一個大幅度的解放，它完全拋棄了桐城派的『義法』，而走上一條自由化、通俗化、半歐化的道路，從文體形式、思想内容到語言表達均有和古典散文不同的特點。就此而論，它可以說是中國古典散文向現代散文過渡的橋樑。」〔註79〕擺脱掉桐城文法束縛的梁啓超，開始建構新的文體風格，而且，他在用辭上平易暢達的特色，也展露出白話文的端倪，故而郭延禮將梁氏的文章定位爲從古典邁向現代的過渡橋樑。

　　梁啓超的文章風格素來以暢達易懂、情感洋溢見稱，而他經由文字灌輸愛國意識、抒發救國情懷的成就更是有目共睹。站在啓蒙的立場，艱澀深奧的古文顯然並不符合梁啓超的需要。對當時的梁啓超而言，他所追求的並不是純粹具有審美價值的文章成就，而是期待尋獲一種在達到觸動人心的效果時，也可以啓蒙民眾的新文體。在這樣的基礎上，梁啓超的確成功塑造出獨具魅力的文章風格，並被稱之爲「新文體」或「新民體」。對此，以文辭古雅見稱的嚴復也不得不說：「至於任公，妙才下筆，不能自休……其筆端又有魔力，足以動人。」〔註80〕黃遵憲則稱：「驚心動魄，一字千金。人人筆下所無，卻爲人人意中所有，雖鐵石人亦應感動。從古至今，文字之力之大，無過於

〔註77〕梁啓超：《國學入門書要目及其讀法》，《飲冰室合集》第9冊第71卷，第15頁。
〔註78〕鄭振鐸：《梁任公先生》，夏曉虹編：《追憶梁啓超》，第57頁。
〔註79〕郭延禮：《近代西學與中國文學》，第290頁，南昌：百花文藝出版社，1999年。
〔註80〕嚴復著、王栻編：《與熊純如書》，《嚴復集（三）》，第632頁，北京：中華書局，1986年1月。標點有改動。

此者矣。」〔註81〕嚴復與黃遵憲的評價，皆標舉梁啓超的文風具備震撼人心的效果，在當時的影響力自是不言而喻。

梁啓超的「新文體」／「新民體」主要是指他創辦《時務報》、《清議報》以及《新民叢報》時期的報刊文字。當時的梁啓超以國家局勢為關懷點，再加上刊載於報章的時間限制，他在撰文之際，往往是一揮而就，雖未及字斟句酌，卻能以文思泉湧之姿結合天賦之文才，成就一篇篇激動人心的篇章。對此，鄭振鐸評述道：

> 他的散文，平心論之，當然不是晶瑩無疵的珠玉，當然不是最高貴的美文，卻另自有他的價值。最大的價值，在於他能以他的「平易暢達，時雜以俚語、韻語及外國語法」的作風，打倒了所謂懨懨無生氣的桐城派的古文，六朝體的古文，使一般的少年們都能肆筆自如，暢所欲言，而不再受已僵死的散文套式與格調的拘束；可以說是前幾年的文體改革的先導。〔註82〕

擺脫古文文法的拘束，梁啓超的筆端自由暢達，再加上讀者對其關切時局的論述易產生共鳴，更讓梁文一紙風行，成了競相傳閱的文字。如此一來，梁啓超帶有啓蒙色彩的文章，足足影響了當時的一代人。對此，胡適即曾提及：「梁先生的文章，明白曉暢之中，帶著濃摯的熱情，使讀的人不能不跟著他走，不能不跟著他想。」〔註83〕由此可見，梁氏的文筆魅力足以牽動人心，影響力不容低估。梁啓超的學生吳其昌曾如此描述梁啓超文章的氣勢：

> 至於雷鳴潮吼，恣睢淋漓，叱吒風雲，震駭心魄；時或哀感曼鳴，長歌代哭，湘蘭漢月，血沸神銷，以飽帶情感之筆，寫流利暢達之文，洋洋萬言，雅俗共賞，讀時則攝魂忘疲，讀竟或怒髮衝冠，或熱淚濕紙，此非阿諛，唯有梁啓超之文如此耳！〔註84〕

吳其昌這番熱情洋溢的讚美，映照出梁啓超文章動人的情感力量。若以啓蒙民眾為目的，梁文的成效毋庸置疑。夏曉虹將梁啓超的著述分為前、後期加以探討，認為他「前期作為一位政治家，注重現實功利，故志在覺世；而後

〔註81〕黃遵憲撰、吳振清等編校：《致梁啓超書（九通）》，《黃遵憲集（下卷）》，第490頁，天津：天津人民出版社，2003年10月。
〔註82〕鄭振鐸：《梁任公先生》，夏曉虹編：《追憶梁啓超》，第82頁。
〔註83〕胡適著，歐陽哲生編：《四十自述‧在上海（一）》，《胡適文集（一）》，第71頁，北京：北京大學出版社，1998年11月。
〔註84〕吳其昌：《梁啓超傳》，第23頁，天津：百花文藝出版社，2004年7月。

期作爲一名學問家，注重歷史價值，故志在傳世」〔註85〕。梁啓超一生中筆耕不輟，「以覺世始，以傳世終」〔註86〕是對其成就最好的概括。

　　曾國藩和梁啓超在行文風格上大相徑庭，有趣的是，曾國藩在文章工夫上一直標榜自己爲桐城派私淑弟子；反之，梁啓超則因自稱「夙不喜桐城派古文」，而一直被拿來作爲反襯。曾國藩得益於姚鼐而「初解文章」，並高度推崇韓愈的古文，而他本人則以「雄奇」的文章風格見稱於世。梁啓超則抱著啓蒙大眾的用心，以批評時政與引進新知爲關切點，再加上情感澎湃的筆觸，寫就一篇篇震撼讀者、引起極大反響的文章。結合曾國藩與梁啓超的個人風采與他們的行文風格，謂之「文如其人，人如其文」亦恰恰合宜。

小　結

　　在中國學術史上，曾國藩和梁啓超皆佔有舉足輕重的地位，而兩人的形象卻構成強烈的對比。若說在儒家文化史上，曾國藩是一個「承先」者，那麼，承接儒家文化命脈的「啓後」者，非梁啓超莫屬。曾國藩與梁啓超在繼往開來的路程中前後銜接，爲傳承儒家文化命脈作出貢獻。曾國藩不僅成功打破當時學界「獨尊漢學」的格局，也讓他服膺的程朱理學再度中興。而且他積極匯通漢學、宋學的努力，也成功爲學界注入新氣息。

　　承接著曾國藩打破門戶之見的努力，梁啓超面對的已不僅僅是儒家內部的門戶之爭，而是國學與西學兩種不同的文化與學術相互拉鋸的交匯點。面對中、西文化相互衝擊的火花，梁啓超並不非此即彼地貶抑或抬高兩種文化，而是客觀、合理地汲取二者之長以補所短。抱持同樣的心態思考學術問題，國學與西學在梁啓超眼中也各有精彩之處，故在其手中得以融會貫通，開拓出新的學術境界。在梁啓超的努力下，結合儒家學說以及西學方法的研究成果，的確讓人耳目一新。

　　「涵泳」於國學經典的曾國藩和梁啓超在學術研究中成就斐然，故得以在學術史上佔據一席之地，不過，對他們來說，讀書做學問更爲根本的目的在於藉此領悟人生智慧。1922 年，梁啓超在爲江蘇學生聯合會演講時，即以

〔註85〕　夏曉虹：《覺世與傳世——梁啓超的文學道路》，第 8～9 頁，北京：中華書局，2006 年 1 月。

〔註86〕　夏曉虹：《以覺世始　以傳世終——梁啓超與 20 世紀中國》，收錄於《閱讀梁啓超》，第 8 頁。

反問的對話形式將儒家哲學的根本精神傳達出來。其言曰：

> 問諸君：「爲什麼進學校？」我想人人都會眾口一辭的答道：「爲的是求學問。」再問：「你爲什麼要求學問？」、「你想學些什麼？」恐怕各人的答案就很不相同，或者竟自答不出來了。諸君啊！我請替你們總答一句罷：「爲的是學做人！」〔註87〕

同樣的觀點，梁啓超於隔年在《爲創設文化學院事求助於國中同志》一文中再度強調，開宗明義地聲稱：「啓超確信我國儒家之人生哲學，爲陶養人格至善之鵠，全世界無論何國無論何派之學說，未見其比。在今日有發揮光大之必要。」〔註88〕簡言之，孔、孟諸子的學說，其實是「陶養人格」的學問。對此，曾國藩和梁啓超皆心領神會並切身躬行。曾氏與梁氏「立德」、「立功」、「立言」的卓越成就，亦體現出「學問」與「做人」在他們身上融合爲一的風貌，展現出儒家學說的魅力。

〔註87〕梁啓超：《爲學與做人》，《飲冰室合集》第 5 冊第 39 卷，第 105 頁。
〔註88〕梁啓超：《爲創設文化學院事求助於國中同志》，夏曉虹輯：《〈飲冰室合集〉集外文》（中冊），第 927～928 頁。

結　語

　　引領時代風騷的曾國藩和梁啓超，是近代史上舉足輕重的「英雄式」人物。曾、梁二人的事功成就讓他們在各自的時代聲名大噪，高潔的人格修養更讓他們得以流芳百世，成爲後世楷模。一甲子的光陰，讓曾國藩和梁啓超置身於兩個不同時代。曾國藩生活著的道光、咸豐以及同治年間，即便西方列強已經敲開清朝的大門，卻未能動搖清政府和儒家文化的根基。然而，從清朝末年邁入民國時期，梁啓超必須面對的是具體的政體改革以及抽象的文化衝擊。在不同的時代條件下，曾國藩平定的是國家內部的動亂以及儒學的門戶之間；梁啓超則把眼界推展至中國和西方政體以及中、西文化的匯通。曾國藩和梁啓超對西方文化的接納程度雖不同，但同樣都是走在時代前端的先驅者。當然，在接納西方文化的同時，儒家文化始終是曾氏和梁氏在人生道路上的根本依歸，並影響著他們的立身處世和價值取向。隨著時代的流動與變革，曾氏與梁氏各自被標舉爲最後一個傳統意義上的儒者以及過渡時代的調適者。即便如此，卻也恰恰印證，儒家文化始終是曾、梁二人身上豐厚的人生智慧。

　　儒家學說是一門人生哲學，以「仁」爲立論主軸，關懷中心在於「人」，同時也在「人」的身上得以實踐。自孔子奠立儒家學說以來，其學說即與現實人生高度結合，並在現實生活的各個層面發揮效應。此一趨勢，也讓儒家學說漸次開展成文化形態，並逐步建構成中華民族的文化主流。作爲人生的智慧結晶，儒家學說具備跨越時間限制的彈力，故得以在不同的時代展現光芒。儒家學說自春秋時代流傳而下，當然不可能停留在原初狀態，而是會隨著時代的轉變做出相應的調整，然而其主軸始終未變。在曾國藩和梁啓超的

領悟中，儒家學說的精髓正是人生的學問，而且還是一門可以從「小我」跨入「大我」境界的高深學問。

曾國藩身上一直都貼有「儒者」的標籤。曾氏的人生道路和立身處世，秉守著儒家文化的價值取向，這讓他的形象與「儒者」合爲一體，無法截然二分。儒家文化既是曾國藩的立身之本，也是他的治家之道。在家書中，曾國藩不時以儒家教義指引家中子弟，並希望他們在書本上研習之餘，莫忘這是一門人生的學問。曾氏也一再強調，儒家在修身之學上的養分，得以讓切身躬行者在人生道路上走得更踏實、穩健。曾國藩在寫於同治九年（1870 年）十一月初二日的家書中曾對兒子們說：「孔門教人，莫大於求仁，而其最切者，莫要於欲立立人、欲達達人數語。立者自立不懼，如富人百物有餘，不假外求；達者，四達不悖，如貴人登高一呼，群山四應。」〔註1〕身爲父親，曾國藩在爲曾紀澤和曾紀鴻闡述儒學的精粹之際，更希望的是他們能夠以此作爲人生目標，努力朝著「欲立立人、欲達達人」的方向邁進。曾國藩期待著兩個兒子既能以德立身，也能以德服人，完善人我之間的關係。

「欲立立人、欲達達人」是曾國藩一再標舉的儒學精華，同樣的觀點，在梁啓超論述儒學時也有所展現。時值 1927 年，當時的梁啓超正於清華大學講授《儒家哲學》，他指稱：

> 儒家哲學，範圍廣博，概括說起來，其用功所在，可以《論語》「修己安人」一語括之。其學問最高目的，可以《莊子》「內聖外王」一語括之。做修己的工夫，做到極處，就是內聖；做安人的工夫，做到極處，就是外王。至於條理次第，以《大學》上說得最簡明。《大學》所謂「格物致知誠意正心修身」，就是修己及內聖的工夫；所謂「齊家治國平天下」，就是安人及外王的工夫。〔註2〕

梁啓超的剖析，以「修己安人」四個字概括《論語》的主要關懷。「修己」與「安人」，同樣強調始於自身，但卻不是獨善其身的修身之學，而是在「修己」的同時，也要達到「安人」的境界。梁啓超的「修己安人」之說，與曾國藩所彰顯的「欲立立人、欲達達人」有異曲同工之妙。這也說明了儒家學說在

〔註1〕 曾國藩：《諭紀澤紀鴻 十一月初二日》，《曾國藩全集‧家書（二）》，第 1394 頁，長沙：嶽麓書社，1985 年 10 月。

〔註2〕 梁啓超：《儒家哲學》，《飲冰室合集》第 12 冊第 103 卷，第 2～3 頁，北京：中華書局，1989 年 3 月第一版（2008 年 11 月第 5 刷）。

處理人和人之間的關係上，是以道德修養為基礎開展出來的和諧結構。

　　在講堂上，梁啓超進一步結合「修己安人」以及「內聖外王」這兩個概念，把儒家學說的中心思想闡述得更為具體。梁氏還補充道：

> 《論語》說「修己以安人」，加上一個「以」字，正是將外王學問納入內聖之中，一切以各人的自己為出發點。以現在語解釋之，即專注重如何養成健全人格。人格鍛鍊到精純，便是內聖；人格擴大到普遍，便是外王。儒家千言萬語，各種法門，都不外歸結到這一點。〔註3〕

「修己」與「內聖」所要求的是個人的品德修養，然而終極目標卻是為「安人」和達到「外王」的境界。換言之，人格修養是立身之本，非此不能「安人」，更無以達至「外王」。梁啓超在把儒家學說歸結到「修己安人」以及「內聖外王」這兩個具體概念之後，也不忘告訴學生，《大學》中提到「格物致知誠意正心修身」以及「齊家治國平天下」，正是從「修己」至「安人」，也是從「內聖」到「外王」的下手工夫。

　　在曾國藩和梁啓超的人生中，儒家學說是他們在「修身」、「齊家」和「救國」之路上的根基。儒學既是曾、梁二人的學術旨趣，也是他們人生道路上的智慧之燈。修身之路是走向「安人」和「外王」的起點，也是在朝向「安人」和「外王」的努力中不能間斷的自我提升。梁啓超之所以把曾國藩視為自己的人生導師，正是因為他在曾氏身上看到「修己以安人」和「內聖外王」的理想結合。梁啓超不止一次地向他的師友們表示，自己因「偶讀《曾文正公家書》」，而在人格和道德修為上受到啓發。早在 1900 年 3 月 24 日之際，梁啓超正從日本前往檀香山籌劃保皇會事務，他在寫給康有為的信中表示：

> 弟子日間偶讀《曾文正公家書》，猛然自省，覺得不如彼處甚多，覺得近年以來學識雖稍進，而道心則日淺，似此斷不足以任大事。因追省去年十月、十一月間上先生各書，種種愆戾，無地自容，因內觀自省，覺妄念穢念，充積方寸，究其極，總自不誠不敬生來。〔註4〕

此時的梁啓超，對於之前與康有為因政見稍異而心生齟齬明顯懊惱不已。對

〔註3〕　梁啓超：《儒家哲學》，《飲冰室合集》第 12 冊第 103 卷，第 3 頁。

〔註4〕　梁啓超：《致康有為（1900 年 3 月 24 日）》，張品興主編：《梁啓超全集》第 20 卷，第 5928 頁，北京：北京出版社，1999 年。

此，梁啓超深自反省，認爲皆因自己「道心則日淺」、「不誠不敬」所致。這種種在道德上的自我要求，與「偶讀《曾文正公家書》」有著直接的關聯。這一機緣，讓梁啓超對曾國藩深自感佩，並借助曾氏的修身法門以「修己」，並朝向「內聖」的境界努力。

吳銘能在《困勉志大人之學──曾文正對梁任公的影響》一文中，特別關注梁啓超把曾國藩視爲品德修養的精神典範一事。他寫道：

> 曾國藩對梁任公一生之中，尤其在旅日期間到最後病逝於北京，起了極具關鍵性的作用，換言之，康梁亡命海外，分道揚鑣之後，曾國藩在德性修養方面的克己慎獨工夫，長隨伴任公左右，也因此使任公在幾次重大挫折與情感的激憤中，能很快地恢復平靜沉著……〔註5〕

爲證明自己的觀點，吳銘能也列舉梁啓超在宣統二年（1900 年）二月寫給徐佛蘇的信爲證，指稱梁啓超雖「屢遇拂逆」，卻可「心境常泰」，實乃得益於曾國藩的人格修養之啓發。〔註6〕梁啓超與康有爲有師徒之誼，最終卻因政見相左而各行其是。反觀梁啓超與曾國藩，二人雖處於不同時代，但曾氏的修身之學卻給予梁氏極大的震撼，並視之爲自己的精神導師。

正本清源，曾國藩的修身之學其實是儒家文化在他身上的展現。梁啓超對曾氏的修身之學推崇備至，是因爲曾氏善於把抽象的道德理念落實到現實生活中，故稱曾氏爲「可學」之人。當然，梁啓超「偶讀《曾文正公家書》」所受到的當頭棒喝也是一個重要契機。修身重在養心，這是曾、梁二人從儒家修身學說中領悟所得。然而，梁啓超養心的法門，卻取法於曾國藩。梁啓超從未諱言，借著寫書法以鎮定心緒的做法，即是以曾國藩爲學習的榜樣。〔註7〕

〔註5〕 吳銘能：《困勉志大人之學──曾文正對梁任公的影響》，邱黃海主編：臺灣《鵝湖月刊》第 22 卷第 11 期，第 32 頁，1997 年 5 月。

〔註6〕 參見吳銘能：《困勉志大人之學──曾文正對梁任公的影響》，邱黃海主編：臺灣《鵝湖月刊》第 22 卷第 11 期，第 34 頁；梁啓超：《致徐佛蘇（1910 年 2 月）》，《梁啓超全集》第 20 卷，第 5986 頁。

〔註7〕 參見曾國藩：《曾國藩全集·日記（一）》，第 151 頁，長沙：嶽麓書社，1995 年 2 月；梁啓超：《德育鑒》，第 101 頁，橫濱：新民社，1905 年 12 月 11 日初版（光緒三十一年十一月十五日）；梁啓超著，中華書局編輯部、北京匡時國際拍賣有限公司編：《南長街 54 號梁氏檔案》（全二冊），第 449 頁，北京：中華書局，2012 年 10 月；梁啓超：《致梁思順 1916 年 7 月 14 日》，張品興編：《梁啓超家書》，第 249 頁，北京：中國文聯出版社，1999 年 12 月。

在儒家學說中，修身之學一直都是主流學說。曾國藩和梁啟超雖各自服膺於朱熹的理學和王陽明的心學，但卻不執著於門戶之見。換言之，曾氏和梁氏的修身學問，其實皆回歸到儒家學說這一主軸上。「修己」是為「安人」，「內聖」也是為「外王」做準備。所以，曾國藩和梁啟超在「以德潤身」之際，也期待著「以德薰人」，從而建立理想的道德社會。

曾國藩和梁啟超治家之道的成功，是他們在「安人」和「外王」的努力中一個重要的起點。曾國藩和梁啟超以儒家的倫理道德，在家庭中倡導孝友之道，以此建立和諧的家庭關係以及和睦的家庭氣氛。如此一來，在曾、梁二人的家族中，家庭具有強大的向心力，故得以把家族子弟凝聚在一起，也讓孝友傳家的優良傳統得以代代相傳。曾氏和梁氏家族傳承至曾國藩和梁啟超這一代，已是書香門第，然而曾、梁二人卻一再提醒子弟們切勿摒棄自家的寒士門風，既要戒驕戒奢，也要安貧樂道。對家中子弟「愛之以德」是曾國藩和梁啟超的治家原則，所以在關注子弟們的人格修養之際，也希望他們讀書明理。在指導子弟們讀書做學問時，曾國藩和梁啟超皆因循孔子因材施教的方法，協助子弟們找到適合自己的治學之路和發展方向。曾國藩和梁啟超家族中人才輩出的景象，是他們的家庭教育中德育和智育雙管齊下的成效。

基於「欲立立人、欲達達人」的原則，曾國藩和梁啟超在做到「修己」和「內聖」的工夫後，皆不曾忘記要以自己的能力「安人」和投入到「外王」的事業中。曾國藩和梁啟超的愛國之情，讓他們在救國救民的努力中，即便面對重重波折或是危及自身安全也未曾退縮。這種「大我」的氣度，既是在「安人」，也是「欲立立人、欲達達人」的高尚情操。從孟子提出的民本思想以及西方的民權意識可以窺知，國民雖是國家的基層群體，卻也同時是國家的基石。曾國藩和梁啟超從未忽略人民在一國之中的重要性。當然，曾氏和梁氏更希望，掌握國家領導權的政治人物必須才德兼備，如此方能在「安邦」的同時也「安人」。可惜的是，即便曾、梁二人都曾嘗試再現儒家政治理想中的「賢人政治」，卻僅得曇花一現，未能持續久遠。洋務運動和維新變法的開展，是曾國藩和梁啟超在救國的努力上，向西方學習的大規模舉動。當時，曾、梁二人即便在「器物」以及「政體」上學習西方，但他們都堅信，儒家思想和文化終究是中華民族的根本大道。

儒家學說的「修己安人」、「內聖外王」以及「欲立立人、欲達達人」是曾國藩和梁啟超事功成就的立論基礎，也是他們在「修身」、「齊家」再至「救國」

的努力中希冀完善的立身原則和追求目標。曾氏和梁氏一生的事功，皆本於儒家學說。作爲儒家的忠誠追隨者，曾國藩的學術趣味未曾跳脫儒家學說的主軸，治學方法也停留在傳統框架中。反觀梁啓超，時代的變遷以及棄政從學的決定，讓他在治學的道路上有機會比曾國藩走得更遠。梁啓超以開闊的眼光擷取儒學與西學的精髓，希冀以取長補短的方式匯通兩者。在梁氏看來，儒家學說的人文精神是其精彩之處；西方學術則以方法取勝。在梁啓超的努力下，他嘗試以西方系統方法整理國學資源，探索出以「史」爲脈絡的敘述模式，提升學術表述方式的系統性。文字作爲思想與學說的載體，其重要性不容低估。有趣的是，梁啓超即便把曾國藩視爲精神導師，但是他們二人的文字風格卻明顯背道而馳。曾國藩是清末時期桐城派得以中興的重要人物，梁啓超則自稱「夙不喜桐城派古文」〔註8〕，並開創出明顯與桐城文風形成強烈對比的「新文體」。

曾國藩和梁啓超在他們各自的時代皆是開創時代風氣的風雲人物。曾國藩從自身的人格修養下工夫，並以其人格魅力將志同道合的有德之士凝聚在一起，興起一股道德風氣。而且，當時曾國藩和他的友人、幕僚皆是朝廷命官，幾乎成功再現儒家政治理想中「賢人政治」的美好景象。只可惜好景不長，在曾國藩、羅澤南、胡林翼等人相繼去世之後，這股清流也隨之散去，誠爲可惜。與曾國藩不同的是，梁啓超則是以他手中「別具一種魔力」的筆觸，借助報刊，掀起大規模的啓蒙思潮。雖說梁啓超在擔任《時務報》主筆之際已聲名鵲起，然而隨著《清議報》和《新民叢報》的刊行，方讓其啓蒙思想風行一時，蔚然成風，影響一個時代的人。

曾國藩在其《原才》篇中，對於掀起風氣的一、二人給予高度讚美。在《書周中介公手箚後》一文中也寫道：「余謂氣節者，亦一二賢臣倡之，漸乃成爲風會，不盡關國家養士之薄厚也。」〔註9〕在曾國藩的概念中，只要有一、二個有德之士登高一呼，欲掀起一股新風氣並非不可能。梁啓超對曾國藩此一說法深表認同，指稱：「湘鄉曾子曰：『風氣也者，起於一二人心術之微，而極夫不可禦者也。』可謂知言。」〔註10〕雖說興起風氣者僅是一、二人，然一旦形成風氣，其力量卻不容小覷。對曾國藩和梁啓超而言，或許他們並

〔註8〕 梁啓超：《清代學術概論》，《飲冰室合集》第8冊第34卷，第62頁。

〔註9〕 曾國藩：《書周忠介公手箚後》，《曾國藩全集·詩文》，第224頁，長沙：嶽麓書社，1986年。

〔註10〕 滄江：《臺諫近事感言》，《國風報》第1年第6期，1910年4月10日（宣統二年三月初一日），第11頁。

不認爲自身曾在自己的時代掀起新風氣，不過，事實和歷史已然證明，他們
正是開創風氣的這一、二人。

　　梁啓超將曾國藩視爲其精神導師，但是可以發現，梁氏對曾氏既有學習
和推崇之處，也有不認可或從曾氏的基礎上再往前推進的努力。當然，必須
承認的是，梁啓超取法於曾國藩的修身之學，已讓他終身受益無窮。梁啓超
在晚年之際寫信給兒女們時，亦明確表示自己從曾國藩身上獲益良多：

　　　我生平最服膺曾文正兩句話：「莫問收穫，但問耕耘。」將來成
　　就如何，現在想他則甚？著急他則甚？一面不可驕盈自慢，一面又
　　不可怯弱自餒，盡自己能力做去，做到那裡是那裡，如此則可以無
　　入而不自得，而於社會亦總有多少貢獻。我一生學問得力專在此一
　　點，我盼望你們都能應用我這點精神。〔註11〕

這段話，是梁啓超寫給正在求學的子女們的經驗之談，因此指涉的是做學問的
理路。由此推展開來，「莫問收穫，但問耕耘」、「不可驕盈自慢」、「不可怯弱自
餒」、「做到那裡是那裡」的格言以及貢獻社會的期待，何嘗不是一門人生的學
問？與此同時，在梁啓超提供給孩子們的人生經驗和啓示當中，又何嘗不隱隱
浮現著曾國藩留給他的孩子們以及後生晚輩若梁啓超等的人生智慧？

　　曾國藩在 20 歲入漣濱書院時改號「滌生」，有心在品德上去除惡性，並
在修身之學中投注心力；到了 28 歲考中進士時，他志高氣昂地改名「國藩」，
立志成爲國之藩籬。梁啓超自號任公，取《莊子・外物》篇中「任公垂釣」
的寓意；《新民叢報》創刊後，他則常以「中國之新民」的筆名撰稿。曾國藩
和梁啓超愛國的志向，從他們的名字已清晰可見，不僅如此，他們在品德上
的自我要求也可由此窺知。曾國藩爲自己的書齋取名「求闕齋」，以寓防盈戒
滿之意；梁啓超則謂：「莊生曰：『我朝受命而夕飲冰，我其內熱歟。』以名
吾室。」〔註12〕曾國藩的「求闕齋」和梁啓超的「飲冰室」雖爲書齋之名，
卻也是他們心境的流露。「求闕」和「飲冰」前後的連接，呈現爲一幅「修己
安人」和「內聖外王」的儒家之境，並爲曾國藩和梁啓超一生的功業，留下
完美的注腳。

〔註11〕梁啓超：《致孩子們（1927 年 2 月 6 日～16 日）》，梁啓超著、張品興編：《梁
　　　　啓超家書》，第 447 頁。
〔註12〕梁啓超：《飲冰室自由書・敘言》，《清議報》第 25 冊，1899 年 8 月 26 日（光
　　　　緒二十五年七月一日）。

參考文獻

一、古籍

1. 曹丕著，魏宏燦校注：《曹丕集校注》，合肥：安徽大學出版社，2009 年 10 月。

2. 程顥、程頤著，王孝魚點校：《二程集》（全四冊），北京：中華書局，1931 年 7 月。

3. 顧炎武著、黃汝成集釋：《日知錄集釋（全校本）》，上海：上海古籍出版社，2006 年 12 月。

4. 李學勤主編：《十三經注疏・春秋左傳正義》（上、中、下），北京：北京大學出版社，1999 年 12 月。

5. 李學勤主編：《十三經注疏・禮記正義（上、中、下）》，北京：北京大學出版社，1999 年 12 月。

6. 李學勤主編：《十三經注疏・論語注疏》，北京：北京大學出版社，1999 年 12 月。

7. 李學勤主編：《十三經注疏・孟子注疏》，北京：北京大學出版社，1999 年 12 月。

8. 李學勤主編：《十三經注疏・尚書正義》，北京：北京大學出版社，1999 年 12 月。

9. 李學勤主編：《十三經注疏・孝經注疏》，北京：北京大學出版社，1999 年 12 月。

10. 司馬遷：《史記》（全十冊），北京：中華書局，1982 年 11 月（2010 年 5 月重印）。

11. 吳毓江撰，孫啓治點校：《墨子校注》，北京：中華書局，1993 年 10 月。

12. 趙爾巽等撰：《清史稿》第 39 冊卷 405，北京：中華書局，1977 年 7 月。

13. 朱熹注：《四書章句集注・論語》（全三冊），上海：商務印書館，1935年。

14. 朱熹撰；朱傑人、嚴佐之、劉永翔編：《朱子全書》，上海：上海古籍出版社，2002年12月。

二、專書

1. 成曉軍：《曾國藩的幕府們》，上海：東方出版中心，2000年。

2. 成曉軍：《風雨晚清：曾國藩與他的精英們》，北京：團結出版社，2009年。

3. 成曉軍：《曾國藩與中國近代文化》，湖南：湖南出版社，1991年。

4. 董德福：《梁啓超與胡適——兩代知識分子學思歷程的比較研究》，吉林：吉林人民出版社，2004年。

5. 丁鳳麟、王欣之編：《薛福成選集》，上海：上海人民出版社，1987年。

6. 丁文江、趙豐田編：《梁任公先生年譜長編（初稿)》，北京：中華書局，2010年4月。

7. 馮友蘭：《中國哲學史新編》，北京：人民出版社，2001年3月。

8. 郭延禮：《近代西學與中國文學》，南昌：百花文藝出版社，1999年。

9. 賀麟：《當代中國哲學》，上海：上海書店，1945年11月。

10. 何貽焜編著：《曾國藩評傳》，《民國叢書》第一編085，上海：中華書局，1947年。

11. 胡適著，歐陽哲生編：《胡適文集》，北京：北京大學出版社，1998年11月。

12. 黃克武：《近代中國的思潮與人物》，北京：九州出版社，2012年12月。

13. 黃雅琦：《救亡與啓蒙：梁啓超之儒學研究》，臺北：花木蘭文化出版社，2009年。

14. 黃遵憲撰、吳振清等編校：《黃遵憲集》，天津：天津人民出版社，2003年10月。

15. 姜穆：《曾國藩的幕僚群》，臺灣：黎明文化事業，1987年。

16. 李鼎芳：《曾國藩及其幕府人物》，上海：文通書局，1947年。

17. 李鴻章著：《李鴻章全集・奏議》，合肥：安徽教育出版社，2008年。

18. 李育民：《曾國藩傳統文化思想研究》，湖南：湖南師範大學出版社，2006年。

19. 黎庶昌編、李瀚章審定：《曾文正公年譜》，收錄於周和平主編：《北京圖書館藏珍本年譜叢刊》第157冊，北京：北京圖書館出版社，1999年。

20. 梁啓超：《德育鑒》，橫濱：新民社，1905年12月11日初版（光緒三十

一年十一月十五日）。

21. 梁啓超輯：《曾文正公嘉言鈔》，上海：商務印書館，1925 年 3 月第十版。

22. 梁啓超：《飲冰室合集》，北京：中華書局，1989 年 3 月第一版（2008 年 11 月第 5 刷）。

23. 梁啓超著，張品興主編：《梁啓超全集》，北京：北京出版社，1999 年。

24. 梁啓超著，張品興編：《梁啓超家書》，北京：中國文聯出版社，1999 年 12 月。

25. 梁啓超著，夏曉虹輯：《〈飲冰室合集〉集外文》，北京：北京大學出版社，2005 年 1 月。

26. 梁啓超著，中華書局編輯部、北京匡時國際拍賣有限公司編：《南長街 54 號梁氏檔案》（全二冊），北京：中華書局，2012 年 10 月。

27. 梁勤主編：《曾國藩及其幕府》，呼和浩特：遠方出版社，2002 年。

28. 林洙：《梁思成》，石家莊：河北教育出版社，2001 年 9 月。

29. 劉建強：《曾國藩幕府》，北京：中國廣播電視出版社，2005 年。

30. 聶其傑輯：《崇德老人紀念冊　附：聶曾紀芬自訂年譜》，收錄於沈雲龍主編：《近代中國史料叢刊》第 3 輯，臺北：文海出版社，1967 年。

31. 錢基博、李肖聃：《近百年湖南學風·湘學略》，長沙：嶽麓書社，1985 年

32. 錢基博著、曹毓英選編：《錢基博學術論著選》，武漢：華中師範大學，1997 年。

33. 錢穆：《錢賓四先生全集》第 25 冊，臺北：聯經出版社，1993 年。

34. 錢穆：《中國近三百年學術史》，北京：商務印書館，1997 年 8 月。

35. 容閎著、王蓁譯：《西學東漸記》，北京：中國人民大學出版社，2011 年 3 月。

36. 史林：《曾國藩和他的幕僚》，北京：言實出版社，1997 年。

37. 唐浩明評點、梁啓超輯：《曾國藩嘉言鈔》，長沙：嶽麓書社，2006 年。

38. 吳荔明：《梁啓超和他的兒女們》，北京：北京大學出版社，2009 年 1 月。

39. 吳其昌：《梁啓超傳》，天津：百花文藝出版社，2004 年 7 月。

40. 夏曉虹：《覺世與傳世——梁啓超的文學道路》，北京：中華書局，2006 年 1 月。

41. 夏曉虹：《閱讀梁啓超》，北京：三聯書店，2006 年 8 月年。

42. 夏曉虹：《梁啓超：在政治與學術之間》，北京：東方出版社，2013 年 12 月。

43. 夏曉虹編：《追憶梁啓超》，北京：生活·讀書·新知三聯書店，2009 年

4 月。

44. 薛福成：《庸庵文編》，收錄於沈雲龍主編：《近代中國史料叢刊　第 95 輯》，臺北：文海出版社，1973 年。

45. 嚴復著，王栻編：《嚴復集》，北京：中華書局，1986 年 1 月。

46. 楊國強：《義理與事功之間的徊徨——曾國藩、李鴻章及其時代》，北京：三聯書店，2008 年。

47. 楊樹達：《積微翁回憶錄》，北京：北京大學出版社，2007 年 5 月。

48. 葉瑞昕：《危機中的文化抉擇——辛亥革命時期國人的中西文化觀》，北京：商務印書館，2007 年 9 月。

49. 余英時：《宋明理學與政治文化》，臺北：允晨文化，2004 年。

50. 張君勱：《民族復興之學術基礎》，北京：中國人民大學出版社，2006 年。

51. 張朋園：《知識分子與近代中國的現代化》，南昌：百花洲文藝出版社，2002 年。

52. 張昭軍：《傳統的張力——儒家思想與近代文化變革》，長春：吉林人民出版社，2004 年 8 月。

53. 曾國藩著，王啓原編：《求闕齋日記類抄》，傳忠書局，光緒二年。

54. 曾國藩：《曾國藩全集·家書》，長沙：嶽麓書社，1985 年 10 月。

55. 曾國藩：《曾國藩全集·日記》，長沙：嶽麓書社，1995 年 2 月。

56. 曾國藩：《曾國藩全集·詩文》，長沙：嶽麓書社，1986 年 12 月。

57. 曾國藩：《曾國藩全集·奏稿》，長沙：嶽麓書社，1987 年 4 月。

58. 曾國藩：《曾國藩全集·書信》，長沙：嶽麓書社，1990 年 6 月。

59. 曾國藩著、王澧華校點：《曾國藩詩文集》，上海：上海古籍出版社，2005 年。

60. 曾琦云：《內聖外王——解讀一代儒宗曾國藩》，北京：中國電影出版社，2009 年。

61. 朱東安：《曾國藩集團與晚晴政局》，北京：華文出版社，2003 年。

62. 朱東安：《曾國藩幕府研究》，成都：四川人民出版社，1994 年。

63. 朱任生編著：《曾文正全書析粹》，臺北：國立編譯館，1992 年。

三、學位論文

1. 陳沛郎：《孫中山與梁啓超民族思想之比較研究》（博士論文），臺灣：國立臺灣師範大學，2003 年。

2. 陳如雄：《曾國藩古文研究》（博士論文），臺灣：輔仁大學，1999 年。

3. 代亮：《曾國藩詩文思想研究》（博士論文），天津：南開大學，2010 年。

4. 樊中原:《孫中山與梁啓超民族主義之比較研究》(博士論文),臺灣:國立臺灣政治大學,1993 年。

5. 郭平興:《曾國藩文獻閱讀實踐與理論研究》(博士論文),湖北:華中師範大學,2011 年。

6. 黃雅琦:《救亡與啓蒙:梁啓超之儒學研究》(碩士論文),臺灣:國立高雄師範大學,2005 年。

7. 江海洋:《曾國藩官德修養思想研究》(博士論文),南京:南京理工大學,2015 年。

8. 李嬌瑩:《曾國藩的經世思想與近代中國:論道統與洋務交織下的實踐》(博士論文),臺灣:中國文化大學,2008 年。

9. 林藤輝:《曾國藩軍事思想之研究》(博士論文),臺灣:政治作戰學校,1993 年。

10. 淩林煌:《曾國藩幕府之研究》(博士論文),臺灣:中國文化大學,1994 年。

11. 劉紀曜:《梁啓超與儒家傳統》(博士論文),臺灣:國立臺灣師範大學,1985 年。

12. 劉鐵銘:《曾國藩德育思想及其當代價值研究》(博士論文),湖南:中南大學,2012 年。

13. 彭昊:《曾國藩與道家思想》(博士論文),湖南:湖南大學,2010 年。

14. 石峰崗:《曾國藩人才倫理思想研究》(博士論文),湖南:湖南師範大學,2012 年。

15. 邰紅紅:《曾國藩與桐城中興》(博士論文),上海:上海大學,2008 年。

16. 魏智美:《王(陽明)曾(國藩)二儒論學與志之研究》(碩士論文),臺灣:輔仁大學,1984 年。

17. 吳國榮:《曾國藩的人格、學問與治術——關於儒者理想人生與精神結構的個案研究》(博士論文),湖南:湖南大學,2008 年。

18. 謝嘉文:《「穿戴腳鐐」與「掙脫腳鐐」的舞者之舞——姚鼐〈古文辭類纂〉與曾國藩〈經史百家雜鈔〉選文研究》(博士論文),臺灣:國立清華大學,2009 年。

19. 許俊瑩:《現代性維度下的梁啓超、王國維文學思想比較研究》(博士論文),山東:山東大學,2010 年。

20. 徐雷:《曾國藩理學思想研究》(博士論文),湖南:湖南大學,2010 年。

21. 楊濤:《曾國藩儒學士大夫人格探析》(博士論文),天津:南開大學,2012 年。

22. 張冠茹:《梁啓超、錢穆對清代學術史的研究比較——以〈中國近三百年

學術史〉爲核心探討》（碩士論文），臺灣：臺灣國立中山大學，2012 年。

23. 張錫輝：《文化危機與詮釋傳統——論梁啓超、胡適對清代學術思想的詮釋與意義》（博士論文），臺灣：國立臺灣師範大學，2000 年。

24. 周俊武：《激揚家聲——曾國藩家庭倫理思想研究》（博士論文），湖南：湖南師範大學，2004 年。

四、學術期刊論文

1. 馮會明：《試論曾國藩對「西學東漸」的貢獻》，《上饒師專學報》，第 15 卷第 3 期，1995 年 8 月。

2. 譚徐峰：《曾文正公「復活」記——一段近代中國的閱讀記憶》，楊平主編：《中國圖書評論》2011 年第 9 期。

3. 吳銘能：《困勉志大人之學——曾文正對梁任公的影響》，邱黃海主編：臺灣：《鵝湖月刊》，第 22 卷第 11 期，1997 年 5 月。

4. 徐剛：《曾國藩與朱熹：思想與實踐的理學雙峰》，方克立主編：《湘學》第 4 輯，長沙：湖南人民出版社，2007 年 3 月。

5. 嚴俊傑、黃正泉：《論曾國藩的家庭教育思想》，《湖湘論壇》，2007 年第 4 期。

6. 翟奎鳳：《梁啓超〈德育鑒〉思想研究》，吉林省社會科學院編：《社會科學戰線》2011 年第 10 期。

五、報刊

1. 《國風報》第 1 年第 1 期，1910 年 2 月 20 日（宣統二年正月十一日）。

2. 《國風報》第 1 年第 6 期，1910 年 4 月 10 日（宣統二年三月初一日）。

3. 《國風報》第 1 年第 10 期，1910 年 5 月 19 日（宣統二年四月十一日）。

4. 《國風報》第 1 年第 26 期，1910 年 10 月 23 日（宣統二年九月廿一日）。

5. 《清議報》第 21 冊，1899 年 7 月 18 日（光緒二十五年六月十一日）。

6. 《清議報》第 22 冊，1899 年 7 月 28 日（光緒二十五年六月二十一日）。

7. 《清議報》，第 81 冊，1901 年 6 月 7 日（光緒二十七年四月二十一日）。

8. 《清議報》第 83 冊，1901 年 6 月 26 日（光緒二十七年五月十一日）。

9. 《新民叢報》第 1 號，1902 年 2 月 8 日（光緒二十八年元月一日）。

10. 《新民叢報》第 2 號，1902 年 2 月 22 日（光緒二十八年元月十五日）。

11. 《新民叢報》第 3 號，1902 年 3 月 10 日（光緒二十八年二月一日）。

12. 《新民叢報》第 6 號，1902 年 4 月 22 日（光緒二十八年三月十五日）。

13. 《新民叢報》第 8 號，1902 年 5 月 22 日（光緒二十八年四月十五日）。

14. 《新民叢報》第 16 號，1902 年 9 月 16 日（光緒二十八年八月十五日）。

15. 《新民叢報》第 24 號，1903 年 1 月 13 日（光緒二十八年十二月十五日）。

16. 《新民叢報》第 40～41 號，1903 年 11 月 2 日（光緒二十九年九月十四日）。

17. 《新民叢報》第 54 號，1904 年 10 月 8 日（光緒三十年九月一日）。

18. 《新民叢報》第 73 期，1906 年 1 月 25 日（光緒三十二年正月一日）。

19. 《新民叢報》第 77 期，1906 年 3 月 25 日（光緒三十二年三月一日）。

20. 《湘報》第 28 號，1898 年 4 月。

21. 夏曉虹：《永遠無法寄達的家書》，《東方早報·上海書評》，2013 年 1 月 27 日。

附錄一：梁啓超和曾國藩的人格修養與救國理想

摘要：基於梁啓超和曾國藩生活的時空並不曾交疊，而且兩人留於後世的形象又大相徑庭，因此他們之間的微妙聯繫常常被忽略。本文嘗試從梁啓超的敘述脈絡中尋找曾國藩給予他的啓示和影響。論述重心著眼於曾國藩從人格修養擴及救國理想的關懷對於梁啓超的啓發。

關鍵詞：梁啓超；曾國藩；人格修養；救國理想

緒　論

　　曾文正者，豈惟近代，蓋有史以來不一二睹之大人也已；豈惟我國，抑全世界不一二睹之大人也已。然而文正固非有超群絕倫之天才，在並時諸賢傑中稱最鈍拙，其所遭值事會，亦終身在拂逆之中。然乃立德立功立言，三並不朽，所成就震古鑠今，而莫與京者。其一生得力在立志，自拔於流俗，而困而知，而勉而行，歷百千艱阻而不挫屈，不求近效，銖積寸累，受之以虛，將之以勤，植之以

剛，貞之以恒，帥之以誠，勇猛精進，堅苦卓絕。如斯而已！如斯
而已！〔註1〕

1916 年，當梁啓超在爲他所輯錄的《曾文正公嘉言鈔》寫序時，字裏行間流
露的是他對曾國藩的崇敬之情。在這篇序文中，梁啓超言簡意賅地指出，曾
國藩並不是天生有過人的才智，甚至可以說在同輩群中甚爲「鈍拙」，然而卻
是這樣一位才華並不出眾的樸拙人物，「銖積寸累」地成就了立德、立功、立
言三不朽的偉大功績。梁啓超在引用《左傳》中「三不朽」的說法來褒獎曾
國藩的同時，顯現他亦認可曾國藩一生的成就，首先是「立德」，然後依次爲
「立功」和「立言」。這其實也昭示了梁啓超把曾國藩的品德修爲標舉爲值得
學習的指標。然而，在立德、立功、立言的同時，不能忽略的是曾國藩「立
志」「自拔於流俗」的志氣。在梁啓超看來，曾國藩「一生得力在立志」，並
因此成就了他人生中三不朽的功績。

　　梁啓超認爲，曾國藩的品德修爲並不僅僅是一種獨善其身的修身理論，
而是可以擴大和延伸至救國救民的廣度與深度。此一說法，可追溯至他在《新
民說》中關於「公德」和「私德」的論述。《新民說》中表達了對於中國人素
來有「私德」而無「公德」的批評，也討論了「新道德」和「舊道德」之間
的距離與匯通的可能。梁啓超在《新民說》中一再關注「德」的問題，可見
在他所期待的「新民」中，德行修爲是不可或缺的重要成分。爲此，他於 1905
年編撰出《德育鑒》一書。根據翟奎鳳的統計和分析，「孟子、王陽明、曾國
藩是《德育鑒》中最具有代表性的三位大儒，《德育鑒》雖以心學爲宗，但也
博采理學及諸子學德育修身之長。」〔註2〕雖說曾國藩的語錄在引用頻率上並
不佔先，其人卻可以說是最靠近梁啓超生活時代的模範。

　　曾國藩的《原才》一文深獲梁啓超之心，因此不止一次被抄錄。在《德
育鑒》中，梁啓超更在引述《原才》後，加案語論說：「道學之應用，全在有
志之士，以身爲教，因以養成一世之風尚，造出所謂時代的精神者。王陽明

〔註1〕 梁啓超：《曾文正公嘉言鈔・序》，第 1～2 頁，上海：商務印書館，1925 年 3
　　　　月第十版。

〔註2〕 據翟奎鳳的統計：「《德育鑒》約收有 65 位古代大儒的語錄 421 條，其中明代
　　　　的理學家（約有 53 位）占絕大多數；梁啓超的按語有 102 條。引用頻率最高
　　　　的前十位大儒分別是：王陽明（46 次）、劉宗周（34 次）、羅洪先（24 次）、
　　　　程顥（20 次）、朱熹（20 次）、程頤（18 次）、孟子（19 次）、陸九淵（16 次）、
　　　　王畿（16 次）、曾國藩（12 次）。」翟奎鳳：《梁啓超〈德育鑒〉思想研究》，
　　　　吉林省社會科學院編：《社會科學戰線》2011 年第 10 期，第 27 頁。

與聶雙江書（注略）及曾文正此文，言之無餘蘊矣。」〔註3〕短短的幾句話點出了梁啓超對他們心悅誠服的理由，即「以身爲教，因以養成一世之風尚，造出所謂時代之精神」。或者，以梁啓超的語境來論述，即從「私德」出發，進而開展至「公德」的理想結合。然而，時代之精神自然無法排除時代的元素，因此即便孟子以及王陽明等古人的學說在體系上更爲完整，梁啓超卻明確指出：「曾文正之歿，去今不過數十年，國中之習尚事勢，皆不甚相遠……況相去僅一世，遺澤未斬，模楷在望者耶？則茲編也，其眞全國人之布帛菽粟而斯須不可去身者也。」〔註4〕可見，梁啓超清楚地意識到，在追摹遙遠的古代先賢之餘，一個實實在在存在於眼前、觸手可及的楷模，具有非凡的意義。

第一節　政治際遇與修身之學

　　曾國藩和梁啓超皆非出身官宦世家，之所以踏上政治道路，除了根深蒂固的「修身、齊家、治國、平天下」的傳統思想，時代的契機亦把他們推到政治前沿。曾國藩生於 1811 年（嘉慶 16 年），卒於 1872 年（同治 11 年）。隔年，即 1873 年（同治 12 年）梁啓超誕生於廣東新會，恰恰與他長大後的精神導師擦肩而過。梁啓超在其《三十自述》中對此亦加以著墨，寫道：「余生同治癸酉正月二十六日，實太平國亡於金陵後十年，清大學士曾國藩卒後一年，普法戰爭後三年，而意大利建國羅馬之歲也。」〔註5〕對於自己誕生的這一年，梁啓超除了將之與國內外的大事件做連接，亦不忘提及那是「清大學士曾國藩卒後一年」，當中或許不無遺憾。而且，就國內發生的歷史事件而言，梁啓超所提到的太平天國亡於金陵，曾國藩更是發揮了關鍵性作用。可見，從自己出生的年份來看，不管在個人或歷史事件上，最重要的關聯人物都是曾國藩。

　　曾國藩在 28 歲時考中進士，獲選爲翰林院庶吉士，從此踏入仕途，十年七遷，37 歲時已官至二品。以此觀之，曾國藩的仕途可謂一帆風順。然而若

〔註3〕　梁啓超：《德育鑒》，第 158〜159 頁，橫濱：新民社，1905 年 12 月 11 日初版（光緒三十一年十一月十五日）。

〔註4〕　梁啓超：《曾文正公嘉言鈔‧序》，第 4〜6 頁。

〔註5〕　梁啓超：《三十自述》，《飲冰室合集》第 2 冊第 11 卷，第 15 頁，北京：中華書局，1989 年 3 月第一版。

是在翰林院走完他一輩子的政治旅途，曾國藩或許就將平平淡淡地度過一生，對後世的影響力也可能不同。曾國藩的政治命運顯然是「時勢造英雄」的一個極佳例子，太平天國割據南方的局勢，撼動的不僅僅是清朝政權，也對以儒家爲中心的社會思想結構造成相當大的衝擊。

這樣一種前所未有的局面，讓曾國藩這位原本手握筆管的翰林也無法靜心待在翰林院中，熱血澎湃的激情促使他帶著剿滅太平天國的目標踏上戰場。畢竟，當時清朝和太平天國的對峙，還暗中潛藏著中國的儒家傳統和西方的基督教信仰之間的較勁。換句話說，維護清朝政權也即等同於捍衛儒家傳統，這在曾國藩看來，是一種無法置身事外的職責。不過，疆場上瞬息萬變的局勢，也曾讓曾國藩經歷幾番起起落落。幸而憑著對理想的堅持，曾國藩最終在與太平軍的對決中獲得了最後的勝利，也爲他贏得「中興名臣」的讚譽。曾國藩走出翰林院踏足疆場的經歷，在當時文官和武將各有其權責的權力架構下，實屬罕見。這樣一個特殊的機遇，並未讓曾國藩被過多的權力衝昏理智，而是更爲謹愼地領兵作戰，避免自己行差踏錯，這其實也是他本身人格修養的一種體現。

相較於曾國藩，梁啓超可說是少年得志，17 歲即中舉。然而梁啓超在政治上嶄露頭角，卻非在朝堂之上被賞識，而是隨著康有爲發起的公車上書而聲名大噪。3 年後，1898 年的維新變法雖說是站在維護清政權的立場，但這一股「在野」的政治關懷者的聲浪，傳入「在朝」守舊派執政者的耳中，難免因爲「在朝」和「在野」的對立，而淪爲挑戰之聲。當然，必須指出的是，這其中還包含了兩派之間觀念的差異、利益的衝突、行事作風的相左等等千絲萬縷的糾葛。如此一來，維新變法雖說是在光緒皇帝的支持下展開，卻在實施 103 天之後，難逃被慈禧太后干涉而遭扼殺的命運。一心期待透過維新變法改良清朝政體、鞏固清朝基業的康有爲和梁啓超，也在一夜之間成了朝廷的通緝犯。這也表示，梁啓超躋身朝堂的仕途，也因爲戊戌政變的發生，而回歸到在野政治關懷者的路徑上。

梁啓超的政途，顯然沒有曾國藩順遂，若說曾國藩一生的政治道路皆在廟堂之上，那麼梁啓超大部份時間的政治身份則是一個在野的政治關懷者。在被清朝通緝期間，逃亡日本的梁啓超並未放棄改良清朝政體的理想。作爲一個流亡政治家，梁啓超希冀透過文字來啓蒙中國民眾，以喚醒大眾的政治覺醒。這當中，創辦於 1898 年的《清議報》和隨後於 1902 年出刊的《新民

叢報》，即是梁啓超在這方面的努力。宣統皇帝的退位，帶來的是政治體制的
變革。民國建立後，梁啓超不再是通緝犯，也因此獲得進入政權中心的契機。
問題是，不慣處身官場的梁啓超，在北洋政府中雖曾貴為司法總長（1913 年）
和財政總長（1917 年），卻似乎更為習慣在野政治家的角色，故而在任時間皆
不長。梁啓超在 1917 年退出政壇後，投身學術研究，才找到一番新天地。

　　曾國藩戰場上的挫敗以及梁啓超逃亡日本的經歷，不能不說是他們政治
道路上的低谷，然而對於心懷愛國之情的曾國藩和梁啓超而言，這些磨難都
可以被轉換成人生的歷練。特別是梁啓超的情況更是一種弔詭的現象，他與
康有為之所以推動維新變法，完全是為了清朝的自強，但這一舉動在當時的
保守派眼中卻是對朝廷的威脅。不過，即便被清廷通緝，梁啓超的愛國之心
卻沒有因此而動搖，在日本避難時期，仍繼續為他的救國事業做出努力。旅
居日本時期的梁啓超曾不止一次地向師友表示，自己因「偶讀《曾文正公家
書》」，而在人格和道德修為上受到啓發。當時的梁啓超正從日本前往檀香山
籌劃保皇會事務，他在 1900 年 3 月 24 日寫給康有為的信中深自反省曰：

　　　　弟子日間偶讀《曾文正公家書》，猛然自省，覺得不如彼處甚多，
　　　覺得近年以來學識雖稍進，而道心則日淺，似此斷不足以任大事。因
　　　追省去年十月、十一月間上先生各書，種種愆戾，無地自容，因內觀
　　　自省，覺妄念穢念，充積方寸，究其極，總自不誠不敬生來。〔註6〕

此時的梁啓超，對於之前與康有為因政見稍異而心生齟齬明顯懊惱不已。對
此，梁啓超反躬自省，認為皆因自己「道心則日淺」、「不誠不敬」所致。而
這種種在道德上的自我要求，與「偶讀《曾文正公家書》」有著直接的關聯。

　　在寫給康有為的信一個月之後，曾國藩在人格和道德修為上給予梁啓超
的啓發，似乎還餘韻未了。在致函葉覺邁（湘南）、麥孟華（孺博）等友人時，
梁啓超更進一步論述曾國藩的修身之道，並表達出決心以此為榜樣之意。梁
啓超在閱讀曾國藩家書的過程中，一個很大的啓發是「覺得非學道之人，不
足以任大事」，所以「養心立身之道斷斷不可不講」〔註7〕。這一點，在閱讀
曾國藩家書之前，梁啓超似乎並未加以重視。思想上的這一轉變，帶給梁啓

〔註6〕　梁啓超：《致康有為 1900 年 3 月 24 日》，張品興主編：《梁啓超全集》第 20
　　　　卷，第 5928 頁，北京：北京出版社，1999 年。
〔註7〕　梁啓超：《致葉湘南、麥孺博、麥曼宣、羅孝高 1900 年 4 月 21 日》，張品興
　　　　主編：《梁啓超全集》第 20 卷，第 5933 頁。

超的不只是自身修養的長進，也讓他的政治理念開發出新的面向。

處於人生低潮，流亡海外的梁啓超正應了曾國藩所謂「患難憂虞之際，正是德業長進之時」的說法。曾國藩在同治七年（1868）給陳湜的信中寫道：

> 古人患難憂虞之際，正是德業長進之時，其功在於胸懷坦夷，其效在於身體康健。聖賢之所以爲聖，佛家之所以成佛，所爭皆在大難磨折之日。將此心放得寬，養得靈，有活潑潑之胸襟，有坦蕩蕩之意境，則身體雖有外感，必不致於內傷。〔註8〕

曾國藩給予陳湜的提點，旅居異鄉的梁啓超是否有緣閱讀不得而知，然而從梁啓超在1898年9月寫給李蕙仙的家書中，卻同樣流露出他在危難之中的豁達胸襟：

> 此次之變，以尋常理勢論之，先生及吾皆應萬無生理，而冒此奇險，若有神助，種種出人意外，是豈無故哉。益信天之所以待我者厚，而有以玉成之也。患難之事，古之豪傑無不備嘗，惟庸人乃多庸福耳，何可自輕乎？卿固知我，然我願卿之自此以後，更加壯也。〔註9〕

此時，梁啓超正處於戊戌政變後逃亡日本的顛沛流離狀態，然而其心境若以曾國藩所說的「活潑潑」和「坦蕩蕩」來形容，似乎也不爲過。

「捨命報國，側身修行」〔註10〕這八個字用來形容曾國藩和梁啓超的政治和修身之路，大概並不爲過。作爲儒家思想的忠誠守護者，曾國藩可說是實踐「內聖外王」之道的一個極佳代表。曾國藩早年跟隨唐鑒和倭仁研習理學，之後又深受王夫之的經世致用學說啓發，於是努力結合兩者，在重視「內聖」修爲的同時，也不忽略「外王」的努力。爲落實此二者，曾國藩提出以實踐爲基礎的修煉法門，指稱：「治心治身，理不必太多，知不可太雜，切身日日用得著的，不過一兩句，所謂守約也。」〔註11〕曾國藩同時也表示：「古之君子之所以盡其心、養其性者，不可得而見，其修身、齊家、治國、平天

〔註8〕 梁啓超：《曾文正公嘉言鈔》，第27～28頁。／曾國藩：《覆陳湜 六月二十一日》，《曾國藩全集·書信（九）》，第6643頁，長沙：嶽麓書社，1990年6月。

〔註9〕 梁啓超著、張品興編：《致李蕙仙 1898年9月23日》，《梁啓超家書》，第3～4頁，北京：中國文聯出版公司，2000年1月。

〔註10〕 梁啓超：《曾文正公嘉言鈔》，第48頁。／曾國藩：《致沅弟 三月二十九日辰刻》，《曾國藩全集·家書（二）》，第962頁，長沙：嶽麓書社，1985年10月。曾國藩在寫給曾國荃的家書中作：「拼命報國、側身修行。」

〔註11〕 梁啓超：《曾文正公嘉言鈔》，第13～14頁。／曾國藩：《覆李榕 十月二十八日未刻》，《曾國藩全集·書信（二）》，第1109頁。

下，則一秉乎禮。自內焉者言之，捨禮無所謂道德；自外焉者言之，捨禮無所謂政事。」〔註12〕強調禮的重要性，認爲禮是修身、齊家、治國、平天下的一塊基石。縱觀曾國藩與梁啓超的一生，修身、齊家與治國，的的確確是他們一生中的追求和成就。

吳銘能在《困勉志大人之學──曾文正對梁任公的影響》一文中，特別關注梁啓超把曾國藩視爲品德修養的精神典範一事。他寫道：

> 曾國藩對梁任公一生之中，尤其在旅日期間到最後病逝於北京，起了極具關鍵性的作用，換言之，康梁亡命海外，分道揚鑣之後，曾國藩在德性修養方面的克己愼獨工夫，長隨伴任公左右，也因此使任公在幾次重大挫折與情感的激憤中，能很快地恢復平靜沉著……〔註13〕

爲證明自己的觀點，吳銘能也列舉梁啓超在宣統二年（1900）二月寫給徐佛蘇的信爲例，印證梁啓超雖「屢遇拂逆」，卻可「心境常泰」，實拜曾國藩的修養工夫所賜。〔註14〕晚年的梁啓超在寫給孩子們的信中，亦明確表示自己從曾國藩身上獲益良多。他在信中寫到：

> 我生平最服膺曾文正兩句話：「莫問收穫，但問耕耘。」將來成就如何，現在想他則甚？著急他則甚？一面不可驕盈自慢，一面又不可怯弱自餒，盡自己能力做去，做到那裡是那裡，如此則可以無入而不自得，而於社會亦總有多少貢獻。我一生學問得力專在此一點，我盼望你們都能應用我這點精神。〔註15〕

這段話，是梁啓超寫給正在學習的孩子們的經驗之談，因此指涉的是做學問的理路。由此推及，「莫問收穫，但問耕耘」、「不可驕傲自慢」、「不可怯弱自餒」、「做到那裡是那裡」的格言以及貢獻社會的期待，何嘗不是一門人生的學問？與此同時，在梁啓超提供給孩子們的人生經驗啓示當中，又何嘗不隱隱浮現著曾國藩留給他的孩子們以及後生晚輩若梁啓超等的人生智慧？

〔註12〕曾國藩：《曾國藩全集·詩文》，第358頁，長沙：嶽麓書社，1986年12月。

〔註13〕吳銘能：《困勉志大人之學──曾文正對梁任公的影響》，邱黃海主編：臺灣《鵝湖月刊》第22卷第11期，第32頁，1997年5月。

〔註14〕參見吳銘能：《困勉志大人之學──曾文正對梁任公的影響》，邱黃海主編：臺灣《鵝湖月刊》第22卷第11期，第34頁；梁啓超：《致徐佛蘇1910年2月》，《梁啓超全集》第20卷，第5986頁。

〔註15〕梁啓超：《致孩子們1927年2月6日～16日》，梁啓超著、張品興編：《梁啓超家書》，第447頁。

第二節 人格修養

梁啓超從 1902 年《新民叢報》創刊之始，即發表了一系列關於「新民」的論文，取名《新民說》。顧名思義，文章中心皆是討論作爲「新民」所應具備的思想和特質。不過，早在寫於 1901 年的《飲冰室自由書・說悔》一文中，梁啓超已提到《大學》中有「作新民」的說法。在《新民說》中爲「新民」下定義和進行闡述之後，梁啓超即著墨於「公德」的撰述，顯示在他的認知中，這是作爲中國的「新民」急切需要補足的品德意識，因爲「知有公德，而新道德出焉矣，而新民出焉矣。」〔註16〕梁啓超如此展開論述的理由在於，他在品德修爲上劃分爲「公德」與「私德」。在梁氏看來：「吾中國道德之發達，不可謂不早。雖然，偏於私德，而公德殆闕如。」〔註17〕不過，從 1902 年的《論公德》發展到 1903 年的《論私德》，顯示梁啓超對中國人歷來重視的私德也覺得有再加以討論的必要。其原因正如他在《論私德》開篇所說明：

> 吾自去年著《新民說》，其胸中所懷抱欲發表者，條目不下數十，而以《公德篇》託始焉。論德而別舉其公焉者，非謂私德之可以已；謂夫私德者，當久已爲盡人所能解悟能踐履，抑且先聖昔賢，言之既已圓滿纖悉，而無待末學小子之嘵嘵詞費也。乃近年以來，舉國囂囂靡靡，所謂利國進群之事業，一二未睹，而末流所趨，反貽頑鈍者以口實，而曰新理想之賊人子而毒天下。噫！余又可以無言乎！作《論私德》。〔註18〕

追根究底，私德乃是公德的基礎。若無良好的私德修養，公德的推展也會被「末流」誤導，反落人口實，間接導致「新民」之說面對不必要的攻擊。於是，既要提倡公德，就必須先讓國人具備良好的私德修養。可見，梁啓超已經意識到，即使要培植公德，傳統中國固有的私德修養也不可偏廢。他在《新民說》中一再論述的「公德」和「私德」，換個語境，其實與傳統的內聖外王之說有異曲同工之效。這樣一種敘述脈絡，無形中正符合了梁啓超此時從外王之道走回內聖之學的路向。曾國藩在這一點上給予梁啓超的啓發理應得到重視。

〔註16〕中國之新民：《新民說三・第五節論公德》，《新民叢報》第 3 號，1902 年 3 月 10 日（光緒二十八年二月一日），第 6 頁。

〔註17〕中國之新民：《新民說三・第五節論公德》，《新民叢報》第 3 號，第 1 頁。

〔註18〕中國之新民：《新民說二十一・第十七節論私德》，《新民叢報》第 38、39 號，1903 年 10 月 4 日（光緒二十九年八月十四日），第 1 頁。

　　梁啓超在 1902 年以「中國之新民」爲筆名，落筆撰寫《新民說》時，對
「新民」之「新」做了明確的定義，並指出「新民」所追求的也是一種貼近
中國國情和民情的品德修爲。在《新民說・釋新民之義》中，梁啓超表示：

> 「新民」云者，非欲吾民盡棄其舊以從人也。「新」之義有二：
> 一曰，淬厲其所本有而新之；二曰，採補其所本無而新之。二者缺一，
> 時乃無功。先哲之立教也，不外因材而篤與變化氣質之兩途。斯即吾
> 淬厲所固有、採補所本無之說也。一人如是，眾民亦然。〔註19〕

這一段話，提綱挈領地提出所謂的「新」，關鍵在於「淬厲其所本有而新之」
以及「採補其所本無而新之」。即表示不止要在原有的品德基礎上去蕪存菁，
還要配合時代需求，吸收和容納新的甚至是源於西方的品德元素。

　　基於「採補其所本無而新之」的立場，梁啓超表示：「吾固知言德育者，
終不可不求泰西新道德以相補助。」〔註20〕這是因爲中國舊有的道德觀本是
基於傳統的倫常秩序而建立，不能擺脫君爲臣綱、父爲子綱、夫爲妻綱的倫
理準則。然而「道德與倫理異，道德可以包倫理，倫理不可以盡道德。倫理
者，或因於時勢而稍變其解釋，道德則放諸四海而皆準，俟諸百世而不惑者
也。」〔註21〕所以，在道德重構的過程中，需要從西方新道德中採補舊道德
「所本無而新之」。據梁啓超的觀察，由於中國式的道德立基在倫理關係上，
因而顯示爲從倫理觀念上開展出來的「私德」；反之，西方的道德觀則偏重社
會與國家倫理，故而稱爲「公德」。梁啓超因此表示：「故謂中國言倫理有缺
點則可，謂中國言道德有缺點則不可。」〔註22〕此中緣由在於，若道德被局
限在「獨善其身」的私德中，將無益於社會國家，但這並不表示私德的培養
不重要，而是需要結合兩者，在具備私德修爲的同時，將之擴展到社會國家
中，成就公德的成長。

　　梁啓超 1902 年爲「新民」立下「淬厲其所本有而新之」與「採補其所本
無而新之」這兩個依循方向時，雖說也是經過時間的沉澱和深刻的思考，然

〔註19〕 中國之新民：《新民說一・第三節釋新民之義》，《新民叢報》第 1 號，1902
　　　　年 2 月 8 日（光緒二十八年元月一日），第 8 頁。
〔註20〕 中國之新民：《新民說二十四・論私德（續）》，《新民叢報》第 40、41 號合刊，
　　　　1903 年 11 月 2 日（光緒二十九年九月十四日），第 4 頁。
〔註21〕 中國之新民：《新民說二十四・論私德（續）》，《新民叢報》第 40、41 號合刊，
　　　　第 5 頁。
〔註22〕 中國之新民：《新民說二十四・論私德（續）》，《新民叢報》第 40、41 號合刊，
　　　　第 5 頁。

而至 1903 年寫作《論私德》時，態度上還是有所轉變，即從原本的偏重「公德」，轉向注重「私德」的培養。這一點，梁啓超在《論私德》中亦不諱言：

> 吾疇昔以爲中國之舊道德，恐不足以範圍今後之人心也，而渴望發明一新道德以補助之。（參觀第三號《論公德》篇）由今以思，此直理想之言，而決非今日可以見諸實際者也。夫言群治者，必曰德、曰智、曰力，然智與力之成就甚易，惟德最難。今欲以一新道德易國民，必非徒以區區泰西之學說所能爲力也。〔註23〕

此言足以證明，梁啓超清楚意識到，欲成就他理想中的新民，民眾的「智」與「力」尚在其次，更爲關鍵的是「民德」，因爲德育若沒有長時間的累積和沉澱，難見其效。如此一來，中國傳統文化中的人格修養，即展現出其韌性與跨時代之意義。與此同時，梁啓超也看到，中國的思想和品德教育悠遠而廣大，儘管因爲時局的變化不能固步自封，卻也不應該、也不可能全然否定。或許，梁啓超在他的《飲冰室自由書・說悔》裏引申《大學》中的說法，可以更爲貼切地道出「新民」之意：「《大學》曰：『作新民』。能去其舊染之污者謂之自新，能去社會舊染之污者謂之新民。」〔註24〕

梁啓超在《新民說》中迫切地闡論公德，正如其所言，乃是因爲私德在國人品德中，「當久已爲盡人所能解悟，能踐履」。梁啓超在找到「淬厲其所本有而新之」以及「採補其所本無而新之」這兩種結合新與舊兩種道德的融匯之道以前，也並非不認同私德的重要性，而只是認爲重私德易於走上「束身寡過」的偏狹之路，所以才說：「吾中國數千年來，束身寡過主義，實爲德育之中心點，範圍既日縮日小。」〔註25〕但當梁啓超從曾國藩身上看到私德既可以修身，亦可以擴大影響至身邊的朋友、幕僚，並形成風氣之時，即打破他對私德易傾向於獨善其身的迷思，看到「內聖」的自我要求也可以過渡到治理社會國家的「外王」之理想。曾國藩在這一點上，一直是踏踏實實地盡力而爲。曾國藩亦於咸豐十一年（1861）十一月初六的日記中寫道：

> 又思治世之道，專以致賢養民爲本。其風氣之正與否，則絲毫皆推本於一己之身與心，一舉一動，一語一默，人皆化之，以成風

〔註23〕中國之新民：《新民說二十四・論私德（續）》，《新民叢報》第 40、41 號合刊，第 3～4 頁。

〔註24〕梁啓超：《飲冰室自由書・說悔》，《清議報》第 100 冊，1901 年 12 月 21 日（光緒二十七年十一月十一日），第 1 頁。

〔註25〕中國之新民：《新民說三・第五節論公德》，《新民叢報》第 3 號，第 3 頁。

　　氣。故爲人上者，專重修養，以下之傚之者速而且廣也。〔註26〕
就因爲這一種堅持，曾國藩以身作則，既做修身的內聖工夫，亦達到治國的
外王層次，形成了一個時代的風氣。

　　在修身的方法上，梁啓超得益於曾國藩之處甚多。箇中理由，當包含梁
啓超將曾國藩視爲一個「可學」之人。畢竟曾國藩是如此平實地將其修身的
觀點寫在日記與家書等記載中，讓後生晚輩可藉以窺探門徑。在曾國藩的修
身法門中，梁啓超留意到，曾國藩在做事上自治力極強，只要立定決心完成，
少有做不到的事。梁啓超一再提及曾國藩在戒煙、早起和寫日記這三件事上
的堅持，並以之在《新民說》中與讀者共勉。〔註27〕若說曾國藩的自治力和
毅力之堅韌所發揮的效益僅僅讓他成功戒煙或戒除晏起的惡習，那麼這將只
停留在「內聖」的層次。然而，曾國藩之所以在梁啓超的眼中可以成就其三
不朽的事業，源於他是一個成功地將「內聖」的自我品德修爲延展至「外王」
事業的實踐者。梁啓超故而將曾國藩戒除惡習的例子與剿滅太平軍的事蹟相
互參照，以小窺大，對曾國藩從自身小事做起，並在國家大事上收穫成效的
努力，通透地做了剖析。

　　梁啓超除了重視曾國藩的自治和毅力修爲，也非常看重曾國藩勇於改過
的決心。此一品德也在梁啓超於《德育鑒》以及《曾文正公嘉言鈔》中一再
抄錄的相關章句顯示出來。曾國藩改號「滌生」，即是其善於改過的實證。對
此，曾國藩曾有一段夫子自道：「憶自辛卯年改號滌生，滌者，取滌其舊染之
污也。生者，取明袁了凡之言：『從前種種，譬如昨日死，從後種種，譬如今
日生』也。」〔註28〕曾國藩以「滌生」自號的舉動，顯示他下定決心用此號
來警惕自己要知錯即改。曾氏之所以如此要求自己「改過」，是因爲深覺若在
德行上有失，又不及時糾正，則將漸漸形成爲一種習性，那時再期望將惡習
革去，已是大爲艱難。故而說：「凡事之須逐日檢點者，一日姑待，後來補救
則難矣，況進德修業之事乎！」〔註29〕

〔註26〕曾國藩：《曾國藩全集・日記（一）》，第681頁，長沙：嶽麓書社，1995年2
　　　　月。

〔註27〕參見中國之新民：《新民說二十三・第十八節論私德（續）》，《新民叢報》第
　　　　46～48號合刊，1904年2月14日（光緒二十九年十二月二十九日），第10
　　　　頁。

〔註28〕梁啓超：《德育鑒》，第147頁。／曾國藩：《曾國藩全集・日記（一）》，第42頁。

〔註29〕梁啓超：《德育鑒》，第130頁。／曾國藩：《曾國藩全集・日記（一）》，第117
　　　　頁。

　　曾國藩與梁啓超皆極爲重視進德和修業，認爲這兩者才是好修之道。他們各自有一段大方向一致、而細節稍有出入的進德與修業之說可相互參照。就曾國藩看來：

> 吾人只有進德、修業兩事靠得住。進德，則孝悌仁義是也；修業，則詩文作字是也。此二者由我作主，得尺則我之尺也，得寸則我之寸也。今日進一分德，便算積了一升穀；明日修一分業，又算餘了一分錢。德業並增，則家私日起。至於功名富貴，悉由命定，絲毫不能自主。〔註30〕

梁啓超1910年在其《歲晚讀書錄·好修》中則如此寫道：

> 凡人於肉體之外，必更求精神上之愉快，乃可以爲養，此即屈子好修之說也。好修之道有二：一曰修德，二曰修學。修德者，從宗教道德上，確有所體驗，而自得之於己，則浩然之氣，終身不衰，自能不淫於富貴，不移於貧賤，此最上也。但非大豪傑之士，未易臻此造詣，則亦當修學以求自養。無論爲舊學爲新學，苟吾能入其中而稍有所以自得，則自然相引於彌長，而吾身心別有一系著之處，立於擾擾塵勞之表，則外境界不能以相奪；即稍奪矣，亦不至如空壁逐利者，盡爲敵據其本營而進退無據也。其道何由？亦曰好修而已矣。〔註31〕

二人雖同樣視修德爲人生不可或缺的一部份，但曾國藩筆下的「德」不外「孝悌仁義」，梁啓超卻把「德」提升到成爲「浩然之氣」的層次，並且得之終身不衰，如若求之而不得，則可從修學下工夫以爲依恃。可見，曾國藩講求的「德」，是每個人在生活中皆可做到的實踐層次，而梁啓超所追求的「德」，卻「非大豪傑之士，未易臻此造詣」。針對修業方面，曾國藩亦精簡指稱「詩文作字是也」，梁啓超則圍繞舊學與新學做論述，並認爲不管新學或舊學，只要是學有所成，即是一門他人無法奪去的學問。故此，根據梁啓超的觀點，若非「大豪傑之士」，就應該在修學這一層面下工夫。由此觀之，在進德與修業上，曾國藩秉持其一貫謹慎、踏實的態度，認爲這兩者皆是一分耕耘、一

〔註30〕曾國藩：《致澄弟溫弟沅弟季弟　八月二十九日》，《曾國藩全集·家書（一）》，第92頁。著重號爲筆者所加。

〔註31〕滄江：《歲晚讀書錄·好修》，《國風報》第1年第10期，1910年5月19日（宣統二年四月十一日），第110頁。著重號爲筆者所加。

分收穫積來的成果；梁啓超儘管有豪傑與常人之分，亦認爲由此二途可獲得精神的愉悅，足以「自得」、「自養」。顯現二人道雖不同，於終極目標上卻相當一致。

　　曾國藩和梁啓超在後世的評價，或許會在不同的時代因爲他們的政治抉擇而面對貶責。然而，抽離政治考量，曾國藩和梁啓超的品德修養，卻可以在不同時代發揮典範效應。閱讀了曾國藩家書之後，梁啓超立志以曾國藩爲楷模，在人格修爲上求精進。故而對於曾國藩「苟有富必能潤屋，苟有德必能潤身，不必如孔子之溫良恭儉，孟子之睟面盎背，而後爲符驗也。凡盛德之君子，必有非常之儀範」〔註32〕一說，深有同感。唐浩明將曾國藩的修身之道歸納爲「誠、敬、靜、謹、恒」〔註33〕五字的確非常精確，而且與梁啓超在讀過曾國藩家書後給自己立下的修身之法如出一轍。梁氏自訂的修身功課是，「一曰克己、二曰誠意、三曰主敬、四曰習勞、五曰有恆」，並立志終身以此「五事自課」。〔註34〕即使這五項之中有一兩項在用字上不完全相同，但內涵並沒有太大差別，足證梁啓超雖是「偶讀《曾文正公家書》」，卻是一生受用無窮，朝著以德潤身的方向努力。

第三節　救國理想

　　梁啓超在沒有找到連接內聖與外王的接榫處之前，認爲純粹的品德修爲會傾向於「私德」的表現，雖有益於個人，卻對社會國家無所貢獻。然而，從曾國藩的身上，梁啓超卻看到，原來私德也有推己及人，擴大至社會國家的可能性。這麼一來，梁啓超所重視的「公德」也可以從「外王」的傳統中找到依歸。在《曾文正公嘉言鈔》中，梁啓超不止一次抄錄曾國藩感歎時局的言辭。或許，在抄錄的同時，梁啓超更爲欣賞的是曾國藩與其友群在黑暗時局中堅持操守的氣節。曾國藩嘗言：

> 思欲稍易三四十年來不白不黑、不痛不癢、牢不可破之習，而矯枉過正，或不免流於意氣之偏，以是屢蹈怨尤，叢譏取戾，而仁人君

〔註32〕曾國藩：《曾國藩全集·詩文》，第 395 頁，

〔註33〕唐浩明：《曾國藩的修身與治國》，福建省領導科學研究會編：《領導文萃》2006 年第 8 期，第 81 頁。

〔註34〕參見梁啓超：《致葉湘南、麥孺博、麥曼宣、羅孝高（1900 年 4 月 21 日）》，《梁啓超全集》第 20 卷，第 5933 頁。

子，固不當責以中庸之道，且當憐其有所激而矯之之苦衷也。〔註35〕
原因無他，僅爲「國家興亡，匹夫有責」。所以說：「自古大亂之世，必先變亂
是非，然後政治顚倒，災害從之。賞罰之任，視乎權位，有得行，有不得行。
至於維持是非之公，則吾輩皆有不可辭之任。顧亭林所稱匹夫與有責焉者也。」
〔註36〕強調了國家的每個子民，在維持社會的是非曲直中，皆背負著不可推卸
的責任，更何況是在朝堂上有發言權的國家重臣，更應當「先天下之憂而憂」。

曾國藩《原才》篇中的一段話，講述了開風氣之先者在社會中所起的作
用和影響，梁啓超深爲認同，並成了他不止一次抄錄的「嘉言」：

先王之治天下，使賢者皆當路在勢，其風民也皆以義，故道一
而俗同。世教既衰，所謂一二人者，不盡在位，彼其心之所向，勢
不能不騰爲口說，而播爲聲氣。而眾人者，勢不能不聽命，而蒸爲
習尚。於是乎徒黨蔚起，而一時之人才出焉。〔註37〕

即使自身處於一個「不白不黑、不痛不癢」的世界，曾國藩和梁啓超卻始終
堅信，只要有足以掀起新風氣的「一二人」，或者對他們而言，不管他們本身
有沒有做到，他們其實正努力在扮演這「一二人」的角色，希冀爲國家注入
一股清流，那麼社會風氣的轉變就指日可待。此一情況，曾國藩本人的另一
段文字，說得更直截了當：「惟天下滔滔，禍亂未已；吏治人心，毫無更改；
軍政戰事，日崇虛僞。非得二、三君子，倡之以樸誠，導之以廉恥，則江河
日下，不知所屆。」〔註38〕在此，曾國藩亦提到改善風氣之法，即「倡之以
樸誠，導之以廉恥」，也就是回到「內聖」的路子上。

梁啓超 1910 年創辦的《國風報》，既然是在說「國風」，《原才》篇中的
說法，自然會引起關注。在倡導「開一國之風」的文章中，梁啓超徵引了《原
才》篇以上的論說後，加以闡發道：「此一二人者如在高位，則其勢最順而其
效最捷；此一二人者而不在高位，則其收效雖艱，而其勢亦未始不可以成。」
〔註39〕所以，不管是在曾國藩或是梁啓超的認知當中，所謂的「一二人」，可

〔註35〕梁啓超：《曾文正公嘉言鈔》，第 6 頁。／曾國藩：《覆黃淳熙 咸豐三年十二月》，
　　　　《曾國藩全集・書信（一）》，第 431 頁。
〔註36〕梁啓超：《曾文正公嘉言鈔》，第 10～11 頁。／曾國藩：《加沈葆楨片 十一月
　　　　十三日》，《曾國藩全集・書信（一）》，第 742 頁。
〔註37〕曾國藩：《曾國藩全集・詩文》，第 182 頁。
〔註38〕曾國藩：《覆陳士傑 八月十九日》，《曾國藩全集・書信（二）》，第 1567 頁。
〔註39〕滄江：《說國風》，《國風報》第 1 年第 1 期，1910 年 2 月 20 日（宣統二年正
　　　　月十一日），第 12～13 頁。

以發揮的力量卻不小。如此一來，在這「一二人」登高一呼之後：「是以聲氣
所感，如響斯應。不期然而然，於暗無天日之京師宦海中，乃能放此大光明，
而雷霆所昭蘇，且將及於全國，一二人之心力，不可謂不偉也。吾是以知君
子之道，在知其不可而爲之。爲之不已，將有可時；若其不爲，則天下事固
無一可也，夫豈必御史臺能獨爲君子哉？」〔註40〕這是梁啓超在《臺諫近世
感言》中對於改變風氣的這「一二人」所做的一個很好的補充。此外，梁啓
超在《曾文正公嘉言鈔》中《原才》一則的按語中也表示：「公於窮時達時，
皆能以心力轉移風氣，亦可謂不負其言矣。」〔註41〕一再流露出梁啓超對曾
國藩造風氣之先的讚賞。

　　對於曾國藩和他的朋友、幕僚們所掀起的重視品德之風氣，梁啓超極力
推贊。1905 年編撰《德育鑒》時，他對此即有所提及，並以之作爲《德育鑒》
的篇末總結，顯見乃將曾國藩及其同道視爲德育的典範。在 1910 年《國風報》
創刊號上刊載的《說國風》一文中，梁啓超從清朝的聖主仁皇帝開始追溯，
論述清朝的道義之風，也提到曾國藩和羅澤南等人「幾振之矣」，充分肯定曾
國藩和他的朋友、幕僚們的努力。只可惜因爲時局艱難，導致他們必須將精
神轉移到戎馬征戰上，間接影響了風氣的擴散和傳承。〔註42〕

　　到了 1927 年，梁啓超在和學生們的談話中，依然在追慕當年由曾國藩和
其友群們建立起來的道德社會：

　　　　我們一回頭，看數十年前，曾文正公那般人的修養。他們看見
　　當時的社會也壞極了，他們一面自己嚴屬的約束自己，不跟惡社會
　　跑，而同時就以這一點來朋友間互相勉勵，天天這樣琢磨著，可以
　　從他們往來的書箚中考見。……這些話看起來是很普通的，而他們
　　就只用這些普通話來訓練自己。不怕難，不偷巧，最先從自己做起，
　　立個標準，擴充下去，漸次聲應氣求，擴充到一班朋友，久而久之，
　　便造成一種風氣，到時局不可收拾的時候，就只好讓他們這班人出
　　來收拾了。所以曾，胡，江，羅，一般書獃子，居然被他們做了這
　　樣偉大的事業，而後來咸豐以後風氣，居然被他們改變了，造成了

〔註40〕滄江：《臺諫近事感言》，《國風報》第 1 年第 6 期，1910 年 4 月 10 日（宣統
　　　　二年三月初一日），第 11～12 頁。
〔註41〕梁啓超：《曾文正公嘉言鈔》，第 80 頁。
〔註42〕參見滄江：《說國風》，《國風報》第 1 年第 1 期，第 12～13 頁。

他們做書歡子時候的理想道德社會了。〔註43〕

　　我們試看曾文正公等，當時是甚麼樣修養的？是這樣的麼？他們所修養的條件：是什麼樣克己，什麼樣處事，什麼樣改變風氣，……先從個人，朋友，少數人做起，誠誠懇懇，腳踏實地的，一步一步做去；一毫不許放鬆，我們讀曾氏的《原才》，便可見了。風氣雖壞，自己先改造自己，以次改造我的朋友，以及朋友的朋友，找到一個是一個。這樣繼續不斷的努力下去，必然有相當的成功。假定曾文正胡文忠遲死數十年，也許他們的成功是永久了；假定李文忠袁項城也走這一條路，也許直到現在還能見這種風氣呢！〔註44〕

梁啓超在此更爲透徹地提到曾國藩和他的朋友、幕僚們其實就是靠著「不怕難，不偷巧」，先從自己的品德修養下工夫，漸漸地把和自己習氣相近的人聚集在一起，形成風氣之後，自然可以有一番作爲。所以，梁啓超才會說，「吾以爲使曾文正生今日而猶壯年，則中國必由其手而獲救矣」〔註45〕，指的就是他在道德上有影響身邊朋友和幕僚的魅力，足以在黑暗的社會現實中激揚起一股正氣與清流。當然，除了道德修養和影響風氣，曾國藩的治國之才亦不容漠視。然而，追根究底，曾國藩的事功成就，依然須回歸到他的道德修爲這一基礎。

　　梁啓超對曾國藩的推崇，並非純粹文字上的高談闊論，而是在行動上也付諸實踐，以身效法。這一點，《說國風》中的一句話足以爲證：

　　本報同人，學譾能薄，豈敢比於曾文正所謂騰爲口說而播爲聲氣者？顧竊自附於風人之旨，矢志必潔，而稱物惟芳；託體雖卑，而擇言近雅。此則本報命名之意也。〔註46〕

雖然自謙只能遵循《詩經·國風》志潔言雅的傳統，但所向往的實爲以曾國藩爲楷模，借助辦報以形成社會風氣的努力，由此正顯現了梁啓超的用心和理想。當然，在梁啓超辦過的報刊中，並非只有《國風報》貫徹了開通風氣的宗旨，《新民叢報》也有相近的意圖。《新民說》即明言：

　　吾以爲學識之開通、運動之預備，皆其餘事，而惟道德爲之師。

〔註43〕梁啓超著、夏曉虹輯：《北海談話記》，《〈飲冰室合集〉集外文》（中），第1036～1037頁，北京：北京大學出版社，2005年1月。

〔註44〕梁啓超著、夏曉虹輯：《北海談話記》，《〈飲冰室合集〉集外文》，第1038頁。

〔註45〕中國之新民：《新民說二十四·論私德（續）》，《新民叢報》第40、41號，第8頁。

〔註46〕滄江：《說國風》，《國風報》第1年第1期，第14頁。

> 無道德觀念以相處，則兩人且不能爲群，而更何事之可圖也？……
> 吾黨不欲澄清天下則已，苟有此志，則吾謂《曾文正集》，不可不日
> 三復也。夫以英、美、日本之豪傑證之則如彼，以吾祖國之豪傑證
> 之則如此，認救國之責任者，其可以得師矣。〔註47〕

一句「吾黨不欲澄清天下則已，苟有此志，則吾謂《曾文正集》，不可不日三復
也」，連接了曾國藩與澄清天下的關係，也貫穿了曾國藩以及梁啓超期許開通風
氣的理想。而梁氏藉重報章以開風氣的做法，又切合了將報刊視爲「傳播文明
三利器」之一種的思路，體現出在影響社會的途徑上與曾國藩的相異處。

《新民叢報》既抱有「澄清天下」的理想，自然不能缺少對德育的傳揚。
畢竟，梁啓超清楚意識到，不管是學識的開通或是政治運動的預備，更爲根
本的一點是必須有良好的品德爲基礎，非此不足以成就大事業。早在 1902 年
創辦《新民叢報》時，梁啓超即在《本報告白》中表示：

> 本報取《大學》新民之義，以爲欲維新吾國，當先維新吾民。
> 中國所以不振，由於國民公德缺乏，智慧不開，故本報專對此病而
> 藥治之，務採合中西道德以爲德育之方針，廣羅政學理論以爲智育
> 之本原。〔註48〕

可見，梁啓超期待中的「新民」，是「採合中西道德以爲德育之方針」的新民。
他在探討中國和西方的德育觀念時，進行深刻的反思，分析了智育和德育的
關係，並從東西方文化的差異開展論述。〔註 49〕在梁啓超看來，中國的宋明
儒學或是西方的倫理學，其實應被視爲如理化、工程、法律、生計等學科的
智育，並不能等同於德育。而且，德育也不應被過度膨脹的智育所掩蓋，方
可避免德育因此而被詬病，反之亦然。〔註50〕

基於認識到德育和智育之間的模糊關係，「有志救世」的梁啓超自然會在
這一問題上認眞思考並付諸實踐。到了晚年，梁啓超在北海和清華研究院學
生們的一席談話中，即指出智育的發展終歸必須有德育作爲根基，找到讓德

〔註47〕 中國之新民：《新民説二十四・論私德（續）》，《新民叢報》第 40、41 號，第
　　　　8 頁。
〔註48〕 《本報告白》，《新民叢報》第 1 號，第 2 頁。
〔註49〕 參見中國之新民：《新民説二十三・第十八節論私德（續）》，《新民叢報》第
　　　　46～48 號，第 1～2 頁。
〔註50〕 參見中國之新民：《新民説二十三・第十八節論私德（續）》，《新民叢報》第
　　　　46～48 號，第 1～2 頁。

育和智育相結合的方法：

> 吾所理想的，也許太難不容易實現：我要想把中國儒家道術的
> 修養來做底子，而在學校功課上把他體現出來。在已往的儒家各個
> 不同的派別中，任便做那一家，那都可以的，不過總要有這類的修
> 養來打底子；自己把做人的基礎，先打定了。吾相信假定沒有這類
> 做人的基礎，那麼做學問並非為自己做的。……我所最希望的是：
> 在求智識的時候，不要忘記了我這種做學問的方法，可以為修養的
> 工具；而一面在修養的時候，也不是參禪打坐的空修養，要如王陽
> 明所謂在「事上磨練」。〔註51〕

這時候的梁啓超，在退出政壇專治學問後，依然認為不管是如當初的曾國藩
般投身軍事政治，或是如現時的自己般獻身於學術，一個不能拋開的堅持是，
品德修養必須是這些外在事功的根柢。梁啓超這段與學生的談話作於 1927
年，所以即使他抱著滿懷的憧憬和理想要朝這個方向努力，只可惜天不假年，
兩年後，梁啓超即病逝，故這番志願也只能屬於未完成的事業了。

處身於一個過渡時代，中西文化的衝擊，新舊文化之間的矛盾，造成時
代的動盪不安。面對這樣的時局，梁啓超難免不會將其與曾國藩所說的「不
白不黑、不痛不癢」的時代系聯在一起。所以，即使曾國藩身處道光、咸豐
與同治年間，梁啓超則是前腳踏在光緒、宣統時代，後腳踩在民國時期，但
是在曾國藩身上，梁啓超卻看到了不為時代所局限的品德修為在繼續發光發
熱，並希望效法曾國藩，帶領朋友和學生輩改變社會惡俗，興起新思想、新
風氣。所以，梁啓超熱情地呼籲：

> 然而現在的社會，是必須改造的！不改造他，眼看他就此沉淪
> 下去，這是我們的奇恥大辱！但是誰來改造他？一點不客氣，是我
> 輩！我輩不改造，誰來改造？要改造社會，先從個人做人方面做去，
> 以次及於旁人，一個、二個，……以至千萬個；只要我自己的努力
> 不斷，不會終沒有成績的。〔註52〕

梁啓超透過這番話所傳達出來的訊息是，只要「一回頭看」，不就正好可以看

〔註51〕梁啓超著、夏曉虹輯：《北海談話記》，《〈飲冰室合集〉集外文》（中），第 1034
～1035 頁。

〔註52〕梁啓超著、夏曉虹輯：《北海談話記》，《〈飲冰室合集〉集外文》（中），第 1038
頁。

到曾國藩和他的朋友、幕僚們站在身後作爲堅實的後盾，扶持著「中國之新民」們穩健地走向未來？可見梁啓超在修身和開通社會風氣這一環節上，顯然把曾國藩標舉爲學習的典範。譚徐峰在論述曾國藩對梁啓超的影響時，也指稱：「《新民説》重在塑造理想人格，曾國藩的操守成爲新民這一英雄系譜重要的一環，其關懷不僅僅在修身，更著眼於救世，期待由此形塑國民，團聚成強大的國家。」〔註53〕以曾國藩本身而言，他在強調品德修爲之時，是一種回歸到傳統的「內聖」之學；而梁啓超在倡導「新民」的理想時，更多傾向於「外王」的追求。只是，曾國藩在修身的同時不忘爲國家做出貢獻，梁啓超在爲國家的命運而積極培養「新民」時，也意識到需要品德修養作爲根基。如此一來，曾國藩與梁啓超這兩個生活在不同時空中的人，恰恰在追求內聖與外王的努力中，找到交匯點。

結　語

　　曾國藩在 20 歲入漣濱書院時改號「滌生」，有心在品德上去除惡性，在修身品德上下工夫；到了 28 歲考上進士時，志高氣昂地改名「國藩」，立志成爲國之藩籬。梁啓超則是在《新民叢報》創刊後，常以「中國之新民」的筆名撰稿。曾國藩和梁啓超愛國的志向從他們的名字和筆名上已然清晰可見。梁啓超在 1916 年寫給蔡鍔的信中嘗謂：

> 今大敵未去，大業百未一就，而此等惡象已見端矣。有時獨居深念，幾欲決然捨去，還我書呆子生涯。然曾文正亦有言：「以忠義勸人，而以苟且自全，則魂魄猶有餘羞。」每誦斯言，又復汗出如漿耳。〔註54〕

寫這封信給蔡鍔時，梁啓超與蔡鍔正爲雲南起義之事而勞心。政局的黑暗自是讓梁啓超想要「決然捨去」的原因，然而回首曾國藩爲國家命運而奮鬥的苦心和用心，若是自己「決然捨去」以圖「苟且自全」，終是慚愧無已。所以，梁啓超一再以曾國藩其人其言爲自我警惕和激勵的標竿，期許自己可以如曾國藩般做到修身和治國並舉的成就。

〔註53〕譚徐峰：《曾文正公「復活」記——一段近代中國的閱讀記憶》，楊平主編：《中國圖書評論》2011 年第 9 期，第 54 頁。

〔註54〕梁啓超：《盾鼻集‧致蔡松坡第五書》，《飲冰室合集》第 8 冊第 33 卷，第 26 頁。

在《新民說‧論毅力》中，梁啓超彰顯的是曾國藩堅韌不拔的毅力，所謂「且勿徵諸遠，即最近數十年來咸德巍巍照耀寰宇，若曾文正其人者，其初起時之困心衡慮，寧復可思議。」〔註55〕而其實，這句話同時也流露出梁啓超對曾國藩「初起時」的「困心衡慮」感同身受。咸同年間，曾國藩作爲國之藩籬，穩固了清朝已然被晃動的基石。隨後，梁啓超又走在時人前列，以「中國之新民」的視野指示出中國的政治前景。當時，站在十九和二十世紀之交的梁啓超慨歎道：

> 嗚呼！十九世紀往矣，而二十世紀方將來。曾國藩常言：「已往種種，譬如昨日死；未來種種，譬如今日生。」吾輩於十九世紀之代表人無歆焉無羨焉，亦視二十世紀之新人何如耳。〔註56〕

曾國藩引用袁了凡的偈語，比喻以往在品德上有缺失的自己已如昨日般消失。梁啓超則站在十九、二十世紀之交這個新的時間維度上，將比喻的範圍放大到承載了國家命運的代表人物身上，喻指造成十九世紀政治格局的人物已如昨日般飄然而逝。因此，更爲重要的是將希望寄託在未來，並從當下開始努力，讓具有新民德的「新人」營建出一個具有新生命力之「新中國」。

（原載《漢語言文學研究》2013年　第4卷　第1期）

參考文獻

一、專書

1. 梁啓超：《德育鑒》，橫濱：新民社，1905年12月11日初版（光緒三十一年十一月十五日）。

2. 梁啓超著、張品興主編：《梁啓超全集》，北京：北京出版社，1999年。

3. 梁啓超：《飲冰室合集》，北京：中華書局，1989年3月第一版。

4. 梁啓超：《曾文正公嘉言鈔》，上海：商務印書館，1925年3月第十版。

5. 梁啓超著、夏曉虹輯：《〈飲冰室合集〉集外文》，北京：北京大學出版社，2005年1月。

〔註55〕中國之新民：《新民說十七‧第十五節論毅力》，《新民叢報》第24號，1903年1月13日（光緒二十八年十二月十五日），第6~7頁。

〔註56〕梁啓超：《飲冰室自由書‧二十世紀之新鬼》，《清議報》第98冊，1901年11月21日（光緒二十七年歲次辛丑十月十一日），第3頁。

6. 梁啓超著、張品興編：《梁啓超家書》，北京：中國文聯出版公司，2000年1月。

7. 曾國藩：《曾國藩全集・家書》，長沙：嶽麓書社，1985年10月。

8. 曾國藩：《曾國藩全集・日記》，長沙：嶽麓書社，1995年2月。

9. 曾國藩：《曾國藩全集・詩文》，長沙：嶽麓書社，1986年12月。

10. 曾國藩：《曾國藩全集・書信》，長沙：嶽麓書社，1990年6月。

二、學術期刊論文

1. 譚徐峰：《曾文正公「復活」記——一段近代中國的閱讀記憶》，楊平主編：《中國圖書評論》2011年第9期。

2. 唐浩明：《曾國藩的修身與治國》，福建省領導科學研究會編：《領導文萃》2006年第8期。

3. 吳銘能：《困勉志大人之學——曾文正對梁任公的影響》，邱黃海主編：《鵝湖月刊》第22卷第11期，1997年5月。

4. 翟奎鳳：《梁啓超〈德育鑒〉思想研究》，吉林省社會科學院編：《社會科學戰線》2011年第10期。

三、報刊

1. 《國風報》第1年第1期，1910年2月20日（宣統二年正月十一日）。

2. 《國風報》第1年第6期，1910年4月10日（宣統二年三月初一日）。

3. 《國風報》第1年第10期，1910年5月19日（宣統二年四月十一日）。

4. 《清議報》第98冊，1901年11月21日（光緒二十七年歲次辛丑十月十一日）。

5. 《清議報》第100冊，1901年12月21日（光緒二十七年十一月十一日）。

6. 《新民叢報》第1號，1902年2月8日（光緒二十八年元月一日）。

7. 《新民叢報》第3號，1902年3月10日（光緒二十八年二月一日）。

8. 《新民叢報》第24號，1903年1月13日（光緒二十八年十二月十五日）。

9. 《新民叢報》第38、39號，1903年10月4日（光緒二十九年八月十四日）。

10. 《新民叢報》第40、41號合刊，1903年11月2日（光緒二十九年九月十四日）。

11. 《新民叢報》第46～48號合刊，1904年2月14日（光緒二十九年十二月二十九日）。

附錄二：《論中國學術思想變遷之大勢》
——「淬厲其所本有而新之」、「採補其所本無而新之」的學術典範之作

　　摘要：《新民叢報》的創辦，承載著梁啓超希冀透過「德育」和「智育」培養「新民」的理想。《新民說》和《論中國學術思想變遷之大勢》的刊載，即是梁啓超在追求這一理想時所排演的一齣雙簧。撰述《論中國學術思想變遷之大勢》的過程中，前、後期立足點的滑移，隱隱透露出梁啓超已從隱含政治意圖的「有爲而作」階段發展到「爲學術而學術」的摸索期，同時也爲他日後的學術生涯做披荊斬棘的工作。

關鍵詞：梁啓超；德育；智育；《論中國學術思想變遷之大勢》；《新民叢報》

緒　論

　　1902 年《新民叢報》的創刊，昭示著梁啓超思想上的一個新驛站。此時的梁啓超自 1898 年因戊戌政變而逃亡日本之後，「去國以來，忽忽四年矣」。〔註1〕並距其「稍能讀東文，思想爲之一變」〔註2〕之際，已然三年。三年時

〔註1〕　梁啓超：《三十自述》，《飲冰室合集》第 2 冊第 11 卷，第 18 頁，北京：中華書局，1989 年 3 月第一版（2008 年 11 月第 5 刷）。

〔註2〕　梁啓超：《三十自述》，《飲冰室合集》第 2 冊第 11 卷，第 18 頁。原句爲：「自此居日本東京者一年，稍能讀東文，思想爲之一變。」以此推算 1902 年的梁啓超，距其能閱讀日文而思想爲之變化之際已然 3 年。

間的沉澱，顯然足以讓梁啓超在創辦《清議報》的基礎上，更進一步地思考救國救民之道，並透過《新民叢報》這一陣地展現出來。《新民叢報》創刊號的《本報告白》開宗明義地指出：

> 本報取《大學》新民之義，以爲欲維新吾國，當先維新吾民。中國所以不振，由於國民公德缺乏，智慧不開，故本報專對此病而藥治之，務採合中西道德以爲德育之方針，廣羅政學理論以爲智育之原本。〔註3〕

由此觀之，此時的梁啓超將中國衰弱的根源歸納爲「國民公德缺乏」以及「智慧不開」這兩個問題上。因此，《新民叢報》的創刊，即爲救此二弊之藥方，希冀從「德育」以及「智育」這兩劑藥著手，達到救國救民的理想。這一則《本報告白》言簡意賅，在提出以德育和智育爲挽救方針之際，亦表明《新民叢報》的目標，不僅僅是要找出中國衰弱的病根，也要結合西方文化的經驗，取長補短。

《新民叢報》的辦報宗旨既如此明確，那麼梁啓超以「中國之新民」爲筆名撰寫的《新民說》，自然是重點欄目，並貫徹著《新民叢報》的精神。《新民說》的《釋新民之義》，無疑是《新民叢報》的《本報告白》之說的詳細闡述。當然，《新民說》的撰述，主要還是將對象鎖定在「新民」，即以「人」爲本體。因此，在《釋新民之義》中，所謂「新民云者，非欲吾民盡棄其舊以從人也。新之義有二：一曰，淬厲其所本有而新之，二曰，採補其所本無而新之。二者缺一，時乃無功」〔註4〕，這樣一種「新民」的內涵，乃是要求結合中國原有的文化特質以及西方文化素養而形成的「新民」。以此作爲參照對象，《新民叢報》這一份報刊，又何嘗不是將中西文化擺放在一起的一面平臺？一個物質性的「新民」？

《新民說》嘗試力挽「國民公德」之缺的意圖在第五節《論公德》中展露無遺，此文刊載於 1902 年 3 月 10 日《新民叢報》第 3 號。隔年，當梁啓超前往美洲一行後，卻清楚意識到中國人較爲欠缺的雖是「公德」，然而並不表示「私德」已無需加以強調和培養。因此，距《論公德》刊載一年有餘之

〔註3〕 《本報告白》，馮紫珊編：《新民叢報》第 1 號，1902 年 2 月 8 日（光緒二十八年元月一日），第 1 頁。

〔註4〕 中國之新民（注：梁啓超）：《新民說一・第三節 釋新民之義》，《新民叢報》第 1 號，第 8 頁。

後撰述的《論私德》，即對此加以探討。在梁啓超看來，只有個人私德的完善，才有可能提升到公德的境界，兩者相輔相成。

在汲汲營營於培養「新民」的「德育」之際，梁啓超亦沒有忘記《新民叢報·本報告白》中所觸及的另一個關懷點——「智育」。故此，在《新民叢報》第 1 號中，《論學術之勢力左右世界》一文即以鏗鏘之聲吹響推動「智育」的號角。文中列舉了影響各國乃至世界的大人物如成吉思汗、梅特涅、拿破崙等的豐功偉績之後，反問「一敗之後，其政策亦隨身名而滅矣。然則天地間獨一無二之大勢力，何在乎？曰：智慧而已矣；學術而已矣！」〔註5〕此即表示，各國政策必隨當政者而變化，然而智慧以及學術所可以發揮的效應則更爲長遠且有效。因此，正如篇名所題，學術的勢力足以左右世界，此爲從大處著眼。然從細微末節言之：「凡我等今日所衣、所食、所用、所乘、所聞、所見，一切利用前民之事物，安有不自學術來者耶？」〔註6〕此外，同一期刊載的《近世文明初祖二大家之學說》一文亦寫到：「而學術之革新，其最著者也。有新學術，然後有新道德、新政治、新技藝、新器物；有是數者，然後有新國、新世界。」〔註7〕梁啓超此說，在在強調了學術之於新民以至新國、新世界之重要性以及不可取代之地位。

《論學術之勢力左右世界》的刊載，可看成是梁啓超即將登場的學術巨著《論中國學術思想變遷之大勢》的開路先鋒。從《新民叢報》第 3 號開始，這一學術論著即在「學術」一欄連載，刊載時間從 1902 年延續至 1904 年。其間，梁啓超於 1903 年的美洲之行曾導致此文被迫中斷較長一段時間。1904年重新執筆時，顯然梁啓超的學術思路已經與初寫此文的想法有所不同。於是乎，梁啓超此時完成的《近世之學術（起明亡以迄今日）》不僅僅乖離了原初的構想，不再把清代學術歸入「衰落時代」，而且在書寫策略與方法上也與之前所完成的章節不太一貫。當然，《近世之學術（起明亡以迄今日）》此章在學術發展脈絡上而言，還是可與基本完成於 1902 年的前六章結合成一個整體。

觀照《新民說》與《論中國學術思想變遷之大勢》在《新民叢報》上的刊載，即可發現這兩個專題基本上有相輔相成的趨勢，因此可以說，這正是

〔註5〕 中國之新民：《論學術之勢力左右世界》，《新民叢報》第 1 號，第 69 頁。
〔註6〕 中國之新民：《論學術之勢力左右世界》，《新民叢報》第 1 號，第 70 頁。
〔註7〕 中國之新民：《近世文明初祖二大家之學說》，《新民叢報》第 1 號，第 11 頁。

梁啓超在《新民叢報》上排演的一齣雙簧。他一方面透過《新民說》推動德育；另一方面則借著《論中國學術思想變遷之大勢》推展智育，成就了《新民叢報》上的一齣好戲。《論中國學術思想變遷之大勢》的《總論》中寫道：

> 自今以往二十年中，吾不患外國學術思想之不輸入，吾惟患本國學術思想之不發明。夫二十年間之不發明，於我學術思想必非有損也。雖然，凡一國之立於天地，必有其所以立之特質。欲自善其國者，不可不於此特質焉，淬厲之而增長之。〔註8〕

這一段話，極易讓人聯想到《新民說》中「淬厲其所本有而新之」、「採補其所本無而新之」的綱目。可見，此一立場和策略是《新民說》以及《論中國學術思想變遷之大勢》的中心支柱。當然，融合中、西學術的追求，同樣是在《新民說》中對於「新民」的一種期待。

這樣一種隱含著對於國民和國族有所期待的學術論述，其存在本身顯然並不「純粹」。在完成《論中國學術思想變遷之大勢》一書的 16 年後，梁啓超在《清代學術概論·自序》中亦毫不諱言：「且當時多有為而發之言，其結論往往流於偏至。——故今全行改作，採舊文者什一二而已。」〔註9〕此處所指的「有為而發之言」，雖未挑明，卻昭然若揭地指向他當時殷切倡導的「新民」和「新國家」之說。而且，梁啓超此時甚至自認「其結論往往流於偏至」，可見其「有為而發」的目標無形中已導致客觀立場的偏差。換句話說，梁啓超在撰寫《論中國學術思想變遷之大勢》這部學術史時，還包含著達到思想啓蒙和政治改革的意圖。夏曉虹對此即有精闢的見解：

> 不難看出，梁啓超此期的學術研究，帶有濃厚的現實政治色彩。《新史學》與《新民說》的互相呼應一目了然；《論中國學術思想變遷之大勢》也與其介紹西方學術、思想的諸多論文用心一致，均在求引進西學，融貫中外，催生中國新文明，放大光華於世界，用梁啓超的妙喻，即是「彼西方美人，必能為我家育寧馨兒以亢我宗也。」〔註10〕

這一段話，在點出梁啓超的《論中國學術思想變遷之大勢》具有現實政治關

〔註8〕 中國之新民：《論中國學術思想變遷之大勢·第一章 總論》，《新民叢報》第3號，1902 年 3 月 10 日（光緒二十八年二月一日），第 44 頁。

〔註9〕 梁啓超：《清代學術概論·自序》，《飲冰室合集》第 8 冊第 34 卷，第 4 頁。

〔註10〕 夏曉虹編：《梁啓超文選·編者前言》，《梁啓超文選》上冊，第 4～5 頁，北京：中國廣播電視出版社，1992 年 8 月。

懷之餘，也提及《新民叢報》中的《新史學》，同樣可以與《新民說》「互相呼應」。這更表明了此時的梁啟超，不管是在探討學術史或史學議題，皆回歸到他當時的現實思考。

第一節　學術與政治之關係

戊戌政變的失敗讓梁啟超意識到，如欲在中國推展政治改革，清朝政府已不足以依賴，而應尋求的其實是民眾的支持。當然，必須承認的是，要獲取民眾的支持，首要步驟是啟蒙民眾的思想，如此方有可能透過「新民」建立「新國家」。既如此，民眾的思想啟蒙，也必須回歸到思想與學術源泉。用梁啟超的話說，即是：「學術思想之在一國，猶人之有精神也；而政事、法律、風俗、及歷史上種種之現象，則其形質也。故欲覘其國文野、強弱之程度如何，必於學術思想焉求之。」〔註11〕此說將學術思想與國家的文明程度相關聯，同時也揭示出學術與政治兩者之間相互依傍的效應。類似的觀點，梁啟超在《新民說‧論進步》中同樣有所強調：「凡一國之進步，必以學術思想為之母，而風俗政治皆其子孫也。中國惟戰國時代，九流雜興，道術最廣。自有史以來，黃族之名譽，未有盛於彼時者也。」〔註12〕梁啟超既然是在《新民說‧論進步》中論述這一觀點，自然是站在追求進步的立足點上期待著學術推動國家的發展。由此觀之，梁啟超首先將中華民族文明程度的起點，置於戰國時期思想學說極為活躍的時代。

梁啟超《論中國學術思想變遷之大勢》的撰寫，以西方的進化觀重新審視中國歷來的學術演進，開展出不同於以往的論述，並且參照西方的學術發展史，從橫向與縱向兩面切入。這樣一種新的學術範式，在中國學術史上可謂是領航之作。在開篇的《總論》中，梁啟超即說：

> 故合世界史通觀之，上世史時代之學術思想，我中華第一也；
>
> 泰西雖有希臘梭格拉底、亞里士多德諸賢，然安能及我先秦諸子？中世史時代
> 之學術思想，我中華第一也；中世史時代，我國之學術思想雖稍衰，然歐洲

〔註11〕中國之新民：《論中國學術思想變遷之大勢‧第一章 總論》，《新民叢報》第3號，第41頁。

〔註12〕中國之新民：《新民說十‧第十一節 論進步（一名論中國群治不進之原因）》，《新民叢報》第10號，1902年6月20日（光緒二十八年五月十五日），第7～8頁。

更甚。歐洲所得者，惟基督教及羅馬法耳，自餘則暗無天日。歐洲以外，更不必論。惟近世史時代，則相形之下，吾汗顏矣。雖然，近世史之前途，未有艾也，又安見此偉大國民，不能恢復乃祖乃宗所處最高尚、最榮譽之位置，而更執牛耳於全世界之學術思想界者！吾欲草此論，吾之熱血，如火如焰；吾之希望，如海如潮。〔註13〕

這一段論述，首先肯定的是中國學術從上世史到中世史的優異地位，可是讓梁啓超憂心忡忡的是中國近世史的學術狀況。這一時期的成果顯然遠遠比不上先秦諸子的成就，而且在與西方學術發展的對照下，也相形見拙。然而，作爲「中國之新民」，又豈能讓中國的學術就此一蹶不振？因此，梁啓超落筆撰述《論中國學術思想變遷之大勢》時，除了有力挽狂瀾之意，也有開展「新學術」的熱切期盼。他說：

生此國，爲此民，享此學術思想之恩澤，則歌之舞之，發揮之光大之，繼長而增高之，吾輩之責也。而至今未聞有從事於此者何也？凡天下事必比較然後見其眞，無比較則非惟不能知己之所短，並不能知己之所長。前代無論矣。今世所稱好學深思之士，有兩種：一則徒爲本國思想學術界所窘，而於他國者未嘗一涉其樊也；一則徒爲外國學術思想所眩，而於本國者不屑一屑其意也。〔註14〕

可見《論中國學術思想變遷之大勢》之所以參照西方學術史，是希冀可以透過中西學術的比較以見眞章。當然，這樣一種做法並非爲比出兩者之高下，而是希望可以「淬厲其所本有而新之」並「採補其所本無而新之」。

梁啓超嘗試結合中西文化之精粹的立場，不管是在《論中國學術思想變遷之大勢》或是《新民說》之中，皆是貫穿全域的不二選擇。試觀《新民說》中的兩段話：

故今日不欲強吾國則已，欲強吾國，則不可不博考各國民族所以自立之道，彙擇其長者而取之，以補我之所未及。今論者於政治、學術、技藝，皆莫不知取人長以補我短矣；而不知民德、民智、民力，實爲政治、學術、技藝之大原。〔註15〕

〔註13〕 中國之新民：《論中國學術思想變遷之大勢・第一章 總論》，《新民叢報》第3號，第42～43頁。

〔註14〕 中國之新民：《論中國學術思想變遷之大勢・第一章 總論》，《新民叢報》第3號，第43頁。

〔註15〕 中國之新民：《新民說一・第三節 釋新民之義》，《新民叢報》第1號，第9頁。

故吾所謂新民者，必非如心醉西風者流，蔑棄吾數千年之道德、
學術、風俗，以求伍於他人；亦非如墨守故紙者流，謂僅抱此數千
年之道德、學術、風俗，遂足以立於大地也。〔註16〕

這樣一種敘述模式和理論追求，終歸回到同一個理想上。梁啟超在《新民說》
中一再強調，一個「新民」必須「民德、民智、民力」三者兼備。因此在《新
民說》中，突出學術作爲民智的底蘊和內涵自是不可或缺的論述。然而，《新
民說》的重心終究不能被「民智」一項獨佔，所以《論中國學術思想變遷之
大勢》一文的撰寫因此顯得必要。梁啟超在《論中國學術思想變遷之大勢》
中，深入探討先秦諸子學說相較於希臘學派之長短，認爲「不知己之所長，
則無以增長光大之；不知己之所短，則無以採擇補正之。語其長，則愛國之
言也；語其短，則救時之言也。」〔註17〕

　　從細部剖析先秦諸子與希臘學說兩派的長短之後，梁啟超也從政治與學
術這兩個層面對比中國與西方的不同走向。據其觀察，「泰西之政治，常隨
學術思想爲轉移；中國之學術思想，常隨政治爲轉移，此不可謂非學界之一
缺點也。是故政界各國並立，則學界亦各派並立；政界共主一統，則學界亦
宗師一統。」〔註18〕梁啟超此一見解，展現其眼光獨到之處。若不透過與西
方政治體系相比較，必難窺見中國學術常隨政治思想轉移的弊端。有此自
覺，自然爲其晚年學術生涯中純爲學術而學術的追求埋下種子，也讓他在《清
代學術概論‧自序》中坦陳自己的《論中國學術思想變遷之大勢》其實是「有
爲而發」之作。換句話說，《論中國學術思想變遷之大勢》雖在學術思路和
形式上有所不同，然而卻尙未掙脫以學術服務於政治的框架。以此觀之，「中
國政治之所以不進化，曰惟共主一統故；中國學術所以不進化，曰惟宗師一
統故。而其運皆起於秦、漢之交。秦、漢之交，實中國數千年一大關鍵也。」
〔註19〕故而說：「故儒學統一者，非中國學界之幸，而實中國學界之大不幸

〔註16〕中國之新民：《新民說一‧第三節 釋新民之義》，《新民叢報》第 1 號，第 10
　　　　頁。
〔註17〕中國之新民：《論中國學術思想變遷之大勢‧第三章 全盛時代》，《新民叢報》
　　　　第 7 號，1902 年 5 月 8 日（光緒二十八年四月一日），第 58～59 頁。
〔註18〕中國之新民：《論中國學術思想變遷之大勢‧第四章 儒學統一時代》，《新民
　　　　叢報》第 9 號，1902 年 6 月 6 日（光緒二十八年五月一日），第 59 頁。
〔註19〕中國之新民：《論中國學術思想變遷之大勢‧第四章 儒學統一時代》，《新民
　　　　叢報》第 9 號，第 59 頁。

也。」〔註20〕

　　循著學術和政治兩者間的糾葛順藤摸瓜，梁啓超不無遺憾地指稱，中國從秦、漢之際的大一統局面，再至清朝嚴格控管言論思想的境地，中國學術思想的自由發展面臨嚴峻的考驗：「而其所最不幸者，則建設之主動力，非由學者而由帝王也。帝王旣私天下，則其所以保之者，莫亟於靖人心。事雜言龐，各是所是，而非所非，此人心所以滋動也。於是乎靖之之術，莫若取學術思想而一之。故凡專制之世，必禁言論、思想之自由。」〔註21〕簡而言之，政治上的中央集權，直接干涉了學術思想的發展和進步的空間。梁啓超對此也各舉西方與中國的例子加以論述：

　　　　凡學權壟斷於一處者，學必衰；散佈諸民間者，學必盛。泰西
　　古學復興時代，學權由教會移於平民，遂開近代之治，其明證也。
　　西漢非詣博士不得受業，雖有私授，而其傳不廣。東漢則講學之風，
　　盛於一時。〔註22〕

此一分析，爲梁啓超所倡導的學術思想之自由找到問題的癥結，也讓他爲學術與思想的自由之路，尋找到合理的基石。此亦正如方俠文的觀察所得：「事實上，在他所揭示的『政治』與『學術』發展所必然存在的這層關係的背後，除了與他的學思歷程有密切關係之外，更重要的是，梁氏的說法，在某種程度上凸顯了學術思想自由的重要性。」〔註23〕

第二節　學術思想之自由

　　梁啓超在接觸西方學說之初，醉心於「自由」一說自是不難理解。當然，「自由」這一議題，應該從方方面面加以申論更是在情在理。畢竟「自由」這一概念，是在西方思想和學說傳入中國之後才開始勃興起來。故此，梁啓

〔註20〕中國之新民：《論中國學術思想變遷之大勢・第四章　儒學統一時代》，《新民叢報》第 9 號，第 60 頁。

〔註21〕中國之新民：《論中國學術思想變遷之大勢・第四章　儒學統一時代》，《新民叢報》第 9 號，第 61 頁。

〔註22〕中國之新民：《論中國學術思想變遷之大勢・第四章　儒學統一時代》，《新民叢報》第 12 號，1902 年 7 月 19 日（光緒二十八年六月十五日），第 44 頁。

〔註23〕方俠文：《梁啓超晚年（1918～1929）學術思想研究——以清代學術研究、先秦諸子研究爲例》，第 266 頁，國立臺灣大學中國文學研究所博士論文，2006 年 6 月。

超在《新民說》中單立一章討論「自由」，而在《論中國學術思想變遷之大勢》中也多方強調學術思想自由的重要性。梁啓超之所以推崇先秦諸子，其中一個重要的因素即爲當時存在「思想言論之自由也」。〔註24〕然而，中國學術思想之所以有倒退的現象，追究起來，除了政權一統所導致的思想學說之束縛，八股文和科舉制度的實施也是一大幫兇。故說「學術界最大的障礙物，自然是八股，八股和一切學問都不相容，而科學爲尤甚。」〔註25〕

　　既欲倡導學術思想之自由，梁啓超刨根問底，祖述先秦諸子，再而抬出龔自珍，認爲「語近世思想自由之嚆導，必數定庵。吾見並世諸賢，其能爲現今思想界放光明者，彼最初率崇拜定庵。當其始讀《定庵集》，其腦識未有不受其激刺者也。」〔註26〕從先秦諸子到龔自珍，學術思想的自由已在中國學術史上被扼殺了漫長的一段時間。梁啓超對於龔自珍的崇高評價，顯然與龔自珍從事今文經學中所展現出來的現實關懷息息相關，也與龔自珍掙脫學術思想禁錮的成就不無關係。16 年之後，梁啓超在《清代學術概論》中依然肯定龔自珍在清代推動今文經學的貢獻，只是此時的梁啓超已無法滿足於龔自珍所帶來的思想花火，表示：「光緒間所謂新學家者，大率人人皆經過崇拜龔氏之一時期。初讀《定庵文集》，若受電然，稍進乃厭其淺薄。然今文學派之開拓，實自龔氏。」〔註27〕

　　在清末學界，龔自珍和魏源的治學方法一直獲得梁啓超的讚譽，認爲「數新思想之萌蘗，其因緣固不得不遠溯龔、魏。而二子皆治今文學，然則今文學與新思想之關係，果如是密切乎？曰是又不然。二子固非能純治今文者，即今文學亦安得有爾許魔力？欲明其理，請徵泰西。夫泰西古學復興，遂開近世之治。」〔註28〕如此一來，梁啓超在今文經學和新思想之間築起一道橋樑，也爲自己的新思想之萌發，在中國學術史上找到定位。然而，這一點卻非梁啓超推崇龔、魏的唯一原因。梁啓超的提示是：「夫泰西古學復興，遂開

〔註24〕中國之新民：《論中國學術思想變遷之大勢・第三章　全盛時代》，《新民叢報》第 4 號，1902 年 3 月 24 日（光緒二十八年二月十五日），第 61 頁。

〔註25〕梁啓超：《中國近三百年學術史》，《飲冰室合集》第 10 冊第 75 卷，第 17 頁。

〔註26〕中國之新民：《論中國學術思想變遷之大勢・近世之學術（起明亡以迄今日）》，《新民叢報》第 58 號，1904 年 12 月 7 日（光緒三十年十一月一日），第 22 頁。

〔註27〕梁啓超：《清代學術概論》，《飲冰室合集》第 8 冊第 34 卷，第 54 頁。

〔註28〕中國之新民：《論中國學術思想變遷之大勢・近世之學術（起明亡以迄今日）》，《新民叢報》第 58 號，第 23 頁。

近世之治」。以此推論，梁啓超對於龔、魏的讚賞，還包含著可溯源至先秦諸子的思想自由元素在他們身上的展現。與此相比照，梁啓超樂觀地認爲，這其實與「泰西古學的復興」有著異曲同工之妙，自然也可「遂開近世之治」。

梁啓超一生的學術事業，得益於康有爲啓發之處已無需贅言。從《三十自述》中所形容的「大海潮音，作獅子吼」及「冷水澆背，當頭一棒」〔註29〕，到《清代學術概論》自述「啓超自三十以後，已絕口不談僞經，亦不談改制」〔註30〕，這其實是梁啓超學術道路上的幾個轉折點。雖說在《清代學術概論》中，梁啓超對於康有爲的《新學僞經考》和《孔子改制考》的主觀性不表認同，然而，梁啓超卻沒有否定康有爲撰此二書的用心乃在於開通思想、追求學術自由。梁啓超表示：「南海以其所懷抱，思以易天下，而知國人之思想，束縛既久，不可以猝易，則以其所尊信之人爲鵠，就其所能解者而導之。此南海說經之微意也。……南海之功安在？則亦解二千年來人心之縛，使之敢於懷疑，而導之以入思想自由之途徑而已。」〔註31〕可見，以當時的學術氛圍而言，欲倡導思想自由絕非易事。然而，康有爲和梁啓超卻迎難而上，一直爲打破思想禁錮而付出心力，以期再興先秦時期思想自由的良好學風。

除了政治力量對於學術思想自由的鉗制，梁啓超也透過比照中國與西方，歸納出一個特殊現象，他說：「吾國有特異於他國者一事，曰無宗教是也。淺識者或以是爲國之恥，而不知是榮也，非辱也。宗教者於人群幼稚時代雖頗有效，及其既成長之後，則害多而利少焉。何也？以其阻學術思想之自由也。」〔註32〕以此觀之，不管是中國或西方，在追求學術思想自由的途徑上，皆非康莊大道。中國的學術和思想自由被政治集權所牽絆，而西方卻是被宗教權威所桎梏。當然，梁啓超也很清楚，若就此斷章取義地認爲中國無宗教信仰，自然有失偏頗，因此進一步補充說：「中國無宗教、無迷信，此就其學術發達以後之大體言之也。中國非無宗教思想，但其思想之起特早，且常倚於切實，故迷信之力不甚強，而受益受敝皆少。」〔註33〕而且，梁啓超還認

〔註29〕 梁啓超：《三十自述》，《飲冰室合集》第2冊第11卷，第16頁。
〔註30〕 梁啓超：《清代學術概論》，《飲冰室合集》第8冊第34卷，第63頁。
〔註31〕 中國之新民：《論中國學術思想變遷之大勢・近世之學術（起明亡以迄今日）》，《新民叢報》第58號，第26頁。
〔註32〕 中國之新民：《論中國學術思想變遷之大勢・第一章 總論》，《新民叢報》第3號，第45頁。
〔註33〕 中國之新民：《論中國學術思想變遷之大勢・第二章 胚胎時代》，《新民叢報》第3號，第49頁。

爲：「耶氏專制之毒，視中國殆十倍焉。吾孔子非自欲以其教專制天下也；末流失眞，大勢趨於如是，孔子不任咎也。」〔註34〕由梁啓超的這一分析可以發現，中、西學術思想的自由，皆曾經歷不同面向的阻力，然而讀書人對於學術思想自由的追求，卻歷來未曾泯滅。

第三節　學術方法之借鑒

細加觀察即可發現，《論中國學術思想變遷之大勢》基本完成於 1902 年的前六章相較於 1904 年落筆的《近世之學術（起明亡以迄今日）》，明顯在書寫策略上有所不同。梁啓超在此章的小序中做了一則簡短的交待：

> 本論自壬寅秋擱筆，餘稿久未續成，深用歉然。項排積冗，重理舊業。以三百年來變遷最繁，而關係最切，故先論之。其第六章未完之稿及第七章之稿，俟本章撰成，乃續補焉。
>
> 原稿本擬區此章爲二：一曰衰落時代。一曰復興時代。以其界說不甚分明，故今改題。〔註35〕

從原本規劃中的《衰落時代》和《復興時代》改成以《近世之學術》的面貌出現，其實透露了梁啓超思想上的變化。1903 年，梁啓超因爲保皇會的事務到美洲走了一遭。這對於一直從書刊上認識西方政體、學術、科技的梁啓超無疑是一個衝擊。這一實地考察的經驗，讓梁啓超對於西方的學術思想有更好的消化和理解，進而得以對中國的文化和學術思想有深一層的體認，並將其思考所得，具體展現在《近世之學術（起明亡以迄今日）》一章中。梁啓超的美洲之行，讓他深刻瞭解到西方文化其實依然有不足之處，而中國文化的精粹也不應被抹殺。

《論中國學術思想變遷之大勢》前六章的撰寫，明顯可見梁啓超在引進西方學說和思想時，還是一種比較生硬的照搬模式。梁氏其實是就所知道的西方知識參照中國的現象，找出彼此的差異和長處。這樣一種中國和西方學

〔註34〕中國之新民：《論中國學術思想變遷之大勢·第四章　儒學統一時代》，《新民叢報》第 16 號，1902 年 9 月 16 日（光緒二十八年八月十五日），第 56～57 頁。

〔註35〕中國之新民：《論中國學術思想變遷之大勢·近世之學術（起明亡以迄今日）》，《新民叢報》第 53 號，1904 年 9 月 24 日（光緒三十年八月十五日），第 45 頁。

術模式的比照，其實說明了一個問題——此時的梁啓超對於西方學術思想的認識，並未內化到自身的學術體系當中。然而這一現象在《近世之學術（起明亡以迄今日）》中已經開始悄然隱退。在此章中，梁啓超更爲突顯中國學術內涵的價值，並傾向於在方法論上參照西方學術。這樣一個結合角度，其實更爲貼近「淬厲其所本有而新之」以及「採補其所本無而新之」的追求。既保有中國學術內涵的精粹，也達到彰顯西學方法的長處。

從 1904 年《近世之學術（起明亡以迄今日）》的撰寫，經過十多年的思考和沉澱，梁啓超顯然已經摸索出自己的學術路徑。因此，即便在這些年月中，梁啓超投注較多的心力於政治活動，然而一抽離政治漩渦，他明顯可以清晰的闡述其文化與學術思考。梁啓超發表於 1920 年的《歐遊心影錄》，雖說重點討論的是中國與西方文化，然而學術作爲文化中的一個重要元素，自然無法截然二分，故此以這兩者之間相互參照，未爲不可。梁啓超在《歐遊心影錄》中比較中國與西方文化之後，指出：

> 卻還有很要緊的一件事，要發揮我們的文化，非借他們的文化做途徑不可。因爲他們研究的方法，實在精密，所謂「欲善其事，必先利其器」。不然，從前的中國人，那一個不讀孔夫子？那一個不讀李太白？爲什麼沒有人得著他好處呢？所以我希望我們可愛的青年，第一步：要人人存一個尊重愛護本國文化的誠意；第二步：要用那西洋人研究學問的方法去研究他，得他的眞相；第三步：把自己的文化綜合起來，還拿別人的輔助他，叫他起一種化合作用，成了一個新文化系統；第四步：把這新系統往外擴充，叫人類全體都得著他好處。〔註36〕

細加咀嚼這一段話，即可發現它依然回歸到「淬厲其所本有而新之」以及「採補其所本無而新之」的理想。梁啓超透過這一段文字所提出來的四個步驟，把「淬厲本有」、「採補本無」的追求，說得更爲具體和透徹，明白指出所需「淬厲」的是中國文化底蘊本身，而要「採補」的是西方人的治學方法。

如果說《歐遊心影錄》關注的是中、西文化的大命題，那麼寫於 1923 年的《國學入門書要目及其讀法》則把範圍鎖定在學術問題上。有趣的是，在論述中國和西方學術問題時，梁啓超當中的一段論述，基本與《歐遊心影錄》中所提出的四個步驟有異曲同工之妙：

〔註36〕梁啓超：《歐遊心影錄節錄》，《飲冰室合集》第 7 冊第 23 卷，第 37 頁。

　　　　讀外國書和讀中國書當然都各有益處，外國名著，組織得好，
　　易引起趣味。他的研究方法，整整齊齊擺出來，可以做我們模範，
　　這是好處。我們滑眼讀去，容易變成享現成福的少爺們，不知甘苦
　　來歷，這是壞處。中國書未經整理，一讀便是一個悶頭棍，每每打
　　斷趣味，這是壞處。逼著你披荊斬棘，尋路來走，或者走許多冤枉
　　路（只要走路斷無冤枉，走錯了回頭，便是絕好教訓。），從甘苦閱
　　歷中磨練出智慧，得苦盡甘來的趣味。那智慧和趣味卻最真切，這
　　是好處。〔註37〕

這一段話，通透地分析出中國和西方的學術理路，以及各自的利弊，實乃真
知灼見。由此觀之，從《論中國學術思想變遷之大勢》的前六章發展到《近
世之學術（起明亡以迄今日）》的撰寫，梁啓超的學術歷程已從隱含政治意圖
的「有爲而作」階段發展到「爲學術而學術」的摸索期。1920 年《清代學術
概論》的問世，基本爲梁啓超日後的學術道路開展出嶄新的途徑——藉重西
方學術方法解讀中國學術內涵。這樣一種「淬厲本有」、「採補本無」的融合，
讓梁啓超在他的學術道路上收穫豐碩。

　　夏曉虹在其《〈論中國學術思想變遷之大勢〉導讀》一文中寫道：

　　　　對於科學方法的傾心，在 1904 年補寫的《近世之學術》中表現
　　得尤爲分明。按照最初的綱目，清代學術思想史本冠以「衰落時代」
　　的題名，不被梁啓超看好。這除了有爲「西學東漸」的新思潮開道、
　　故欲揚先抑之意；也由於梁氏在學術與思想的評價之間，其實更傾
　　向於後者，考據派的出現便被指爲本朝「思想日以銷沉」的學術根
　　源。兩年後，梁啓超真正動筆論說清學時，已採取分而治之的策略。
　　著眼於學術，「本朝學者以實事求是爲學鵠，頗饒有科學的精神」，
　　便被肯定爲「學界進化之一徵兆」。〔註38〕

根據此一分析，此時的梁啓超已將「學術」和「思想」分開，採取「分而治
之的策略」。這也是梁氏從原先站在「思想」這一角度而認爲清代學術爲「衰
落時代」，轉變成從學術的立場來肯定清代學術的「科學精神」之原因。即便

〔註37〕梁啓超：《國學入門書要目及其讀法・附錄二治國學雜話》，《飲冰室合集》第
　　　　9 冊第 71 卷，第 26 頁。
〔註38〕夏曉虹：《〈論中國學術思想變遷之大勢〉導讀》，梁啓超著、夏曉虹導讀：《論
　　　　中國學術思想變遷之大勢》，第 14 頁，上海：上海古籍出版社，2001 年 9 月。

如此，梁啓超還是不得不感慨：「顧泰西以有歸納派而思想日以勃興，中國以有歸納派而思想日以銷沉，非歸納派之罪，而所以用之者誤其途徑也。」〔註39〕無論如何，梁啓超還是樂觀地看待清代學術發展，強調隆興於此時的考據學，展現的是一種實事求是的科學精神。在《清代學術概論》的第十三節對「樸學」的論述中，梁啓超歸納出清代正統派學風的十大特色，表彰這一具有代表性的學術風格。

梁啓超的《近世之學術（起明亡以迄今日）》寫於他的美洲之行後，此文可說是他日後學術論著中的一篇過渡性論述，藉此摸索著他未來的學術道路。1918 年的歐遊體驗，距離梁啓超的美洲之行已有 15 年之久，而且歐遊之際，正值第一次世界大戰之後的蒼涼景象。這一特殊情境，讓梁啓超對中國與西方文化有更深一層的認識。無巧不成書，《清代學術概論》即成書於 1920年，此時的梁啓超在沉澱歐遊的經歷之後，更爲成熟地展示出他本身融合中國與西方學術特色的治學方法。在《論中國學術思想變遷之大勢》中，梁啓超曾期許：「吾竊信數十年以後之中國，必有合泰西各國學術思想於一爐而治之，以造成我國特別之新文明以照耀天壤之一日。」〔註40〕物換星移之後，歷史事實見證了梁啓超本身就是這一期許的實踐者。

結　語

梁啓超在他的《三十自述》中敘述了自己的治學經歷，有趣的是，在胡適的《四十自述》中，梁啓超卻成了胡適治學道路上的啓蒙者：

> 我個人受了梁先生無窮的恩惠。現在追想起來，有兩點最分明。
> 第一是他的《新民說》，第二是他的《中國學術思想變遷之大勢》。
> 〔註41〕

> 《中國學術思想變遷之大勢》也給我開闢了一個新世界，使我
> 知道《四書》、《五經》之外中國還有學術思想。……這一學術思想

〔註39〕 中國之新民：《論中國學術思想變遷之大勢・近世之學術（起明亡以迄今日）》，
　　　　《新民叢報》第54號，1904 年 10 月 8 日（光緒三十年九月一日），第 60 頁。
〔註40〕 中國之新民：《論中國學術思想變遷之大勢・第六章　佛學時代》，《新民叢報》
　　　　第 22 號，1902 年 12 月 14 日（光緒二十八年十一月十五日），第 25 頁。
〔註41〕 胡適著、歐陽哲生編：《四十自述・在上海（一）》，《胡適文集》1，第 71 頁，
　　　　北京：北京大學出版社，1998 年 11 月。

史中間缺了三個最要緊的部份，使我眼巴巴的望了幾年。我在那失望的時期，自己忽發野心，心想：「我將來若能替梁任公先生補作這幾章缺了的中國學術思想史，豈不是很光榮的事業？」我越想越高興，雖然不敢告訴人，卻眞打定主意做這件事了。〔註42〕

胡適的這段話，具體展現出梁啓超的《新民說》和《論中國學術思想變遷之大勢》的魅力和影響。這兩部著作，其實也可看成是梁啓超一生中政治和學者生涯的兩面旗幟。「概括而言，因政治活動而得名，以學術生涯而葆名，便是梁啓超的成功之路。並且，兩者相輔相成，去掉任何一方，梁啓超的知名度都會大打折扣。」〔註43〕或者，也正如黎東方所說：「命運注定他在政治生涯中顚顚倒倒，而最後於學術中求得歸宿。」〔註44〕

（原載《南京師範大學 文學院學報》 2014年 第1期 總第73期，有刪節，此處爲全文）

〔註42〕 胡適著、歐陽哲生編：《四十自述・在上海（一）》，《胡適文集》1，第73頁。
〔註43〕 夏曉虹編：《梁啓超文選・編者前言》，《梁啓超文選》上冊，第7～8頁。
〔註44〕 黎東方：《大師禮讚（節錄）》，夏曉虹編：《追憶梁啓超》，第329頁，北京：生活・讀書・新知三聯書店，2009年。

《論中國學術思想變遷之大勢》及《新民說》
於《新民叢報》刊載期號及日期

	《論中國學術思想變遷之大勢》	《新民說》
《新民叢報》第 1 號 1902 年 2 月 8 日		第一節 敘論 第二節 論新民爲今日中國 第一急務 第三節 釋新民之義
《新民叢報》第 2 號 1902 年 2 月 22 日		第四節 就優勝劣敗之理以 證新民之結果而論 及取法之所宜
《新民叢報》第 3 號 1902 年 3 月 10 日	第一章 總論 第二章 胚胎時代	第五節 論公德
《新民叢報》第 4 號 1902 年 3 月 24 日	第三章 全盛時代 　　第一節 論周末學術思想 　　　　　勃興之原因 　　第二節 論諸家之派別	第六節 論國家思想
《新民叢報》第 5 號 1902 年 4 月 8 日	第三章 全盛時代 　　第二節（續）論諸家之派 　　　　　別	第七節 論進取冒險
《新民叢報》第 6 號 1902 年 4 月 22 日	泰西學術思想變遷之大勢* 上編　上古時代 第一章 總論希臘學術 第二章 希臘哲學胚胎時代 　　第一節 伊阿尼亞學派 　　第二節 埃黎亞學派 　　第三節 調和派之三家 　　第四節 畢達哥拉斯派 　　第五節 懷疑時代	第八節 論權利思想
《新民叢報》第 7 號 1902 年 5 月 8 日	第三章（續）全盛時代 　　第三節　（闕）論諸家學 　　　　　說之根據及其長 　　　　　短得失 　　第四節 先秦學派與希臘 　　　　　印度學派比較 　　（甲）　與希臘學派比較 　　（乙）　（闕）與印度學 　　　　　派比較	第九節 論自由

《新民叢報》第 8 號 1902 年 5 月 22 日		第九節　（續）論自由
《新民叢報》第 9 號 1902 年 6 月 6 日	第四章　儒學統一時代 　　第一節　其原因	第十節　論自治
《新民叢報》第 10 號 1902 年 6 月 20 日		第十一節　論進步 　　　（一名論中國群 　　治不進之原因）
《新民叢報》第 11 號 1902 年 7 月 5 日		第十一節　（續）論進步 　　　（一名論中國群 　　治不進之原因）
《新民叢報》第 12 號 1902 年 7 月 19 日	第四章　（續）儒學統一時代 　　第二節　其歷史 　　第三節　其派別	第十二節　論自尊
《新民叢報》第 14 號 1902 年 8 月 18 日		第十二節　（續）論自尊
《新民叢報》第 16 號 1902 年 9 月 16 日	第四章　（續）儒學統一時代 　　第四節　其結果	第十三節　論合群
《新民叢報》第 18 號 1902 年 10 月 16 日	第五章　老學時代	
《新民叢報》第 19 號 1902 年 10 月 31 日		第十四節　論生利分利
《新民叢報》第 20 號 1902 年 11 月 14 日		第十四節　（續）論生利分 利
《新民叢報》第 21 號 1902 年 11 月 30 日	第六章　佛學時代 　　第一節　發端 　　第二節　佛學漸次發達之 　　　　歷史 　　第三節　諸宗略紀	
《新民叢報》第 22 號 1902 年 12 月 14 日	第六章　（續）佛學時代 　　第四節　中國佛學之特色 　　　　及其偉人	
《新民叢報》第 24 號 1903 年 1 月 13 日		第十五節　論毅力
《新民叢報》第 26 號 1903 年 2 月 26 日		第十六節　論義務思想

《新民叢報》第 28 號 1903 年 3 月 12 日		第十七節 論尚武
《新民叢報》第 29 號 1903 年 4 月 11 日		
《新民叢報》 第 38～39 號 1903 年 10 月 4 日		第十八節 論私德
《新民叢報》 第 40～41 號 1903 年 11 月 2 日		
《新民叢報》 第 46～48 號 1904 年 2 月 14 日		
《新民叢報》第 49 號 1904 年 6 月 28 日		第十九節 論政治能力
《新民叢報》第 53 號 1904 年 9 月 24 日	（備註：按照梁啓超最初的規 劃，第七章爲「儒佛混 合時代」。未問世。） 第八章 近世之學術 （起明亡以迄今日） 第一節 永曆康熙間	
《新民叢報》第 54 號 1904 年 10 月 8 日	第八章 近世之學術 （起明亡以迄今日） 第一節 永曆康熙間（續）	
《新民叢報》第 55 號 1904 年 10 月 9 日	第二節 乾嘉間	
《新民叢報》第 58 號 1904 年 12 月 7 日	第三節 最近世	
《新民叢報》第 62 號 1905 年 2 月 4 日		第十九節 （續）論政治能 力
《新民叢報》第 72 號 1906 年 1 月 9 日		第二十節 論民氣

*《泰西學術思想變遷之大勢》疑是爲撰述《論中國學術思想變遷之大勢》中的《與
  希臘學派比較》一節做準備工夫。

參考文獻

一、專書與學位論文

1. 方俠文：《梁啓超晚年（1918～1929）學術思想研究——以清代學術研究、先秦諸子研究爲例》（博士論文），臺灣：國立臺灣大學，2006 年。

2. 胡適著、歐陽哲生編：《胡適文集》，北京：北京大學出版社，1998 年 11 月。

3. 梁啓超：《飲冰室合集》，北京：中華書局，1989 年 3 月第一版。

4. 梁啓超著、夏曉虹導讀：《論中國學術思想變遷之大勢》，上海：上海古籍出版社，2001 年 9 月。

5. 夏曉虹編：《梁啓超文選》，北京：中國廣播電視出版社，1992 年 8 月。

6. 夏曉虹編：《追憶梁啓超》，北京：生活・讀書・新知三聯書店，2009 年。

二、報刊

1. 《新民叢報》第 1 號，1902 年 2 月 8 日（光緒二十八年元月一日）

2. 《新民叢報》第 3 號，1902 年 3 月 10 日（光緒二十八年二月一日）

3. 《新民叢報》第 4 號，1902 年 3 月 24 日（光緒二十八年二月十五日）

4. 《新民叢報》第 7 號，1902 年 5 月 8 日（光緒二十八年四月一日）

5. 《新民叢報》第 9 號，1902 年 6 月 6 日（光緒二十八年五月一日）

6. 《新民叢報》第 10 號，1902 年 6 月 20 日（光緒二十八年五月十五日）

7. 《新民叢報》第 12 號，1902 年 7 月 19 日（光緒二十八年六月十五日）

8. 《新民叢報》第 16 號，1902 年 9 月 16 日（光緒二十八年八月十五日）

9. 《新民叢報》第 22 號，1902 年 12 月 14 日（光緒二十八年十一月十五日）

10. 《新民叢報》第 53 號，1904 年 9 月 24 日（光緒三十年八月十五日）

11. 《新民叢報》第 54 號，1904 年 10 月 8 日（光緒三十年九月一日）

12. 《新民叢報》第 58 號，1904 年 12 月 7 日（光緒三十年十一月一日）

後　記

　　始終沒有忘記，三年前爲自己的博士論文寫「後記」時，心中滿滿的遺憾，而今，卻再一次被遺憾縈繞於心。若說當年無奈於知識累積之不足而捉襟見肘，總感覺心中有一個深不見底的知識缺口亟待塡補，卻無奈於時間流動得如斯迅速，迫使悠然閱讀的心境逐步加速，卻遠遠塡補不了心中空落落的感覺。三年後，即便心心念念欲讓寫滿遺憾的博士論文改頭換面，卻驚覺於原來那是自己回不去的曾經。於是，在支離破碎與保有原貌之間，只能慨然再一次讓遺憾爬滿字裏行間。

　　面對論文的缺陷之遺憾，同時存在的是對敬愛的夏曉虹老師之感激和歉疚。回想在北大學習的五載光陰，皆有夏老師一路引領，實乃人生一大幸事。感謝夏老師在課堂和論文撰寫過程中大氣和細膩兼具的點撥，讓求知和探索之路充滿驚喜和樂趣。唯可惜自己資質愚鈍，又生性疏懶，於夏師所言，未能多加領會。故而，從當初博士論文中的缺憾以至今時今日的修改無力，皆讓自己感覺愧對夏老師的用心指導和期待，只能在心中寄上歉意和謝意！

　　本書構思之源頭，當追溯回附錄中所收錄的《梁啓超和曾國藩的人格修養與救國理想》一文。《〈論中國學術思想變遷之大勢〉——「淬厲其所本有而新之」、「採補其所本無而新之」的學術典範之作》則爲夏師「梁啓超研究」一課中之習作。結合博士論文以及附錄中的兩篇短論，承載著的是與夏師之間的師生緣分以及在北大求知的美好歲月。

　　感謝花木蘭文化事業有限公司的錯愛，讓拙作有緣面世。志誠感謝！